年金基金のための
プライベート・エクイティ

日本バイアウト研究所 編

株式会社 きんざい

 きんざいプロフェッショナルとは、㈱きんざい出版センター刊行の出版物で金融実務において専門性が高く、かつ実務・体系的に解説されている書籍に対して付与される。

序　文

　日本のプライベート・エクイティ・ファンドの投資家層は、金融機関（銀行、信託銀行、生命保険会社、損害保険会社、ノンバンクなど）の割合が高く、年金基金の割合は低いというのが現状である。

　一方、米国では、プライベート・エクイティ・ファンドの投資家層として、公的年金基金、企業年金基金、大学基金、財団、個人富裕層、ファミリー・オフィスが相当な割合を占めている。カリフォルニア州公務員退職年金基金（CalPERS）やニューヨーク州職員退職年金基金（NYCRF）など多くの公的年金基金に加え、GE、AT&T、IBM、GMなどの企業年金基金も、有力プライベート・エクイティ・ファンドやファンド・オブ・ファンズへの投資を行っている。

　日本の年金基金による投資が進まなかった理由の一つとしては、プライベート・エクイティの特徴や魅力がよく理解されていなかったということが指摘できる。また、プライベート・エクイティに特有の「Jカーブ」の存在や、流動性が低く長期投資となる点が懸念されることもあった。しかし、昨今、プライベート・エクイティに目を向ける年金基金が少しずつではあるが増えてきており、運用商品の一つとして注目されつつある。

　これまで日本の年金基金向けに多くのオルタナティブ投資関連の図書が刊行されてきたが、ヘッジ・ファンドや不動産を中心として書かれたものが多く、プライベート・エクイティについての詳細が書かれたものは少なかった。2013年1月に前作『機関投資家のためのプライベート・エクイティ』を刊行した際には、年金基金を読者層として、プライベート・エクイティの専門用語の解説を行う図書や、年金基金がプライベート・エクイティ・ファンドへの投資を推進するうえでの留意点などの示唆を与えるような図書を刊行したらどうかという意見をいくつか頂戴した。

　これらの背景に基づき、日本の年金基金を主な読者層とし、プライベー

ト・エクイティの理解を深めることを目的とする図書を刊行する。そして、中長期的な視点で日本のプライベート・エクイティ・ファンドの投資家層の拡大に貢献することを目指したい。

　本書は、第Ⅰ部「年金資産運用とプライベート・エクイティ」、第Ⅱ部「プライベート・エクイティ・ファンドの特徴」、第Ⅲ部「日本の年金基金によるプライベート・エクイティ・ファンドへの投資実務」、第Ⅳ部「日本のプライベート・エクイティ・ファンドの発展性と将来展望」の四部構成となっている。

　第Ⅰ部では、日本の年金基金の資産運用を取り巻く環境の変化に触れつつ、年金基金がプライベート・エクイティへ投資することの意義や課題についての説明を行った。また、米国の企業年金基金によるプライベート・エクイティへの資産配分についても明らかにした。

　第Ⅱ部では、投資事業有限責任組合、キャピタル・コール、ディストリビューション（分配）、Ｊカーブ、セカンダリー取引、パフォーマンス評価、ベンチマークなど、プライベート・エクイティ・ファンドの特徴を語るうえで知っておくべき必須項目の解説を行った。また、キャッシュフローのシミュレーションや、バイアウト・ファンドがリターンを生み出す三要素（①デットの減少、②EBITDAの増加、③マルチプルの増加）のメカニズムについて明らかにした。

　第Ⅲ部は、日本の年金基金によるプライベート・エクイティ・ファンドへの投資実務ということで、ポートフォリオ構築の手法（シングル・ファンドへの投資とファンド・オブ・ファンズへの投資）や投資後のモニタリングの実務について論じた。また、メザニン・ファンド、セカンダリー・ファンド、ディストレスト・ファンドなどのサブ・アセットクラスを活用したポートフォリオ構築の手法についても触れた。

　第Ⅳ部では、マネジャーと投資家の双方の視点で日本のプライベート・エクイティ市場の発展性や将来展望について明らかにした。日本の年金基金による投資の可能性に加え、バイアウト・ファンドのマネジャーに求められる要素、年金基金と運用会社双方における適切な内部統制の構築などについて

論じた。さらに、日本のプライベート・エクイティ業界においても重視されるであろうESG（環境・社会・ガバナンス）や日本版スチュワードシップ・コードについても最終章にて触れた。

そして、本書の最大の特徴は、各章末に、インタビュー記事を記載している点にある。具体的には、既にプライベート・エクイティ・ファンドへの投資を行っている年金投資家や機関投資家などへのインタビューを行い、いつ頃どのような背景によりプライベート・エクイティの取り組みを開始したのかに加え、実際に取り組む際に求められる姿勢や留意点などについて語っていただいた。また、これからプライベート・エクイティ・ファンドへの投資を検討する日本の年金投資家へのメッセージについても述べていただいた。

さらに、巻末には「プライベート・エクイティ用語集」を収録した。主にプライベート・エクイティ・ファンドの投資家の立場から知っておくべき専門用語を平易に解説した。プライベート・エクイティに関する専門用語の理解を深めるために愛用いただければ幸いである。

本書が、企業年金基金、厚生年金基金、公的年金基金、信託銀行、投資顧問会社などで年金資産運用に携わっている方々の役に立てれば幸いである。また、年金コンサルティングや運用会社の方々も含め、広く資産運用業界や金融業界の方々にも読んでいただいて、プライベート・エクイティ・ファンドの現状を知っていただければうれしく思う。

なお、インタビューの本文中における意見に関する部分は、各発言者の私見であり、所属会社・所属機関の見解を示すものではないことをお断りしておく。また、本書が特定の商品の推奨を目的としたものではないことを付記しておく。

2014年8月

株式会社日本バイアウト研究所
代表取締役　杉浦慶一

CONTENTS

第Ⅰ部　年金資産運用とプライベート・エクイティ

第1章　日本の年金基金の資産運用を取り巻く環境とプライベート・エクイティ　*2*
～求められる視点と新たな運用戦略～

アーク東短オルタナティブ株式会社　代表取締役社長　**棚橋俊介**
アーク東短オルタナティブ株式会社　投資顧問部長　**飯島信行**

≪Interview≫
日本の企業年金基金の
資産運用のあり方とプライベート・エクイティへの期待　*16*
～年金制度と負債構造を考慮に入れた長期的な視点による資産配分～
セコム企業年金基金　常務理事　八木博一氏

第2章　年金基金によるプライベート・エクイティ投資の意義　*20*
～新たなアルファの獲得を目指して～

キャピタル・ダイナミックス株式会社
代表取締役社長　マネージング・ディレクター　**小林和成**

≪Interview≫
プライベート・エクイティへの投資の意義　*30*
～長期的な視点によるリターン向上と分散投資効果の追求～
旭化成企業年金基金　インベストメント・オフィサー　松本　啓氏

第3章　年金基金によるプライベート・エクイティへの投資の課題　*34*
～マネジャー選定、資金管理、パフォーマンス評価～

株式会社大和ファンド・コンサルティング　ファンド企画部　アナリスト　**花塚麻由**
株式会社大和ファンド・コンサルティング　ファンド戦略部　シニアアナリスト　**水谷有美**

≪Interview≫
長い時間をかけて花開くプライベート・エクイティ投資の妙味　*42*
～他の資産とのコンビネーションが大切～
ソニー企業年金基金　運用執行理事　飯野厚子氏

第4章 米国の企業年金基金によるプライベート・エクイティへの資産配分 47
~トレンド分析と日米比較~

CLSAキャピタルパートナーズジャパン株式会社 バイス プレジデント **山口龍平**
CLSAキャピタルパートナーズジャパン株式会社 マーケティング アシスタント **丹羽純子**

≪Interview≫
プライベート・エクイティへの資産配分を増やす
米国の企業年金基金 56
~専門家を有効活用したポートフォリオの構築~
イートン・パートナーズLLC パートナー　ピーター・マーテンソン氏
イートン・パートナーズLLC マネージング・ディレクター　クリス・ラーナー氏

第Ⅱ部　プライベート・エクイティ・ファンドの特徴

第5章 プライベート・エクイティ・ファンドの基本構造 62
~長期資金の運用にふさわしい器として~

東京海上キャピタル株式会社 取締役 ジェネラル・パートナー　**重村英輔**
東京海上キャピタル株式会社 プリンシパル　**鈴木洋子**

≪Interview≫
プライベート・エクイティ・ファンドの設計とレポーティング 81
~投資家とマネジャーとのパートナーシップ~
ネクスト・キャピタル・パートナーズ株式会社 代表取締役副社長 パートナー　本坊吉隆氏
株式会社グロービス・キャピタル・パートナーズ マネージング・パートナー　仮屋薗聡一氏

第6章 バイアウト・ファンドの投資プロセスと株式価値創造の三要素 87
~リスクをコントロールしながら高リターンを創出するメカニズム~

アドバンテッジパートナーズLLP シニア パートナー　**永露英郎**
アドバンテッジパートナーズLLP オペレーティング パートナー　**馬場勝也**

≪Interview≫
バイアウト・ファンドの価値創造の源泉 102
~キャッシュフローの改善によるリターン創出~
多数国間投資保証機関 長官　本田桂子氏

第7章 プライベート・エクイティ・ファンド投資開始の ハードル　*105*
～二つのJカーブについての考え方の整理～
東京海上アセットマネジメント株式会社 プライベートエクイティ運用部部長　久村俊幸

≪Interview≫
プライベート・エクイティ・ファンドのJカーブに対する考え方　*115*
～毎年継続してコンスタントに新規コミットを行うことが鍵～
株式会社日本政策投資銀行 企業投資部 ファンド投資班 課長　白鹿博之氏
DBJアセットマネジメント株式会社 投資運用部 部長　小森慶一氏

第8章 プライベート・エクイティ・ファンドの 流動性とセカンダリー取引　*120*
～ファンド持分の流動化の意義と譲渡プロセス～
三井住友信託銀行株式会社 投資金融部 投資金融開発部長　増田　徹

≪Interview≫
日本の年金基金がファンド持分を譲渡する理由　*133*
～戦略的なポートフォリオの組み替えの可能性～
アント・キャピタル・パートナーズ株式会社
　　セカンダリー投資担当執行役員 マネージングパートナー　赤荻貴夫氏
アント・キャピタル・パートナーズ株式会社
　　セカンダリー投資グループ マネージングパートナー　林　俊佐氏

第9章 プライベート・エクイティ・ファンドの パフォーマンス評価とベンチマーキング　*137*
～適切なパフォーマンス測定に向けて～
エー・アイ・キャピタル株式会社 ディレクター　廿日岩修二

≪Interview≫
プライベート・エクイティ・ファンドの レポーティングにおけるパフォーマンス指標　*149*
～組織内における公正な評価のために～
大同生命保険株式会社 市場投資部 プライベート・エクイティ投資課 課長　西澤　整氏

第Ⅲ部　日本の年金基金によるプライベート・エクイティ・ファンドへの投資実務

第10章　年金基金がプライベート・エクイティ・ファンドへ投資する仕組み　*156*
～信託銀行が受託者責任をもつ投資と投資顧問会社が受託者責任をもつ投資～

西村あさひ法律事務所 パートナー 弁護士　**五十嵐誠**
西村あさひ法律事務所 アソシエイト 弁護士　**石田康平**

≪Interview≫
プライベート・エクイティ・ファンドの投資実務　*166*
～年金基金の資産規模と成熟度を勘案したポートフォリオ構築～
元 帝京大学経済学部 教授　茂木敬司氏

第11章　個別のファンドへの投資とファンド・オブ・ファンズへの投資　*170*
～ポートフォリオ構築手法の検討～

キャピタル・ダイナミックスAG マネージング・ディレクター　**イヴァン・ヘルガー**
キャピタル・ダイナミックス株式会社 アソシエイト　**大平愛子**

≪Interview≫
ファンド・オブ・ファンズへの投資の優位性　*180*
～分散投資効果、優秀なマネジャーへのコンタクト～
富士通企業年金基金 DC運営管理部長 兼 資産運用部長　濱中昇一郎氏

第12章　日本のプライベート・エクイティ市場におけるプレースメント・エージェントの役割　*184*
～投資家と運用会社の情報の非対称性の緩和～

アーク東短オルタナティブ株式会社 取締役　**古屋武人**

≪Interview≫
プライベート・エクイティ・ファンドの情報収集　*195*
～多様な運用戦略の導入に向けて～
西日本電設資材卸業厚生年金基金 常務理事　橋爪孝雄氏

第13章 年金基金によるプライベート・エクイティ投資のモニタリング
～実務的なアプローチを中心として～
199

株式会社りそな銀行
アセットマネジメント部 オルタナティブ運用室 グループリーダー　**田中章博**

> ≪ Interview ≫
> ### 大阪ガス企業年金のプライベート・エクイティ投資プログラム　*212*
> ～14年間のポートフォリオの総括～
>
> 大阪ガス株式会社 財務部 ファイナンスチーム（企業年金資産運用担当）
> インベストメント・オフィサー　**石田英和**氏

第14章 年金基金によるプライベート・エクイティ・ファンドのポートフォリオ戦略
～サブ・アセットクラスを活用したキャッシュフローおよびリスク・コントロール～
219

みずほグローバルオルタナティブインベストメンツ株式会社
運用第三部 部長　**佐村礼二郎**

みずほグローバルオルタナティブインベストメンツ株式会社
運用第三部 シニアファンドマネージャー　**齋藤大彰**

> ≪ Interview ≫
> ### 日本の年金基金の注目を集めるメザニン・ファンド　*230*
> ～安定的なインカムゲインを獲得するアセットクラス～
>
> 株式会社メザニン 代表取締役　**笹山幸嗣**氏
> みずほキャピタルパートナーズ株式会社 マネージング・ディレクター　**宮崎　直**氏

第IV部 日本のプライベート・エクイティ・ファンドの発展性と将来展望

第15章 日本のプライベート・エクイティ市場の変遷と将来展望 *238*
〜年金基金による投資の可能性について〜
エー・アイ・キャピタル株式会社 シニア・バイスプレジデント **野津慎次**

≪ Interview ≫
バイアウト・ファンドとメザニン・ファンドの共存共栄 *249*
〜リスク・プロファイルの異なるアセットクラスとして〜
インテグラル株式会社 取締役パートナー 水谷謙作氏
三井住友トラスト・キャピタル株式会社 常務取締役 石井　誠氏

第16章 日本のバイアウト・ファンドの発展性と将来展望 *255*
〜ファンド・マネジャーに求められる要素〜
ポラリス・キャピタル・グループ株式会社 代表取締役社長 **木村雄治**
ポラリス・キャピタル・グループ株式会社 パートナー **密田英夫**
ポラリス・キャピタル・グループ株式会社 チーフIRオフィサー **漆谷　淳**

≪ Interview ≫
認知度の向上が期待される日本のバイアウト・ファンド *267*
〜企業の潜在的な価値の実現によるリターンの獲得〜
YKK企業年金基金 常務理事 藤森正文氏

第17章 プライベート・エクイティ・ファンドをめぐる内部統制の重要性 *271*
〜年金基金と運用会社双方における適切な内部統制の構築に向けて〜
有限責任監査法人トーマツ 金融インダストリーグループ パートナー **浅野昌夫**
有限責任監査法人トーマツ 金融インダストリーグループ シニアマネジャー **福田紘子**

≪ Interview ≫
プライベート・エクイティ・ファンドのリスク管理とモニタリング *283*
〜年金資産運用の健全な発展を目指して〜
キユーピー企業年金基金 運用執行理事 沖森公輔氏

第18章　日本のプライベート・エクイティ・ファンドの進化と
　　　　発展性　　　　　　　　　　　　　　　　　　　　　287
　　　　〜新たな投資家層の流入に向けて〜
　　　　　株式会社日本バイアウト研究所 代表取締役　**杉浦慶一**

　　　　≪Interview≫
　　　　日本のプライベート・エクイティ・ファンドの将来展望　*300*
　　　　〜投資家の利益とのアラインメントを重視したファンド運用に期待〜
　　　　　一般社団法人日本投資顧問業協会 会長　岩間陽一郎氏

あとがき　*304*

執筆者略歴　*307*

プライベート・エクイティ用語集　*317*

第 I 部

年金資産運用とプライベート・エクイティ

第1章 ・・・ 2
第2章 ・・・ 20
第3章 ・・・ 34
第4章 ・・・ 47

第 1 章

日本の年金基金の資産運用を取り巻く環境とプライベート・エクイティ

求められる視点と新たな運用戦略

アーク東短オルタナティブ株式会社
代表取締役社長　**棚橋俊介**
投資顧問部長　**飯島信行**

はじめに

　日本の企業年金運用においては、規制変更に伴う企業財務への影響の強まりと、超低金利下での金利上昇リスク懸念および株式リスク抑制ニーズの高まりにより、パラダイムシフトが足元では進展している。この変化に対応するために、オルタナティブ投資を中心とした投資範囲・手法の拡張が模索されてきたが、さらなる打ち手としてプライベート・エクイティ投資が有力視されている。本章では、足元までの日本の企業年金基金を取り巻く環境の変化をふまえて、プライベート・エクイティ投資が注目されている背景について論じるものとしたい。

日本の企業年金基金を取り巻く環境の変化

(1)　企業年金の運用実績とこれまでの対応

　日本の企業年金のこれまでの運用の歴史を振り返るとき、ターニングポイントとなった出来事として、退職給付会計の導入、確定給付企業年金法の施行があげられる。

　退職給付会計は、投資基準としての企業財務の透明性確保、会計基準の国際調和などを背景に2000年4月に導入された。退職給付会計では、それまでオフバランスであった年金債務が貸借対照表に開示されることとなり、既に1998年3月にスタートしていた年金資産の時価評価と合わせて、企業の積み

立て不足が顕在化することとなった。これにより運用結果に伴う年金資産額の変化が、母体企業の財務に影響を与えるようになり、企業年金の運用がクローズアップされる契機となった。

　確定給付企業年金法は2001年3月に施行されたが、大企業が設立主体となっていた単独型や連合型の厚生年金基金の多くは、退職給付会計上の代行部分の債務・費用認識による企業経営への影響を回避するために、法施行後次々と厚生年金の代行部分を国に返上（代行返上）し、企業独自の退職金給付部分を主体とした確定給付企業年金に移行した。また、制度移行に伴い多くの企業年金は5.5％の予定利率の引き下げを行った。つまり、確定給付企業年金への移行により、企業は代行部分についての支払義務（運用義務）を免れるとともに、企業独自の給付部分についても運用リスクを軽減することを企図したのである。

　一方、独自で企業年金制度の設立がむずかしい中小企業などが中心の総合型厚生年金基金は、退職給付会計上の例外規定が認められたことで、個別企業が退職給付に係る債務認識が不要であったこと、代行部分が平均で8割を超えることで代行部分がなければ基金の存在意義が乏しいと考えられたことなどから、旧制度が存続したケースが多かった。また、加入する中小企業は大企業に比べて、予定利率引き下げによる掛金増加への体力は乏しく、高い予定利率が維持されたケースが多く、2011年度末時点では56％もの総合型厚生年金基金の加算部分の予定利率は5.5％が依然として維持されている。

　これらの企業年金制度面での環境変化があった一方で、2000年に入ると日本の企業年金を取り巻く運用環境は急激に悪化し、年度実績としては初めてマイナス運用となった2000年度以降3年連続でマイナス運用が続くこととなった。2002年度末時点で95％の基金が不足金を抱えることとなり、特に高い予定利率を背景に株式比率の高い高リスクのポートフォリオを組む傾向にあった厚生年金基金の財政状況は深刻化し、この対応としてポートフォリオの効率化とリターンの底上げを目的としてさまざまなオルタナティブ運用が活用されることになった。プライベート・エクイティも高リターンプロダクトとして主に高利回りを求める一部の厚生年金基金で活用された。その後、

一時市況の回復とともに企業年金の財政状況も改善したが、2008年以降の金融危機を経て、再び財政状況は逼迫。2012年にはAIJ事件が発生し、これをきっかけに厚生年金基金の制度廃止の方向に進んでいくことになる。

　このような経緯をたどってきた結果、今後企業年金制度は、運営主体としては企業が独自で制度運営をする確定給付企業年金が大半となり、厚生年金基金は一部の健全な基金のみが存続することとなる。そして、確定給付企業年金の大半は既に予定利率の引き下げをしており、予定利率は2.0～2.5％が平均的な水準となっている。このため、これら確定給付企業年金の多くは、高いリターンも望まない代わりにリスクも抑えた運用方針を引き続きとっていくことが考えられるのである。

(2)　求められる短期と中長期の視点

　それでは、今後企業年金の主要プレーヤーとなる確定給付企業年金の運用スタンスについて詳しく考えていきたい。確定給付企業年金はそのスポンサーが単一もしくは同一グループの母体企業である以上、その母体企業の意向が反映されやすい。母体企業は企業年金運用上のリスクを、会計上の影響とキャッシュフロー上の影響という二つで考えることとなる。

　退職給付会計は、2013年4月以降に始まる事業年度から国際会計基準へのコンバージェンスの一環として、大幅な見直しが行われた。主な改正点のうち企業年金運用に影響を与えるものとしては、「連結財務諸表にて未認識数理計算上の負債計上」をするという会計上の取扱いである。2012年度までの会計基準では、数理計算上の差異は遅延認識（一定期間で損益計算書上で費用処理）することで会計上の影響は平準化されていたが、新会計基準では損益計算書上の取扱いはそのままに、従来はオフバランスであった未認識数理計算上の差異を貸借対照表上に負債計上することとした。これは、毎期の年金資産の変動がバランスシート上に即時に反映されること（即時認識）を意味しており、不足金の増加は自己資本を悪化させる直接の要因になる。この会計基準の変更により、企業会計上は年金運用にこれまで以上のより短期の視点を持ち込むことになり、母体企業からすると毎期の年金資産の変動をリス

ク要因として排除するとともに、会計上の期待収益を毎期安定的に確保することを求める環境になっている。

一方で、企業年金では会計上の負債認識とは別に、年金制度上の負債を毎期の年金決算にて計算を行う。年金制度上で定める予定利率に達しない場合、不足金発生要因となり、年金財政状況を悪化させる要因となる。企業年金では一定期間（通常3年もしくは5年）ごとに行われる財政再計算において、不足金が発生していた場合、これを穴埋めするために母体企業に追加掛金を要請することとなり、これは母体企業の毎期キャッシュフローに影響を与えることとなる。追加的な負担の要請は、年金制度の安定性・継続性に影響を与えかねない。一方で企業年金債務のデュレーションは一般的には10年を超える。企業年金にとって長期の視点で運用を実践できることは投資家としての強みでもある。つまり、本来の制度目的である従業員・退職者に安定した退職金・年金給付を行うという大前提を満たしつつ、母体企業へのキャッシュフローにも影響を与えないという、企業年金制度側が求める要請に対して、年金資産は3～10数年という比較的長い期間での運用を検討することが本来可能な資産特性を備えているのである。

一見相反する短期的な視点と中長期的な視点のいずれの要請にも応えるために、今後の企業年金運用は短期的な運用のリスクを抑制しつつ、中長期的には安定したリターンを確保するというバランスを重視したポートフォリオ運営が求められることになろう。

2 年金運用がプライベート・エクイティに期待するもの

(1) オルタナティブ投資を求める背景

2000年代前半から現在までも続く、日本の企業年金運用の問題点は二つに大別される。第一には、長引く低金利を背景とした国内債券の収益不足および金利上昇リスクである。ポートフォリオ上安定的な収益源泉として、かつて機能してきた国内債券運用は一転して1990年代以降はリスクをはらむアセットクラスとして徐々に認識されるようになってきた。2000年代前半にお

いて、日本の年金資産運用業界ではこれらの問題に対して、国内債券に代わる「代替」運用という処方箋を編み出した。代替資産として活用されたのはマーケット・ニュートラル、ロング＆ショートなどのヘッジ・ファンドやこれを束にしたファンド・オブ・ヘッジ・ファンズが中心であった。国内債券の「代替」として位置づけられたのは、投資対象そのものの特性ではなく、過去のトラック・レコードのリスク・リターン特性が国内債券のリスクおよび期待リターンに近しいことに着目したのである。しかし、依然としてポートフォリオの大きな部分を占める国内債券がポートフォリオ全体のリターンを押し下げる要因になる可能性があることで、それ以外の資産のリターン獲得の重要性がより増しているのである。

　第二の問題としては、リターン・ドライバーとして位置づけられているはずの株式運用の不振である。たしかに1999年以前にも、企業年金の国内株式で採用するベンチマークであるTOPIXがマイナスとなる局面[1]は幾度となくあったが、企業年金ポートフォリオ全体のリターンはいずれの年もプラスを確保していた（図表1－1）。

　これは、国内株式運用がマイナスである一方で、海外株式は比較的堅調で、債券の安定運用も相まってポートフォリオ全体のリターンはマイナスとはならなかったのである。これが2000年代に入ると、TOPIXがマイナスとなった年はそのすべての年でポートフォリオ全体のリターンもマイナスとなっている。これは、債券のリターン寄与がなくなったことと、海外株式との相関が高まったことが背景にある。日本株式に対する先進各国（MSCI-KOKUSAI構成国である米国、英国、フランス、ドイツ、香港）の株式相関をみると、1990年3月末〜2000年3月末の期間では▲0.23％〜＋0.33％という結果になるが、2000年3月末〜2010年3月末では＋0.74％〜＋0.94％と相関関係が高まっている。これは、グローバル化による情報の均一化と、情報技術の発達が資金移動を容易にしたことなどが背景にあると考えられる。2000年

---

[1] 1989年度〜1991年度、1994年度、1996年度〜1997年度の3度マイナスになる局面があった。

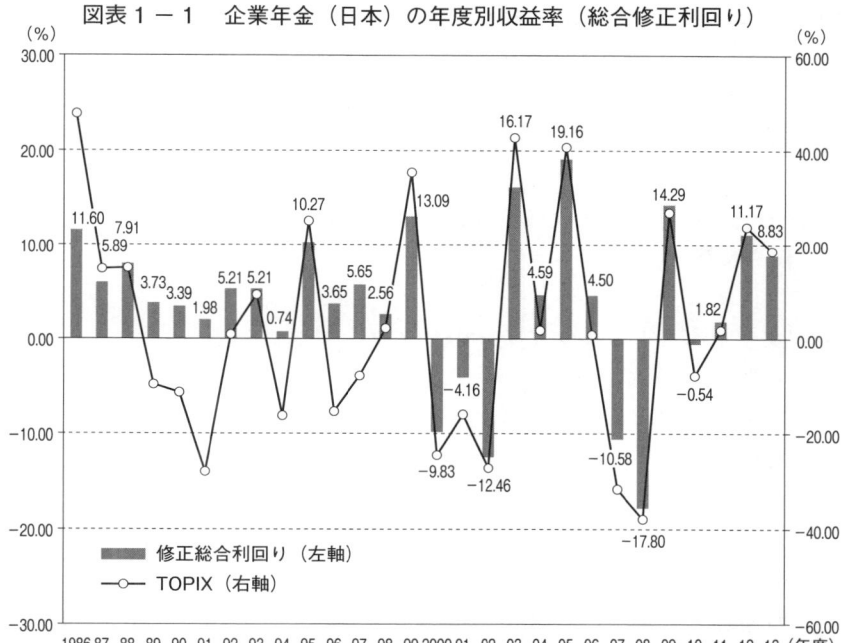

図表 1 − 1 企業年金（日本）の年度別収益率（総合修正利回り）

(出所) 企業年金連合会「資産運用実態調査」に基づきアーク東短オルタナティブ作成
（2013年度修正総合利回りはR&I集計データ）

　以降の 3 年連続マイナス・リターンが企業年金運用を襲い、本来リターン・ドライバーとなるべき株式ポートフォリオのリターン不足が深刻化、企業年金がベンチマークとするTOPIXとMSCI-KOKUSAIの分散効果が希薄になったことで、ポートフォリオのボラティリティ拡大という課題が顕在化した。
　株式の不振を受けて、2000年代半ば頃にテーマとなったのが、株式ポートフォリオのアルファ拡張とベータ分散である。アルファ拡張戦略では130/30などのロングバイアス・ロングショートやクオンツ型アクティブファンドなどがその役割を果たそうとし、ベータ分散戦略としては新興国株式、REIT、マネージド・フューチャーズなどを多くの基金が取り組んだ。政策アセットミックス上、オルタナティブという投資枠をもたない企業年金が

REITやマネージド・フューチャーズに取り組む場合、株式「代替」という位置づけを与えられたが、これはやはり従来の株式運用のリスク・リターン特性に近く、相関は低いもしくは逆相関性があると考えられたからである。この時期には、プライベート・エクイティに取り組む基金も出始めてきたが、ファンド・ストラクチャー、リスク・リターンの評価方法などが独特であるため、他の資産との比較検討がむずかしく、これに取り組んだ基金は一部に限られた。

(2) プライベート・エクイティのリスク・アプローチ

年金投資家としてプライベート・エクイティを理解するにあたり、重要なポイントとなるリターン・リスク特性についてみていきたい。

❶内部収益率（IRR）から時間加重収益率（TWR）への転換

プライベート・エクイティのリターンについては、内部収益率（IRR: internal rate of return）[2]という評価方法が通常用いられる。キャッシュフローを伴うプライベート・エクイティの評価手法として定着しているが、これが時間加重収益率（TWR: time-weighted rate of return）をベースに通常ポートフォリオを構築している企業年金がプライベート・エクイティのリターン特性を理解することを阻害する要因になってきた。また、プライベート・エクイティ・ファンドでは「目標IRR20%（グロス）」などと目論見書に書かれており、年金運用担当者に期待リターンが高すぎるイメージをもたれるケースが散見される。

では、これを通常年金運用で慣れ親しんでいる時間加重収益率に置き換えてみるとどの程度の期待リターンになるのだろうか。具体例として、運用報酬控除後（ネット）のリターンとしてIRRを15%、ファンド期間10年で仮に

---

2 企業年金連合会の用語集では、「年金資産の運用成果を評価する評価基準の一つ。期初の元本と期中に追加されたキャッシュ・フローを全て収益率（R）で運用したものが期末の時価総額となるとき、この収益率（R）を金額加重収益率という。この収益率は、キャッシュ・フローも含めたファンド全体の収益率を測定するのに適している。」とされる（http://www.pfa.or.jp/yogoshu/ki/ki17.html, 2014年6月30日参照）。

図表 1 − 2　内部収益率（IRR）から時間加重収益率（TWR）への転換の計算事例

	1年目	2年目	3年目	4年目	5年目	6年目	7年目	8年目	9年目	10年目
期初元本	0	250	500	625	750	625	500	375	250	125
期末元本	250	500	625	750	625	500	375	250	125	0
期中元本平均残高	125	375	563	688	688	563	438	313	188	63
投資	−250	−250	−250	−250	0	0	0	0	0	0
回収	0	0	210	210	210	210	210	210	210	210
ネットキャッシュフロー	−250	−250	−40	−40	210	210	210	210	210	210
元本戻り	0	0	125	125	125	125	125	125	125	125
利益	0	0	85	85	85	85	85	85	85	85
リターン（％）	0.0	0.0	15.1	12.4	12.4	15.1	19.5	27.3	45.4	136.3
累積リターン（年率）（％）	0.0	0.0	7.4	8.6	8.8	9.0	9.3	9.7	10.0	10.5

(注)　最終IRR15％、投資は4年間で平準、元本戻りペースは3年目以降8年間で平準、を前提。期末に投資を行ったと仮定。
(出所)　アーク東短オルタナティブ作成

数字をおいて、10年後の累積リターンを年率換算すると、10.5％となるのである（図表1 − 2）。IRRの数字に比べて、イメージは随分と異なるのではなかろうか。

❷標準偏差

次に、同じように、企業年金のポートフォリオ構築にあたって、通常リスクを判断するのに用いられる標準偏差はプライベート・エクイティではどうなるだろうか。2001年1月〜2013年6月までのプライベート・エクイティと伝統的資産の四半期リターンをベースにリターンと標準偏差をプロットしたのが図表1 − 3である。上場株式に比べて標準偏差が約半分程度であり、ボラティリティが相対的に低いことが確認できる。一方で、同期間の実績リターンは7.3％程度である。上場株式やその他のオルタナティブ資産と比べても、決して極端に高すぎるリターン水準とはいえず、ポートフォリオ構築上のリターン・ドライバーのアイテムとして検討しうるアセットクラスと位置づけられよう。

第1章　日本の年金基金の資産運用を取り巻く環境とプライベート・エクイティ

図表1－3　伝統資産とプライベート・エクイティのリスク・リターン

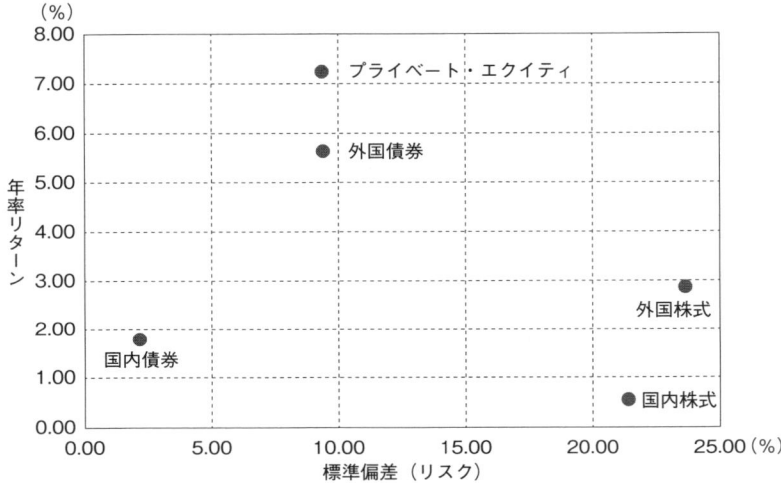

(注)　国内債券はNOMURA-BPI総合、国内株式はTOPIX（配当込）、外国債券はシティ世界国債インデックス、外国株式はMSCI-KOKUSAI指数、プライベート・エクイティはPreqinのデータを使用。いずれも四半期リターンを使用。期間は2001年1月から2013年6月。
(出所)　アーク東短オルタナティブ作成

　標準偏差が上場株式に比べて低いというのは、プライベート・エクイティの保有期間中の価格変動性が上場株式に比べ低いということであるが、これは必ずしも、プライベート・エクイティのもつ本質的な「リスク」が低いということにはならないことに留意が必要である。マーケット性の高い伝統資産やヘッジ・ファンドなどは概して市場変動リスクや景気循環リスクといったリスク源泉をもつ。プライベート・エクイティはこれらのリスク関連性が小さい代わりに、個別の事業・経営リスク、流動性リスク、政策・制度変更リスクなどの関連性が比較的大きい資産と考えられ、標準偏差に現れないリスクをはらむ。つまり、リスク判定にあたってはこれら関連性の比較的大きいリスクの分析も重要である。また、ポートフォリオの全体最適を考えるにあたり、リスク源泉を分散させることは裏を返せば収益源泉を分散させると

いう意味である。異なるリスクをもつということは異なるリターンの源泉をもつということでもあり、ポートフォリオを安定化させるのには必要な発想といえよう。

　流動性リスクについては、言い換えれば収益源泉としての流動性プレミアムである。年金債務の特性上、本来的には長期運用を実践しやすいはずの年金資産であるはずが、企業年金運用において従来流動性プレミアムはほとんど追求されてこなかった。振り返ると、2000年頃まで安定飛行を続けていた年金運用では、運用手法は特に問題となりえず、従来型の伝統的4資産運用を中心としたポートフォリオで必要収益が十分確保できていた。その後の、2000年以降の3年連続マイナス・リターンとなって以降は、既存ポートフォリオへの問題意識から、ヘッジ・ファンドやREIT、マネージド・フューチャーズへの取り組みが検討されたが、この検討にあたってはそれらのアセットがもつリターン・リスク（標準偏差）を基礎に、既存ポートフォリオのリターン・リスク改善度合いを測るというアプローチが図られた。

　当時積極的に組み入れられたオルタナティブ資産と同様の評価指標が一般的ではなかったプライベート・エクイティは当時投資検討対象となることは多くはなかった。その後、2008年には金融危機が発生し、世界中の投資家がポジションの手じまいに備えて手元流動性を確保するなか、本来は短期的な換金流動性を放棄できるはずの企業年金も、時流に流されるかのように流動性を投資対象の評価の最重要項目の一つとみるようになってしまったのである。しかし、足元では、オルタナティブ枠の創設、目的別資産構成、成長資産＋安定資産といった、伝統的4資産の区分け以外の、年金運用ポートフォリオの考え方を導入する企業年金を中心に、流動性プレミアムに対するスタンスが変化し、流動性プレミアムを収益源泉として活用する動きがみられ始めている。

❸ボラティリティとリターンの関係

　相対マーケットで投資が行われるプライベート・エクイティは、ボラティリティとしては上場株式に比べて低いのは述べたとおりである。従来のリスク・リターン・アプローチでは、リスクとリターンはトレードオフの関係で

図表1－4　ヒストリカル・リターン・ボラティリティに基づく十分位ポートフォリオ

	D1	D2	D3	D4	D5	D6	D7	D8	D9	D10	D1-10	市場平均
超過リターン（％）	7.3	7.1	8.0	6.2	5.0	5.6	5.6	7.2	3.4	1.4	5.9	6.0
標準偏差（％）	10.1	12.6	13.6	14.0	14.0	15.1	16.5	17.7	20.4	27.5	23.7	15.0
シャープレシオ	0.72	0.57	0.59	0.44	0.36	0.37	0.34	0.41	0.17	0.05		0.40
T値	2.2	1.6	2.0	0.8	－0.6	－0.5	－1.1	0.2	－2.8	－2.7		－
β値	0.56	0.75	0.84	0.90	0.90	0.98	1.07	1.13	1.29	1.58	－1.02	1.00
α値（％）	4.0	2.6	3.0	0.9	－0.4	－0.3	－0.7	0.4	－4.3	－8.0	12.0	－
T値	3.1	2.2	2.6	1.0	－0.4	－0.3	－1.0	0.4	－2.9	－2.6	3.0	－

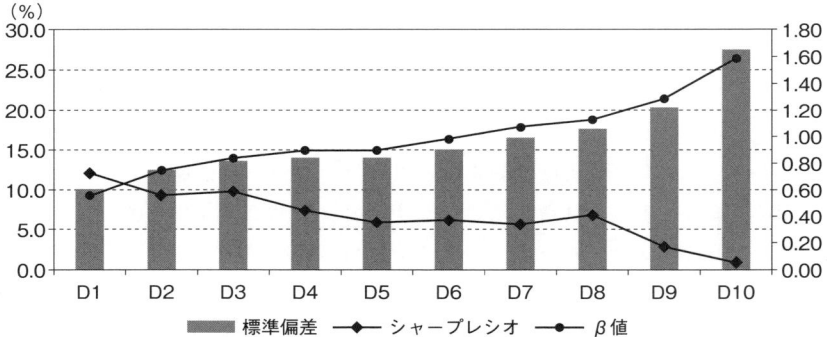

（注1）　D1～D10は過去のボラティリティによりランク分けを行っている。
（注2）　シャープレシオ＝超過収益／標準偏差。
（出所）　David C. Blitz and Pim van Vliet (2007) "The Volatility Effect: Lower Risk without Lower Return," *Journal of Portfolio Management*, Vol.34, No.1, pp.102-113に記載の表1を引用。グラフは、数値に基づきアーク東短オルタナティブ作成。

あると考えられ、リスク（ボラティリティ）が下がれば期待リターンも下がると一般的に考えられた。

　図表1－4に示しているのは、1986～2006年までのグローバル株式（FTSE World Developed index）の運用実績におけるリスクとリターンの関係である。実際には標準偏差が小さいグループの株式のほうが、必ずしも標準偏差が高いグループよりもリターンが低いということはなく、また標準偏差が小さいグループの株式のほうが相対的に運用効率（シャープレシオ）は

高い傾向にある。これは、ポートフォリオの標準偏差（ボラティリティ）を下げることは、過去の実績においては必ずしもリターンを放棄することと同義ではなかったということを意味する。

❹投資の透明性

プライベート・エクイティが投資手法・透明性の観点でリスクをはらんでいると誤解されるケースもある。2012年のAIJ事件は未曾有の巨額詐欺事件として記憶に新しいところであるが、このときにクローズアップされたのは、年金制度上のガバナンスとともに、運用手法そのものである。AIJが長期にわたり問題が顕在化しなかったのは、運用の世界で投資手法がブラックボックスであるということは決して珍しいことではなかったことも一因だろう。

AIJ事件は、企業年金運用において受託者責任を果たすためには、収益獲得の手段・方法の確認、投資ポジションのモニタリングが重要であることを再認識させた。プライベート・エクイティの収益源泉は投資対象の選択のみならず、投資対象のソーシングにおけるリレーションや交渉力であり、投資対象の企業価値向上である。これは市場参加者であればだれでも模倣できるものではないという観点から、投資ポジションは基本的にすべて開示されることからも、通常透明性は高いと考えられている。

(3) 年金運用が求める新たな運用戦略としてのプライベート・エクイティの特徴

最後に、プライベート・エクイティは企業年金運用においてどのように活用される可能性があるのだろうか。

上場株式運用の収益源泉は、基本的にはベータ投資で、株式マーケット相場が長期的には右肩上がりに上昇するということを前提に保有している。アクティブ運用でも収益源泉の大部分はベータによるところが大きいと考えられており、アルファの要素はごく一部であるといわれる。

一方で、プライベート・エクイティの収益源泉とリスクはどのように整理できるだろうか。プライベート・エクイティは基本的には長期投資であり、

この流動性プレミアムが収益源泉の多くを占めるといわれる。プライベート・エクイティの場合、上場株式の運用と比べ、長期運用という特性を生かした能動的な運用である。プライベート・エクイティ投資のうちバイアウト戦略を例にとると、マネジャーは市場参加者がだれでもアクセスできるわけではない投資案件を「発掘」し購入する、投資後は経営権をコントロールし具体的施策を主体的に行うことで投資先企業の「価値向上」を図る、売却時には独自のリレーションなどを使いより高値で「回収」できる先を探すことになる。投資先企業の特徴やアプローチの仕方によってプライベート・エクイティの戦略はさまざまに分かれるが、総じてマネジャーのアルファがきわめて大きい投資手法なのである。

　プライベート・エクイティのバリュエーション方法も特徴の一つである。国内のプライベート・エクイティの場合、非上場企業の株式価値評価にあたっては金融商品会計基準に基づき、市場価格のない株式として原則取得原価で保有期間中の評価がなされる。投資対象企業の実質価額が著しく低下したときに、減損処理をして評価を切り下げるという方法である。つまり、減損処理をしない限りにおいては、価格の変動性はないということになる。この場合、減損処理に陥らないように、取得価格の割安度というのは重要なポイントとなる。一方で、海外のプライベート・エクイティ・ファンドのように国際会計基準（IFRS）を適用する場合では、公正価値による評価が求められ、取得原価と公正価値との間に差異が生じる可能性がある。それでも、投資先企業がマーケットに上場していない以上、公正価値が変化するのは投資先企業の個別の業績動向によるところが大きく、短期的な価格変動性は上場企業と比べれば格段に低い。

　このように、プライベート・エクイティ投資は、ベータ中心の上場株式ポートフォリオに、アルファの収益要因を付与することになる。また、マーケット評価とは異なるバリュエーション方法がベータ値の低減に寄与することにより年金運用ポートフォリオ全体のボラティリティの抑制にも資することになると考えられるのである。

おわりに

　日本の年金運用を取り巻く環境は、退職給付会計の浸透による制度上の変化、超低金利継続に伴う金利上昇リスクの内包、グローバル情報化社会のトレンドを反映した株式リスクの同一化によりパラダイムシフトは進展している。年金運用自体が企業の一事業部門と同様に企業収益を左右する重要な位置づけとなっている現在、過去のベータ主体の運用では年金運用で十分な役割を果たしているとはいえないのではないか。アルファの収益要素をタブーなく追求する姿勢が求められよう。

　さらに期待されるのは、年金制度が一事業部門としてみなされるのであれば、母体企業次第ではあるが、リターン面での要請を満たすだけではなく、運用内容に企業IR的な視点である「社会的意義」を同時に満たしていく必要性も出てくる可能性もあろう。2014年2月に、「日本版スチュワードシップ・コード」が金融庁から発表されたが、このなかの建設的な対話（エンゲージメント）はプライベート・エクイティの投資におけるハンズオンと近い考え方であるともいえ、違和感なく実現可能であると考える。

　プライベート・エクイティは、そのアルファの収益要素と社会的意義を両方同時に満たすことのできるアセットクラスであり、これからの発展が期待できると考える。

参考文献

David C. Blitz and Pim van Vliet（2007）"The Volatility Effect: Lower Risk without Lower Return," *Journal of Portfolio Management*, Vol.34, No.1, pp.102-113.

Interview

日本の企業年金基金の資産運用のあり方と プライベート・エクイティへの期待

年金制度と負債構造を考慮に入れた
長期的な視点による資産配分

セコム企業年金基金
常務理事
八木博一氏

Q この十数年の間に日本の企業年金運用を取り巻く環境は激変しました。まず、貴基金の企業年金制度についてご説明いただいたうえで、資産運用の考え方がどのように変化してきたのかについてお聞かせ願います。

　セコムでは、人事制度のなかの年金や退職金の制度の一部をセコム企業年金基金で対応しています。具体的には、3割を確定拠出年金で、7割を企業年金基金で対応しています。企業年金基金の制度はキャッシュバランス制度ですので、年1回いまどれくらいのお金が積み上がっているのかが従業員にもわかる仕組みになっています。従業員にとってもわかりやすい制度ですし、会社にとってもキャッシュバランス制度で比較的リスクが抑制された制度になっています。資産運用の基本的な方針としては、母体企業が防犯やセキュリティの事業を営んでいますので、安定した収益を確保することに主眼を置いております。つまり、大きなプラスの収益を得られる運用を行うことも大切ですが、大きな損失を出さずに安定的な運用を行うという視点が重要であると考えております。

　私が年金運用を担当し始めた頃に、簿価会計から時価会計に移行しました。昔の資産運用の考え方というのは、モダン・ポートフォリオ・セオリーの考え方を取り入れて資産配分を決めて、その資産配分を長期的に維持するという考え方が主流でした。ちょうど「5：3：3：2規制」が撤廃されて、いろいろな運用規制が緩和されていったプロセスのなかで、当初は長期的な資産配分を決めて対応

するという考え方に依拠していました。また、その当時使用されていた資産は、伝統的資産（国内債券、外国債券、国内株式、外国株式）に不動産や転換社債が含まれるという時代でした。

その後は、伝統的資産での運用を続けても安定的な収益を実現するということがむずかしくなり、2000年頃より、いわゆるオルタナティブ資産の採用を少しずつ増やしてきました。ただし、当時のオルタナティブ資産は、ヘッジ・ファンドが中心でした。その後、もう少し長期的な収益を確保できる資産がないかと模索し、不動産やプライベート・エクイティにも投資をするという考え方が出てきました。また、CLO（collateralized loan obligation）などのクレジット系の運用も一定程度の低流動性のなかで使われる戦略の一部として組み込まれるようになりました。このように流動性が高い伝統的資産と低流動性資産をうまく組み合わせることによってパフォーマンスの安定性を形成するという考え方に徐々にシフトしてきました。

Q 日本では、年金運用におけるリスク管理に関する議論が盛んに行われていますが、今後どのような論点が重要になってくると思いますでしょうか。

一般的に日本では、年金財政の状態を把握するために、5年おきに財政再計算というかたちで、負債構造を総ざらいして掛金の水準を調整します。足りない部分が一定の水準を超えていれば、追加の掛金の拠出を会社にお願いするというアプローチがこれまで行われてきたわけです。

この財政再計算に合わせて年金ALM（asset liability management）というかたちで資産と負債のバランスを考えて資産配分を決定するアプローチがあり、これを実行することがリスク管理であるという考え方がありました。つまり、基本的なアセットミックス（基本ポートフォリオ）と実際の資産配分割合との乖離を一定の幅に維持するということをもってリスク管理と考えられてきたのです。しかし、ALMによって導き出された資産配分というものが、5年という期間のなかで有効性があったのかが検証されたことはなく、これはかなりゆがんだ姿なのではないかと思っておりました。

このような問題意識から、もう少しきちんとしたリスク管理を行うべきだということで最近になって取り組まれているのは、負債構造や年金制度を分析し、どのような資産の持ち方をすべきかを導き出す「継続性診断」という視点です。

セコムの場合は、80歳までの保証期間がある終身年金制度となっていますが、年金受給者はこれから増えていくだろうと想定しています。これまで行われてきたALMでは、債券や株式等の配分割合を決定するものでしたが、今後はこのような年金制度からみた資産の持ち方を考えていく必要があります。終身型の年金制度などが年金を長期的に払い続けていくためには、インカムゲインを管理することが大切です。インカムゲインで年金給付額を賄うことができるようにすることで、年金制度の持続性を維持できるように管理する必要があります。

一時金で受け取られる方は、退職までにその積み上がったお金をまとめてお支払いするだけですので、比較的安定したキャピタルゲインを獲得することができるかということが重要になります。資産を売却して100万円の資金を捻出する場合に収益率がマイナス10％の状態で行った場合とプラス10％の状態で行った場合では、元本部分に対するインパクトが全く異なります。企業年金の制度運営で重要なのは、決算時点の保有資産の時価や収益率ではなく、一時金の給付時に元本が大きく毀損する事態に陥ることであり、マーケットの高いボラティリティの影響を受けにくい資産構成や資産の持ち方を工夫することが大切です。このように管理するべき事項や情報を整理することで、企業年金制度が負担するリスクの考え方がかなり異なったものになります。

流動性の問題と収益構造というものを十分に勘案したうえで資産の保有の仕方を考えなければなりません。

Q 近年、オルタナティブ投資の三領域であるヘッジ・ファンド、プライベート・エクイティ、不動産のうち、プライベート・エクイティが日本の年金基金の間でも注目されるようになってきました。この局面で、注目されている背景や今後日本のプライベート・エクイティに期待したい点についてお話し願います。

注目されている背景については、やはり流動性を犠牲にすることにより享受で

きるプレミアムが大きい有望な資産であるということが認識され始めたという点があると思います。

　企業年金制度の本質は、本人が会社に入ってから退職するまでの期間に資産をお預かりして目標利回りに到達するよう運用し、年金や一時金で払い出すことです。退職までの平均期間はおおむね一定しているので、それをすべて流動性のある資産のみで運用するというのは乱暴な理屈です。むしろ低流動性資産に対するエクスポージャーをもつことにより、合理的なプレミアムをその低流動性資産に乗せて、その効果を年金資産としてしっかり取り込んでいくという視点が必要です。その意味では、プライベート・エクイティは、本来的には年金基金の資産運用にマッチする資産です。このような視点であまり考えられてこなかったということは、いまの日本の年金制度の大きな課題であると思っています。

　日本で活動するプライベート・エクイティ・ファンドのマネジャーには、今後の日本の産業を創出していく主体として、また社会的に新しい分野の資金需要に対する、リスクマネーの供給主体としての活動が期待されています。プライベート・エクイティ・ファンドは、企業年金基金とWin-Winの関係になれる存在です。一般的に、企業年金基金が日本の優良な産業分野に対して長期的な投資家としてエクスポージャーをもつことによって社会的意義を果たすことができると同時に、企業年金基金の存立基盤をより安定的なものにする効果があると思っています。海外にもプライベート・エクイティはありますが、私は国内のプライベート・エクイティに大いに期待をしたいと思います。

Profile

八木博一氏
セコム企業年金基金 常務理事
1974年3月大学卒業後、日本警備保障株式会社（現セコム株式会社）入社。1998年1月セコム厚生年金基金事務長を経て、2006年2月から現職。

第 2 章

年金基金によるプライベート・エクイティ投資の意義

新たなアルファの獲得を目指して

キャピタル・ダイナミックス株式会社
代表取締役社長 マネージング・ディレクター **小林和成**

はじめに

　欧州の研究機関が最近取りまとめた年金基金のプライベート・エクイティへのアセット・アロケーションのデータによると、2012年時点で公的年金基金および民間の年金基金によるプライベート・エクイティへの配分はそれぞれ5.64％、5.33％となっており、この比率は過去8年間上昇してきている(Talmor & Vasvari, 2014)。

　プライベート・エクイティ業界は約40年の歴史を有し、その過程で投資戦略もフィナンシャル・エンジニアリングを駆使してリターンをあげるものから企業の本源的成長に焦点を当てそれを顕在化させることによってリターンを極大化するかたちに進化・洗練化されてきている。一方、年金基金を含む機関投資家がプライベート・エクイティに投資を行うためのさまざまな制度・環境の整備も進んできており、この両者が相まってリーマン・ショックを経てもなお年金基金によるプライベート・エクイティへの投資拡大につながっている。

　本章では、年金基金としてプライベート・エクイティに投資をする意義に関して、その理論と現実について整理を行う。

プライベート・エクイティに投資を行う意義と理由

(1) プライベート・エクイティの特徴

　プライベート・エクイティの投資戦略を特徴づけるものは「価値創造」である。上場株式投資と異なってインデックスに沿った運用、いわゆる「パッシブ運用」は存在せず、すべてが「アクティブ運用」として「アルファ」の獲得を目指すこととなる。

　プライベート・エクイティの投資は、その名前のとおり未公開企業への投資であり、そこにはだれでも株式の売買ができる「市場」は存在しない。新規投資、あるいは投資の処分（エグジットと呼ぶ）は、株式公開（IPO）後の市場での保有株式の売却などの場合を除きすべて相対交渉によって行われ、それぞれの価格は交渉次第で上下に変動する。また、投資した後からエグジットまでの投資先の価値創造に関しても、経営陣およびそれをサポートしコントロールする投資家の力量次第でその成否は大きく影響を受け、仮に同じ会社に同じタイミングで投資ができたと仮定しても、だれが投資をしていたかによって出てくる結果は変わることになる。つまり、プライベート・エクイティ投資を取り巻く投資環境は不確実性が高く非効率であるうえに、投資の成否は投資を行う人間の力量によって大きく影響を受けるのである。図表２－１で示されるとおり、プライベート・エクイティ投資のリターンは投資後の価値創造（value creation）を行うスキルとその成否に依存する。

　年金基金としてこのようなプライベート・エクイティの投資を遂行する専門的なスキルを有する人材を内部に抱えるのは一般的にはむずかしいため、このようなスキルを有するファンド・マネジャーが運営するプライベート・エクイティ・ファンドに投資をすることを通じて投資業務、すなわちアルファの獲得の業務を外部委託する方法をとる。この仕組みの詳細に関しては後の章でカバーされるため、以下本章では年金基金がプライベート・エクイティに投資をする意義・理由に焦点を当てる。

図表２−１　上場株式投資とプライベート・エクイティ投資の価値創造の違い

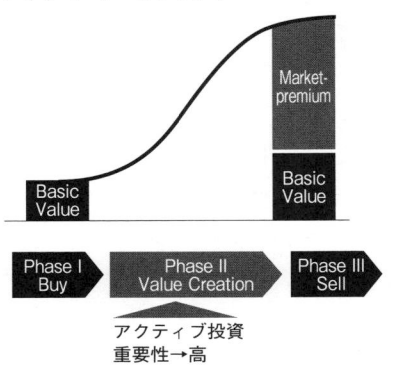

株式選定およびエグジットのタイミングが投資における成功の秘訣

プライベート・エクイティでは基本的な投資価値を有する企業へ投資を行い、企業価値を高めて市場評価価格で売却

（出所）　キャピタル・ダイナミックス

(2) プライベート・エクイティに投資をする意義・理由

　年金基金の立場からみてプライベート・エクイティに投資をする意義・理由は一般的に次の５点にまとめられる。

　❶相対的に高いリターン

　プライベート・エクイティ投資は、企業の価値創造を図るアクティブ投資であり、上場株式投資に対して超過リターン（いわゆる、アルファ）をとりにいくことを可能とする。プライベート・エクイティが上場株式に対してどれだけのアルファを獲得しているかについての検証は容易ではないが、さまざまな実証研究も進められており、一般的には年率３〜14％の超過リターンを獲得しているといわれている。

　また、プライベート・エクイティ投資のパフォーマンスは、投資を担うファンド・マネジャーの力量による差が大きく、上位四分位と平均のリターンの差はより効率的な米国の市場でも年率８〜10％という大きな数字となっている。

したがって、年金基金は上位四分位に入るような優秀なファンド・マネジャーが運営するファンドに投資をすることを通じて、二つのアルファ、すなわち上場株式に対するプライベート・エクイティの超過リターンとマネジャー・セレクションによる超過リターンを獲得することが可能になる。プライベート・エクイティへの投資は流動性を犠牲にするものではあるが、特に長期性の負債を有する年金基金にとっては、積極的にプライベート・エクイティ投資を行うこと通じて、このようなプライベート・エクイティ投資の高いリターンを得て、これがポートフォリオ全体のリターンの向上に大きな影響をもたらすことが可能となる。

❷ポートフォリオ全体のリスク・リターンの改善

モダン・ポートフォリオ・セオリーのもとで、プライベート・エクイティと上場株式の相関関係を勘案し、プライベート・エクイティをポートフォリオに入れることによって、リスクを引き下げつつリターンを極大化し、効率的フロンティアを左上にシフトすることを可能とする考え方がある。

プライベート・エクイティ投資では、そのリターンの創出方法から上場株式の市場と相関性の低い価値創造が可能と推察されるが、そのデータ量に限りがあり、また投資先企業の価値評価（バリュエーション）やリスクを計測できる頻度も多くて3カ月に一度と限られているため、おおまかな議論としてはこの効果は理解を得られるものの、相関関係を適切に予測しモデル化することはむずかしい。

また、異なる議論としては、プライベート・エクイティ投資のキャッシュ・オン・キャッシュ・ベースでのリスクの低さがある。プライベート・エクイティ・ファンドの単位でみた場合に、通常、バイアウト・ファンドであっても10〜15社程度に分散投資が行われ、これらの投資のパフォーマンスは当然マクロ環境に影響はされるものの、むしろミクロの個々の企業の状況がパフォーマンスに影響するため、仮に数件の失敗案件があったとしても他の案件でそれをリカバーできるケースが多く、ファンド単位で仕上がりのキャッシュ・オン・キャッシュ・ベースで損失を出すことはほとんどない。

ファンドの運用期間中に投資環境は良かったり悪かったりするが、ファン

ド・マネジャーは悪い投資環境のもとでエグジットする必要はなく、企業価値を高めながら投資環境の回復を待ってエグジットを図ることが可能である。某欧州のバイアウト・ファンドでは、投資案件の組入れが進んだ段階でリーマン・ショックの直撃を受け、ポートフォリオの価値が簿価に対して半分以下になったが、その後きちんとしたテコ入れを行い、最終的なリターンが1.5倍程度になった例などがある。したがって、しっかりと分散されたかたちであれば、プライベート・エクイティをポートフォリオに組み込むことによって全体のリスク・リターンを改善する効果はあるといえる。

❸上場株を補完する投資のユニバース

プライベート・エクイティは、米国からスタートして40年程度の歴史を有するが、その運用資産額の規模も創生期とは比べられないほどになっており、現状のグローバル・ベースでの運用資産額はヘッジ・ファンドと同規模の約300兆円となっている。これは上場株式市場の時価総額の約5～6％の規模である。

また、プライベート・エクイティでは、成長性の高いベンチャー企業や成熟した企業の再生案件など上場株式ではカバーできない分野に投資が行われている。さらにエマージング市場に目を向けた際に、これらの国・市場の上場株式市場の小ささおよび上場企業数の少なさや、上場企業であってもセクターが金融・通信・エネルギーなどに偏っていたり、市場での流動性が低かったりすることなどを勘案すると、エマージング市場では上場株式投資よりも、プライベート・エクイティ投資を通じてのほうが、その国・地域の成長性を直接リターンに取り込みやすい面もある。

❹社会に対するリスク資本の供給

プライベート・エクイティは、例えばベンチャー・キャピタルであれば、新規技術開発や新規ビジネスを創出する起業家を支援し常に新しいビジネス、産業を創出している。バイアウト・ファンドであれば、さまざまな経営課題を抱えている企業に対して資本を提供すると同時に人的経営資源も投下し企業のリストラや事業拡大などの変革を促している。上場企業に関しても「経営」と「所有」が分離されていることなどを理由に効率的な経営が行わ

れていない企業などを非公開化し「経営」と「所有」を一体化したうえで大胆なリストラや事業拡大などの施策を行っている。

プライベート・エクイティの投資家は、「結果として」このような社会に変革を起こすために必要とされるリスク資本の提供者となっている。

一般的にプライベート・エクイティ・ファンドによる個々の企業への投資保有期間は企業の変革を起こしかつ一定の成果をあげるまでに必要かつ十分な期間として3～5年となっている。年金基金からみた場合、プライベート・エクイティ・ファンドを通じて投資される企業の構成は3～5年でどんどん入れ替わっていくものの、大局的にみた場合、常に経済社会で重要となるリスク・キャピタルを長期間にわたって提供していることとなる。

❺ESGの観点からの考察

❹とも関連するが、年金基金の投資運用者の立場としては、投資のリターンだけではなく、その社会的責任に関しても注意を図ることの重要性が高まっている。

このESG（環境（environment）、社会（social）、ガバナンス（governance））の観点に関しても、基本的にはプライベート・エクイティでの取り組みは他のアセット・クラスとの比較でも大きく進んでいる。

「ガバナンス」は、プライベート・エクイティ戦略のコアを成すものであり、年金基金を含む機関投資家がファンドを運営するファンド・マネジャーをその代理人として投資先企業のコントロールをもち、ガバナンスを効かして企業価値の向上に取り組むこととなる。なお、この際に重要なのが、利害関係者、すなわち投資家とファンド・マネジャー、およびポートフォリオ企業の経営陣などとの間の「利害の一致（alignment of interest）」である。

「環境」と「ソーシャル」に関しては、プライベート・エクイティであるから自動的に意識されるものではなく、投資を仲介・管理するファンド・マネジャーのそれらに対する意識と実践が重要であるが、さまざまな投資事例、投資経験を通じてこれらに対して重視をすることがリターンを犠牲にするものではなく、むしろ中長期的に企業価値の向上を通じてリターンを高めるものであるとの認識が浸透してきている。

2 アルファ（超過リターン）の獲得

　前述のとおり、プライベート・エクイティ投資は、株式投資のなかでいわゆるアルファを獲得するために重要な戦略であるが、それでは、プライベート・エクイティ投資では上述のような価値創造の結果、どれくらいの超過リターンを得られているのであろうか。

　一般的に上場株式投資とプライベート・エクイティ投資のリターンの計測方法は、その投資の特性を反映して大きく異なるものであり、またプライベート・エクイティ投資の定量的データが限られているため、プライベート・エクイティ投資による超過リターン、いわゆるアルファの計測は簡単ではない。

　その一つの試みとしては、筆者の所属するキャピタル・ダイナミックス（Capital Dynamics）が欧州の研究機関であるCEFS（Center for Entrepreneurial and Financial Studies）と共同で検証した成果がある。このリサーチでは、2009年に最初の調査・分析を行い、2014年にさらにそれを拡充している。2014年の調査では、データが入手可能であった1990年から2013年の701件の投資エグジット案件を分析し、総合的なリターンから、レバレッジの効果と同条件での上場株式のリターンを差し引き、純粋にプライベート・エクイティ固有のアルファとしてIRR（内部収益率）で14％という数字を算出している。すなわち、これはプライベート・エクイティに投資をすることによって、レバレッジの効果を差し引いた狭義の価値創造分としても14％の超過リターンを得られていることを意味する（図表2−2参照）。2009年の最初の調査時点では、超過リターンは6％であったが、今回はアジアの案件も調査対象に入れこれらの案件の利益成長率の高さに基づく高い投資リターンがより高い超過リターンに結びついている。

　マッキンゼー・アンド・カンパニー（McKinsey & Company）などによるいくつかの同様の調査があるが、これらでも少なくとも3％程度の超過リターンは検証されており、プライベート・エクイティ全般のアルファ創出能

図表2-2　アルファの検証

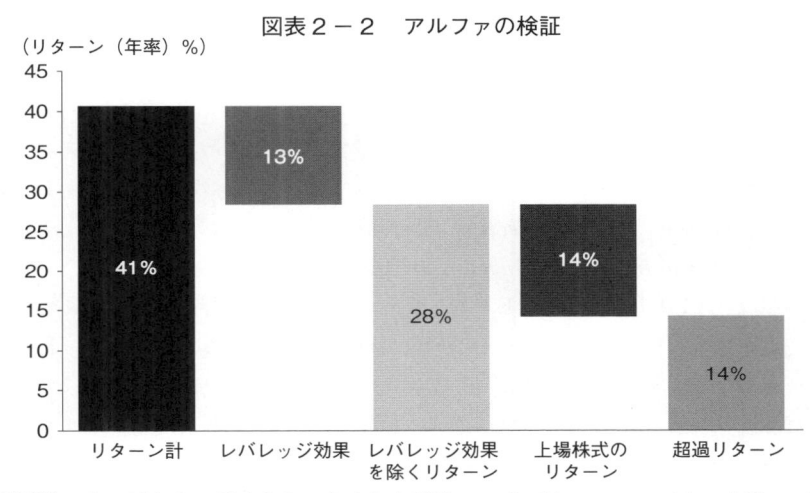

リターン計	41%
レバレッジ効果	13%
レバレッジ効果を除くリターン	28%
上場株式のリターン	14%
超過リターン	14%

（出所）キャピタル・ダイナミックスおよびCenter for Entrepreneurial and Financial Studies（CEFF）による調査の分析結果に基づき作成

力は確認されているといえる。

おわりに

　グローバルにみてプライベート・エクイティ市場の投資家全体に対して年金基金の割合は公的年金基金、民間の年金基金を合わせておおよそ3分の1を占めており、他の属性の投資家と比較しても断トツの重要なポジションを占めている。

　個々の国、その国の年金制度および年金基金の投資戦略などによって、プライベート・エクイティへ投資することの可否および、投資する場合、そのアセット・アロケーションの比率はさまざまであるが、一般的には長期の資金を有し相応のリスク許容度をもつ年金基金にとって、本章で取りまとめたとおり、プライベート・エクイティはよい投資対象であると考えられる。

　日本の年金基金にとっては、次章で取りまとめられる課題の克服が大きな壁となるが、それを乗り越えてプライベート・エクイティ投資の大きな「果

実」を享受してもらいたいと切に考えるものである。

参考文献

大輪秋彦監訳・次世代年金実務家ネットワーク訳（2003）『勝者のポートフォリオ運用―投資政策からオルタナティブ投資まで―』金融財政事情研究会（David F. Swensen（2000）*Pioneering Portfolio Management: An Unconventional Approach to Institutional Investment*, Free Press.）

小林和成（2013）「プライベート・エクイティ・ファンドの特徴―機関投資家の視点から―」日本バイアウト研究所編『機関投資家のためのプライベート・エクイティ』きんざい, pp.2-35.

小林和成・萩康春訳（2013）『プライベート・エクイティの投資実務―Ｊカーブを越えて―』きんざい.（Thomas Meyer and Pierre-Yves Mathonet（2005）*Beyond the J Curve: Managing a Portfolio of Venture Capital and Private Equity Funds*, Wiley Finance.）

日本バイアウト研究所編（2013）『機関投資家のためのプライベート・エクイティ』きんざい.

David F. Swensen（2009）*Pioneering Portfolio Management: An Unconventional Approach to Institutional Investment, Fully Revised and Updated*, Free Press.

Morten Sorensen, Neng Wang and Jinqiang Yang（2013）"Valuing Private Equity," Working paper, Columbia Business School.

Pierre-Yves Mathonet and Thomas Meyer（2008）*J-Curve Exposure: Managing a Portfolio of Venture Capital and Private Equity Funds*, Wiley Finance.

参考資料

Capital Dynamics and Center for Entrepreneurial and Financial Studies（2009）"Value Creation in Private Equity"

Capital Dynamics and Center for Entrepreneurial and Financial Studies（2014）"Value Creation in Private Equity: Second study"

Eli Talmor and Florin Vasvari（2014）"The Extent and Evolution of Pension

Funds' Private Equity Allocations," Coller Institute of Private Equity at London Business School.

Sacha Ghai, Conor Kohoe and Gary Pinkus (2014) "Private equity: Changing perceptions and new realities," McKinsey & Company.

Interview
プライベート・エクイティへの投資の意義

長期的な視点によるリターン向上と分散投資効果の追求

旭化成企業年金基金
インベストメント・オフィサー
松本　啓氏

Q 貴基金がプライベート・エクイティ投資の取り組みを開始した時期と開始した背景についてお話し願います。また、プライベート・エクイティはどのような資産に位置づけていますでしょうか。

　当基金がプライベート・エクイティ投資の取り組みを開始したのは2004年ですので、ちょうど10年が経過しました。プライベート・エクイティ・ファンドの多くは運用期間が10年ですので、間もなく運用が終了するファンドもございます。
　当初の考え方ですが、リターンの向上という観点と、株式のポートフォリオもしくは資産全体のなかでの分散投資効果を追求できる長期的に有望な資産であるとの考えに基づいて開始しました。10年という長期的な投資になるということについては、当然最初から覚悟していました。
　プライベート・エクイティは、株式の一部として位置づけております。具体的には、バイアウト、ベンチャー、セカンダリーを「プライベート・エクイティ」に区分しており、総資産における比率は現在4％程度であり、5％を上限の目処として投資しております。また「プライベート・エクイティ」とは別に、リスク特性や資本構造の違いなどを考慮し、メザニン、ディストレスト、インフラストラクチャーなどを不動産、ヘッジ・ファンドとともに「オルタナティブ資産」に区分して投資しております。

Q プライベート・エクイティ投資の成功の秘訣として、毎年継続してコミットメントを行うという点があげられますが、どのように分散投資を行っているのでしょうか。

　基本的には、ビンテージ分散を行うという考え方で投資を進めています。ファンド組成のタイミングによってはコミットのない年もありましたが、この10年間におおむね年間1〜3本のファンドに継続的に新規のコミットをしてきました。
　このタイミングはチャンスだからといってその年のコミット本数を急激に増やすということはなく、逆にリーマン・ショックによりいったんすべて凍結するということもありませんでした。毎年コンスタントにコミットを継続してアセットを積み上げてきたというのが現状です。金額についても毎年同じくらいとなっております。
　分散については、日本以外にも海外のプライベート・エクイティ・ファンドへの分散投資も行っています。当初は日本のファンドから開始しましたが、そのときから海外ファンドも投資するという前提でスタートしました。その後、2010年くらいまでは、日本と海外はおおむね同じくらいのペースで投資が進捗しましたが、現在は海外のアセットのほうが多くなっています。

Q プライベート・エクイティ・ファンドへの投資と管理についてはどのようなスタンスで行ってきましたでしょうか。

　プライベート・エクイティに限りませんが、年金基金側ですべてのマネジャーを選定して、その後の管理も行っていくことには限界があると思っていますので、ゲートキーパーなどのアドバイザーの存在が重要になってきます。
　当基金では、自己勘定でもプライベート・エクイティに投資をしており、プライベート・エクイティ投資に関するスキル・経験値が高いと思われる信託銀行をゲートキーパーとして採用しております。一つの口座から複数のファンドに投資することで、キャピタル・コールや分配といった煩雑な処理も効率よく管理でき、ポートフォリオ管理も信託銀行がまとめてレポーティングしてくれることで、基金の少ないリソースでも投資管理ができる体制を構築しています。マネ

ジャーは分散しますが、アドバイスや管理は信頼できる1社に集中する方法は効率性の観点から考えても有効だと考えています。

マネジャー選定については、信託銀行のアドバイスも参考にしながら、海外のファンドも含め極力直接マネジャーと面談を行うようにしています。積極的にマネジャーとコミュニケーションをとり、国内だけでなく海外の年次総会にも可能な限り出席し、自分たちでも情報を収集する努力をしています。これまでは、厳選した複数の同じマネジャーでのリアップ（再投資）を中心に投資を行ってきました。

シングル・ファンドかファンド・オブ・ファンズかについては、日本はシングル・ファンドから始めましたが、海外はファンド・オブ・ファンズから開始しました。国内ファンドについては、目が行き届きやすく、内容を理解しやすいという優位点があり、基金としてのノウハウ蓄積につながりました。

Q 日本においても、ファンド・マネジャーの努力によって高いリターンを生み出した案件が増えています。今後プライベート・エクイティ・ファンドに期待したい点や日本の年金基金を含む、投資家層の拡大への期待についてお話し願います。

マネジャーへの期待については、リターンを向上させることに尽きると考えております。日本では、素晴らしいリターンを確保する案件もありますが、ポートフォリオ全体でみると同じビンテージの海外ファンドと比較してリターンが低い場合もあります。当基金としては、株式の延長線上で投資を行っていますので、上場株式よりも高いリターンを継続的に生み出してくれることを期待しています。そして、今以上に良好なリターンが出てくれば自然に投資家層の拡大にもつながっていくと考えております。

日本の年金基金がこれまでプライベート・エクイティに積極的ではなかった理由の一つとして流動性の問題があります。プライベート・エクイティなど流動性の低い投資への期待は、高いリターンの獲得と、分散投資効果によるポートフォリオ全体の効率性の向上です。当基金のポートフォリオの大部分は上場株式や債券といった流動性の高い資産ですので、年金給付のためのキャッシュフローやリ

バランスといった流動性の問題には対応できると考え、限られた部分ではあるものの流動性の低い資産へ投資することによってそのメリットをとりたいと考えています。

実際に開始する際には、基金のリソースが限られているなかで、ゲートキーパーをうまく活用するということが重要になってきます。信頼できるアドバイザーを見つけることが、投資と管理の両面において効果的だと思います。

Profile

松本　啓氏

旭化成企業年金基金 インベストメント・オフィサー
1998年3月慶應義塾大学大学院理工学研究科管理工学専攻修了。同年4月、旭化成工業株式会社（現旭化成株式会社）に入社。経理セクションにて決算業務や経理システム業務に従事した後に、2005年12月より現職。

第 3 章

年金基金によるプライベート・エクイティへの投資の課題

マネジャー選定、資金管理、パフォーマンス評価

株式会社大和ファンド・コンサルティング
ファンド企画部 アナリスト　**花塚麻由**
ファンド戦略部 シニアアナリスト　**水谷有美**

はじめに

　プライベート・エクイティ投資のパフォーマンスは、株式市場の好不調に大きく依存しないと思われることもある。しかしながら、実際のプライベート・エクイティ投資では、投資の成否が投資時点における市場環境の影響を免れることはなく、投資機会と投資戦略の選定が不可欠である。プライベート・エクイティ投資は、投資を行うためのプライベート・エクイティ・ファンド（以下、「ファンド」という）の存続期間が長く、10年を超えて存続することも珍しいことではない。また、存続期間中は、ファンドを解約することがむずかしい。プライベート・エクイティ投資を行うにあたっては、マネジャーの選定およびマネジャーとの付き合い方のノウハウについて理解することも欠かせない。

　プライベート・エクイティ投資のリターンは、ファンドの存続期間の前半にマイナスが続き後半に大きなリターンを得ることが多い。プライベート・エクイティ投資は、長期間保有することで大きな果実を得ることを期待するものである。また、プライベート・エクイティ投資では、平均的に5年に及ぶ投資期間を通じて、段階的にポートフォリオを構築する。ポートフォリオ構築のための投資を行うたびに必要な資金拠出が求められるため、キャッシュ管理には十分な注意が必要である。

　年金基金にとってプライベート・エクイティ投資を意味のあるものとするためには、以上の観点に加え、年金基金側が認識すべき課題がある。すなわ

ち、年金基金では、10年を超えて体制、あるいは投資方針が変わらないことはほぼないといってよいであろう。年金基金がプライベート・エクイティ投資を行う際には、導入した当初の経緯、投資管理の手法などを共有し継承することが必要である。

1 運用戦略とマネジャーの選定

(1) 投資機会と投資戦略の収益性の関係

ファンドの投資戦略（投資ステージ、ファンド・オブ・ファンズかシングルか、地域、ビンテージ、セクター、サイズなど）については、多分に経済サイクルの影響を受けたパフォーマンスを示すことが知られている。

一般的に、経済環境が良好な期間に設立されたファンドは、経済環境が悪化した局面で設立されたファンドと比較し、パフォーマンスが劣後する傾向がある。背景の一つとして、割高なバリュエーション環境下での投資があげられる。経済環境が良好な場合、投資資金が豊富な投資家が増加し、案件獲得競争が激化するため、投資時のバリュエーションが高くなる。一方で、景気サイクルの底では、ファンドへの資金の出し手が不足する。ファンドにとっては、投資時点の競争相手が減少することで、割安なバリュエーションで投資ができる場合が多く、相対的に高いパフォーマンスとなる傾向がある。景気サイクルを完全に予測して投資を実行することはむずかしく、投資時点を分散するビンテージ分散投資が基本となる。ただし、景気サイクルはファンドのパフォーマンスに少なからず影響を及ぼすと考えられることから、景気動向指数や政策金利などのマクロ経済指標動向にも着目しながら、投資時点における経済環境を考慮に入れることも必要である。

さらに、投資戦略によっては経済サイクルの影響をより顕著に受けるものがある。例えば、主な収益源泉を取得時のディスカウント投資とするセカンダリー・ファンドは、市場過熱時に投資対象のバリュエーションが上昇するため、こうした局面における投資開始に不向きとなる。一般にセカンダリー・ファンドは、いわゆるJカーブ効果（詳細は後述）が少ないため、初

めてプライベート・エクイティ投資を取り組む際に選択されることも多い。しかしながら、投資時期によっては、割高な投資となってしまい、最終的なファンドのパフォーマンスが振るわず、プライベート・エクイティ・ポートフォリオのパフォーマンスを悪化させてしまう可能性がある。また、メザニン・ファンドでは、銀行のシニアローンよりも高いローン金利や配当水準が適用されるため、シニアローンによる貸出が活発化する市場過熱時には、案件獲得に苦戦する傾向がある。投資戦略を選択する際には、経済サイクルとそれぞれの収益機会の関係性をとらえ、トップダウンの視点をもった投資戦略の分散投資が重要となる。

(2) マネジャー選定におけるチェックすべき項目

プライベート・エクイティ投資は、伝統的な株式アクティブ運用のようなベンチマークを意識した運用ではない。それゆえ、パフォーマンスの多くの部分はファンドのマネジャー（以下、「マネジャー」という）による付加価値によって説明される。したがって、伝統的資産のアクティブ・マネジャーと比較した場合、プライベート・エクイティ投資では、マネジャーのパフォーマンス格差が大きくなる傾向がある。限られた情報のなかで期待どおりのマネジャーを選択するために、特に重視する項目を列挙する。

❶トラック・レコード

一般に、トラック・レコードが良好なマネジャーは、継続して良好なパフォーマンスを示す傾向がある。しかし、盲目的に数値を信用し投資することは避け、パフォーマンスの背景について分析、理解をする必要がある。例えば、マネジャーのパフォーマンスを要因分解し、EBITDAの増減、レバレッジ効果、EBITDAマルチプルの変化などを参考に、ファンドレベル、個別案件レベルでの収益源泉を把握することも一つの方法である。

❷運用チームの安定性

ファンドの良好なトラック・レコードが確認できたとしても、パフォーマンスに貢献した当時のチームメンバーおよびキーパーソンが継続して投資活動に従事しない場合、リターンの再現性は低下する。これは、案件の獲得、

投資先の改善やモニタリング、売却手法や売却先候補とのリレーションなど、各ステージにおける行動が、人の能力や経験に起因すると考えられるからである。加えて、チームメンバーの経験年数の増加とともに、メンバーの経歴や投資行動によって裏付けられたファンドの特徴が、さらに強みとなってパフォーマンスに現れるケースが多い。このため、退職者がいる場合、退職理由や時期、担当していた業務を含めてファンドの強みが維持されるか否かという観点から背景を確認することが望ましい。また、優秀な人材確保のため、チームや個人への報酬体系などを確認し、組織としてチームの安定性に対する適切な取り組みがなされているか見ておく必要がある。

❸マネジャーの投資家に対する**姿勢**

パフォーマンスと直接的には関係しなくとも、マネジャーと信頼関係を築くことができるか考慮すべきである。プライベート・エクイティ投資は、ファンドへの投資後に解約を行うことがむずかしい。また、投資家とマネジャーとの間の情報格差が大きい。さらに、他の投資家の意向によって、ファンドの条件に変更が加えられてしまうこともある。以上のような観点から、マネジャーとのコミュニケーションが不足することにより、投資家にとって不利な状況が起こる可能性がある。デューデリジェンスやパフォーマンス報告会などにおいて、複数のチームメンバーとミーティングを重ねることで、マネジャーの文化を理解し、長期的に信頼関係を構築できるか確認することが望ましい。

2 投資にあたり乗り越えるべき課題

(1) 資金管理

年金基金はファンドを通じて、プライベート・エクイティ投資を行うこととなる。ファンドへの投資の特徴として、資金管理のむずかしさがあげられる。投資家は資金の拠出・回収のタイミングや金額を自身で管理できないため、余裕をもった資金管理が必要となる。プライベート・エクイティ投資では、余裕資金の運用もまた、パフォーマンスの重要な決定要因である。

図表3－1　ファンドにおける資金管理の概念図

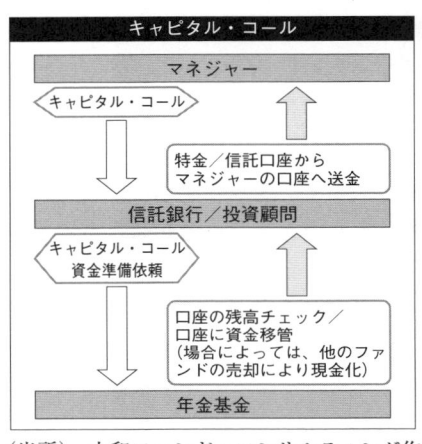

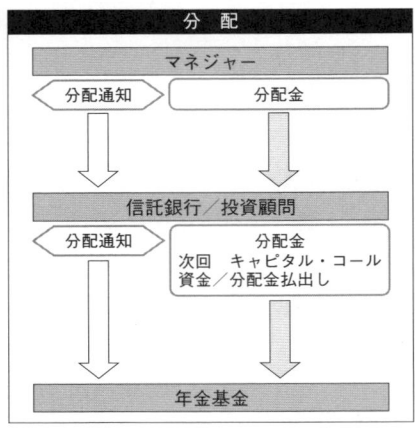

キャピタル・コール	分配
マネジャー ←キャピタル・コール　↑ 　　　　　　特金／信託口座から 　　　　　　マネジャーの口座へ送金 信託銀行／投資顧問 ←キャピタル・コール　↑ 　資金準備依頼 　　　　　　口座の残高チェック／ 　　　　　　口座に資金移管 　　　　　　（場合によっては、他のファ 　　　　　　ンドの売却により現金化） 年金基金	マネジャー ←分配通知　　分配金→ 信託銀行／投資顧問 ←分配通知　　分配金 　　　　　　次回　キャピタル・コール 　　　　　　資金／分配金払出し 年金基金

（出所）　大和ファンド・コンサルティング作成

　ファンドの存続期間は一般的に10年前後である。そのうち、資金の拠出である出資については、前半の5年間（投資期間）に行われる。また、資金の回収である分配については、ファンドの戦略によってさまざまな時期や頻度で行われる。例えば、セカンダリー・ファンドは早い時期からたびたび分配が見込める。一方でバイアウト・ファンドでは、遅い時期にまとまった分配が見込める。

　ファンドへの投資に係るキャッシュフローは、一般的に図表3－1に示すとおり比較的簡素に記述することができる。しかしながら、具体的な出資や分配によるキャッシュフローのタイミングや金額は予測できない。マネジャーは、投資家が最初に出資を約束した金額から既に出資した金額を引いた未払込金額の範囲内で、投資家に対し随時出資を求める。出資の時期と金額はファンドの投資対象となる案件に依存するため、マネジャーでも正確な見積りがむずかしい。さらに、投資を決定すると、マネジャーはキャピタル・コールと呼ばれる方法で投資家に通知し、出資を求める。その通知から資金の払込日までの期間は2週間前後と短い。また、投資家は分配について

も管理できない。分配は、投資案件の売却など分配原資が発生したときにマネジャーが適宜行う。

ファンドへ投資する際には、ファンドに実際に出資した部分のほか、今後のキャッシュフローが不確実であるにもかかわらず、未払込金額および回収済金額を適切に管理しなければならない。特に、未払込金額については、不確定な時期・金額および短い期間でのキャピタル・コールに対応できるよう、余裕をもった管理が必要である。プライベート・エクイティ投資から得られるパフォーマンスとは、マネジャーが運用するファンドのパフォーマンスに加え、その余裕資金の運用も含めたパフォーマンスである。したがって、ファンドに投資する際には、その余裕資金の運用方法も含めて検討する必要がある。

(2) パフォーマンス評価

プライベート・エクイティ投資にあたり、ファンドのパフォーマンス評価が他の資産と異なる点として、以下の❶～❺のような特徴があげられる。

❶時価評価の報告時期

一般にファンドの時価評価は四半期または半期に一度行われる。また、投資家への報告の時期は時価評価時点のおおよそ3カ月後であり、毎月、月末の時価が適宜認識される資産と比べて時価の認識にずれが生じる。

❷時価評価の客観性

ファンドの時価評価はマネジャー自身により行われるため、市場価格のある資産で構成されるファンドに比べて、時価評価の客観性を欠く部分がある。その点については、ファンドの監査を行う監査法人の意見に投資家が依拠することになる。

❸換金性

ファンドは長期間の投資であるため、持分の中途解約は想定されておらず、不可能または投資家にとって著しく不利な条件のもとでの解約となる。よって、何らかの理由で投資家がファンドの満期まで保有できず、ファンドの存続期間の途中で自身のファンド持分を換金する必要がある場合、売却を

図表3−2　ファンドの換金方法

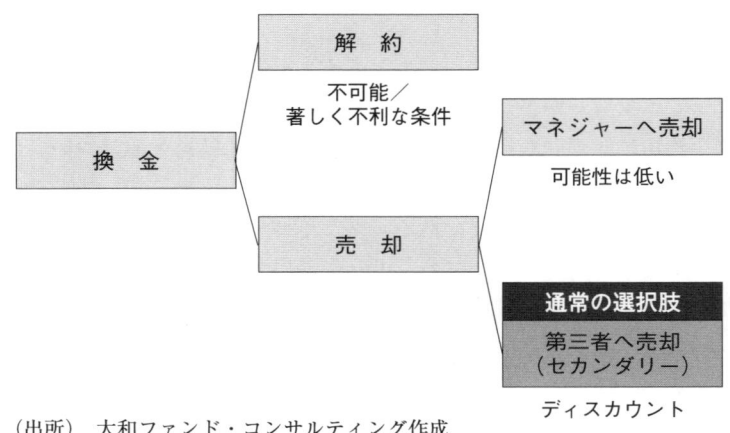

```
                      解　約
                   不可能／
                   著しく不利な条件
       換　金                       マネジャーへ売却
                                     可能性は低い
                      売　却
                                     通常の選択肢
                                   第三者へ売却
                                   （セカンダリー）
                                     ディスカウント
```

（出所）　大和ファンド・コンサルティング作成

行うこととなる。通常マネジャーが投資家のファンド持分を買うことはないため、多くの場合、投資家は、買手を探して相対で自身のファンド持分の売却を行う。これがいわゆるセカンダリーでの売却といわれる取引である。しかし、通常、セカンダリーでの売却において売却価格は、評価時点における当該ファンドの時価からディスカウントされた価格となると考えてよい。

❹導入当初の損失

ファンドの存続期間を通じて管理報酬負担が発生するなか、最初の数年間については投資が先行し、パフォーマンスはマイナスとなる。数年後、投資案件の売却などによりキャピタルゲインが発生する状態になると、パフォーマンスはプラスとなるという傾向がある。これを「Ｊカーブ効果」という。

❺資金管理のむずかしさによる運用の非効率性

2.(1)資金管理において述べたように、ファンドへの投資については、将来のキャッシュフローを予測しにくいため、割り当てた資金を完全に運用することがむずかしく、非効率な運用にならざるをえない部分がある。

プライベート・エクイティ投資には、他の資産と異なる点として以上のよ

うな五つの特徴がみられ、一般的にネガティブにとらえられる傾向がある。しかし、長期的な投資という観点からみると、必ずしも過度に懸念する必要はない。したがって、短期的なパフォーマンス評価にとらわれず、許容できるリスクは許容し、プライベート・エクイティ投資を検討されたい。

おわりに

　近年、日本の年金基金においても、プライベート・エクイティ投資への注目度が高まっている。投資機会の見極めや、マネジャーの選定においては、年金基金が独自で情報収集を行うことに加えて、年金運用コンサルタントやゲートキーパーなどの専門家を利用することで、幅広い情報を効率的に得る方法もある。また、本章で指摘した、乗り越えるべき課題の克服については、年金基金において長期投資の運用方針を明確にすることや、長期投資を行うための業務プロセスを確立することが重要である。大きく変化する年金運用を取り巻く環境において、新たな収益機会の追求や他資産との低相関性などの観点から、年金基金がプライベート・エクイティ・ファンドに投資する意義は大きい。

参考文献

小林和成・萩康春訳（2013）『プライベート・エクイティの投資実務―Jカーブを越えて―』きんざい．(Thomas Meyer and Pierre-Yves Mathonet (2005) *Beyond the J Curve: Managing a Portfolio of Venture Capital and Private Equity Funds*, Wiley Finance.)

白鹿博之・富田康之・村形誠治（2013）「プライベート・エクイティ・ファンドへの投資実務」日本バイアウト研究所編『機関投資家のためのプライベート・エクイティ』きんざい，pp.362-391.

Interview

長い時間をかけて花開く
プライベート・エクイティ投資の妙味

他の資産とのコンビネーションが大切

ソニー企業年金基金
運用執行理事
飯野厚子氏

Q ソニー企業年金基金では、プライベート・エクイティをどのような資産クラスに位置づけていますでしょうか。

　ソニー企業年金基金では、プライベート・エクイティ投資について、資産クラスの分類としては、オルタナティブ投資に位置づけています。また、オルタナティブ投資のなかでは投資期間を目安に「短中期」「長期」と分けて考えていますが、プライベート・エクイティ投資はそのうちの「長期」に分類しています。なお、オルタナティブ投資「短中期」の代表的なものは、ヘッジ・ファンド投資です。

　ソニー企業年金基金では、当基金の前身である厚生年金基金であった2000年からプライベート・エクイティ投資を行っています。その後も継続してプライベート・エクイティ投資を行っていますので、私が運用執行理事となった2012年において、当基金では、投資先の企業が株式公開（IPO）などで投資の完了を迎え「果実の収穫時期」にあるファンドや、ファンドへのコミットメントやキャピタル・コールが発生してこれから投資を行う「種まき時期」にあるファンドなど、プライベート・エクイティ投資のさまざまな段階のファンドがありました。

　運用執行理事就任当初から、プライベート・エクイティ投資のさまざまな段階を経験できることは、プライベート・エクイティ投資を考えていくうえで貴重なことでした。また、プライベート・エクイティ投資に限った話ではないのかもしれませんが、長期間にわたって継続して投資を行っていくことの大切さをあらた

めて胸に刻むとともに、先人の積み重ねてきた議論ならびに営為がもたらす結果に感謝しながら、毎日の仕事をしています。

Q ヘッジ・ファンドや不動産と比較したプライベート・エクイティ・ファンドの特性と魅力についてお聞かせ願います。

いずれも伝統的な資産クラスや投資手法とは異なる部分があるという意味で、オルタナティブ投資と分類されるものの、ヘッジ・ファンド、不動産およびプライベート・エクイティ投資では時間軸や収益源泉などには違いがあるのだと思います。

ヘッジ・ファンドや不動産投資においても優れている点はあって、これらも含めて企業年金のポートフォリオのなかでバランスよく分散していくことが大切だと考えています。ただ、プライベート・エクイティとの特性の詳細な違いについてはそれらの投資分野における専門家の方々にお願いするとして、私からは企業年金担当者という視点でお話しさせていただきます。

プライベート・エクイティ投資を実務上、管理するうえで、典型的なヘッジ・ファンド投資と異なるポイントは、キャッシュフローの管理があげられると思います。伝統的な資産や典型的なヘッジ・ファンドは、流動性が高い資産を投資対象としているので、年金基金が資金枠を設定後、すぐに基金から資金はそれぞれのファンドに投下されます。また、当該資金投下時点からすぐに運用機関の実力が数値として現れるので、その数値をモニタリングしながら、当初投下した資金が当基金と事前にお約束いただいた方針に沿って正しく運用がされているのかをみていくことになります。

一方、プライベート・エクイティ投資においては、年金基金が投資の意思決定をした後、通常、コミットした資金がすぐに投下されるわけではなく、実際の投資額が積み上がるまでには、かなりの時間がかかります。また、プライベート・エクイティ投資の全体を俯瞰すると、ファンドに資金枠を設定し、順次資金の投下をしているのと並行して、以前に資金投下した別のファンドが資金の回収期を迎えていることもあります。そのため、当該キャッシュフローをモニタリングして、効率的に管理し運営することは、プライベート・エクイティ投資を効率的に

実施するうえでは、必要不可欠なこととなります。
　プライベート・エクイティ投資は、このようなやや手間がかかる管理がありますが、キャピタルゲインを求める資産としてそのポテンシャルは大きなものがあり、継続することに魅力がある投資であると考えています。

Q 年金基金を中心とする投資家がプライベート・エクイティ・ファンドへの投資を行ううえのむずかしさや乗り越えるべき課題についてはどのような点があると感じますでしょうか。

　プライベート・エクイティ投資を行ううえでの課題という観点とは、少々ポイントが外れるような気もして恐縮ですが、私自身も含めて、プライベート・エクイティ投資というと小難しい印象が先行する嫌いがあるような気がしており、プライベート・エクイティ投資は、本質的には株式投資であるということは、考え直してもよろしかろうと思います。当たり前のことではありますが、実際に投資するのは、会社の株式であり収益の源泉は明確なので、その点がプライベート・エクティ投資のわかりやすい点でもあり、むずかしい点でもあるといえようかと思います。
　しかしながら、株式投資ではあるものの、上場株式とは異なりプライベート・エクイティ投資は流動性が低いことから、ポートフォリオ全体で許容できる「流動性リスク」をどこまでプライベート・エクイティ投資に配分できるのかという点は重要です。また、企業年金のポートフォリオのなかでは伝統的資産の一環としての株式投資の部分もあることから、ヘッジ・ファンドで投資している株式リスクに鑑みて、ポートフォリオ全体でどこまで「株式リスク」を許容できるのかといったことも、プライベート・エクイティ投資を実施するうえで、考えていくことが肝要だと思います。
　プライベート・エクイティ投資をオルタナティブ投資とみる場合、伝統的資産との相関性が低いということを重視する向きもあるようですが、10年単位でみていくと、プライベート・エクイティ・ファンドが、ファンドレイズするタイミングや、投資回収するタイミングは上場株式市場からの影響を受けているようにもみえます。そのため、プライベート・エクイティ投資を、広義の株式投資の一環

として、そのキャピタルゲインによる期待リターンと、ポートフォリオ全体で許容できる流動性リスク、株式リスクの点をふまえて、どのようにバランスをとってポートフォリオに組み入れるのか、もしくは組み入れないのかという判断があってもよいのではないでしょうか。

Q 今後、これから新たにプライベート・エクイティ・ファンドへの投資を検討する、日本の年金基金の方々へのメッセージをお願いします。

　プライベート・エクイティ投資は、流動性が低いことや、コミットする投資期間が長期に及びます。また、投資対象の会社が未公開であることから、どうしても情報に偏りが生じがちになりますし、投資先の選定についてはファンドの力量にお任せするしかありません。そのため、企業年金におけるプライベート・エクイティ投資の意思決定は、突き詰めてシンプルに考えると「（戦略も含めた）だれに」「いくら預けるか」の要素に絞られるといえるかもしれません。

　プライベート・エクイティ投資は、ゲートキーパーなども含むファンドを運営するマネジャーや組織、企業年金向けの窓口となる投資顧問や金融機関といった関係者とは相当長い期間のお付き合いをすることになりますし、「だれに」運用をお願いするかという点でパフォーマンスの違いがあるようです。そのため、これから投資を検討されるのであれば、情報収集を広く行い、今後、継続投資をするかどうかも視野に入れたうえで「だれに」「いくら預けるか」という点を、時間をかけて検討していくことが肝要だと思います。

　また、時間軸が長いプライベート・エクイティ投資は、他の資産と比べて効果が直感的にわかりにくいという点があります。そのため、関係者への説明は大変だと思いますが、投資の意思決定をする際には、企業年金内の関係者でプライベート・エクイティ投資の意義や投資目的を共有したうえで、関係者の理解を図ることは欠かせないと思います。また、投資を決定した後の対応として、自分の在任期間にファンドにコミットメントをして資金回収までを見届けられる可能性は低いので、「なぜこの投資をしたのか」といったことを、組織内で残していくことも大切なことだと考えています。

Profile

飯野厚子氏
ソニー企業年金基金 運用執行理事
東京女子大学卒業。一橋大学大学院経営修士（MBA）。1990年株式会社日本興業銀行（現株式会社みずほ銀行）入行、みずほ総合研究所株式会社等を経て、2003年ソニー株式会社入社。現在、同社財務部財務企画グループシニアマネジャーとして、財務的視点から同社およびグループ会社の年金資産および負債の管理に従事。2012年よりソニー企業年金基金運用執行理事兼務。日本証券アナリスト協会検定会員。1級DCプランナー。

第 4 章

米国の企業年金基金によるプライベート・エクイティへの資産配分

トレンド分析と日米比較

CLSAキャピタルパートナーズジャパン株式会社
バイス プレジデント　**山口龍平**
マーケティング アシスタント　**丹羽純子**

はじめに

　CLSAキャピタルパートナーズは、CLSAのオルタナティブ投資部門としてアジア全域で有望企業への資金提供を行っている。投資テーマの異なる複数のファンドのうち、サンライズ・キャピタル（Sunrise Capital）は、日本国内の中堅企業への投資に特化したファンドであるが、日本特化型ファンドとしては珍しく、多くの海外投資家の資金を運用しており、そのなかには本章のフォーカスである米国企業年金基金も含まれている。

　本章では、米国の企業年金基金におけるプライベート・エクイティ投資の現状を、多くのリサーチや各社の開示資料に加え、サンライズ・キャピタルが実際に行ったマーケティング活動を通じて得た知見に基づいて分析していくこととしたい。

1　米国企業年金基金の規模およびプライベート・エクイティ投資における傾向

(1) 米国企業年金基金の規模

　Towers Watsonが世界13カ国の年金基金について調査したGlobal Pension Assets Study 2014によると、米国年金基金全体の運用資産残高は189億ドルで、日本の年金基金全体32億ドルの約6倍であり、対GDP比では、米国の113％に対して日本は65％の水準となっている。また、運用資産残高におい

て企業年金基金が占める割合は米国72%、日本29％となっており、上記の年金基金全体の運用資産残高と掛け合わせて算出される米国企業年金基金の規模は、日本の10倍以上になるものと推定される。

また、個別の規模においても、米国最大級の企業年金基金であるGeneral MotorsなどのDB（defined benefit plan。確定給付制度。詳細は後述）資産は優に500億ドルを超え、日本の大手企業年金基金の資産規模を大きく上回っている。

米国におけるプライベート・エクイティ投資家層は幅広く、大学基金や財団などの機関投資家も積極的に投資を行っているが、そのなかでも年金基金は最も重要な投資家であり、Private Equity Growth Capital CouncilがPreqinの情報に基づき作成したデータによると、2001年から2011年の期間におけるプライベート・エクイティ投資額全体のうち、年金基金からの投資が占める割合は43％である。米国でプライベート・エクイティ投資を手がけている年金基金といえば、CalPERS（California Public Employees' Retirement System）などの公的年金基金が知られており、その投資戦略などを研究した文献も多く存在しているが、実際には米国での年金基金によるプライベート・エクイティ投資額の約3分の1は企業年金基金からきており、その貢献は小さくない。また、多くの機関投資家に先立ち1980年代から積極的にオルタナティブ投資を手がけてきたAT&Tをはじめとして、企業年金基金はプライベート・エクイティの歴史上も重要な役割を果たしてきた。

(2) 米国企業年金基金におけるトレンドとプライベート・エクイティ投資への影響

米国企業年金基金におけるプライベート・エクイティ投資の傾向について述べるにあたり、まずは米国企業年金基金において、DBからDC（defined contribution plan。確定拠出制度）へのシフトが進んでいることに言及しておく。

そもそもDBは老後の受給額が前もって確定された年金である一方、DCは掛金が確定した額として決まっているが、将来の受給額が未確定であるとい

う性質をもつものである。DBにおいてはあらかじめ定められた給付額を過不足なく行えるよう掛金が増減する仕組みとなっている一方で、掛金拠出額が変動しないDCでは、給付額が運用収益の増減に伴い変化する。すなわち、企業にとってDBからDCへのシフトは、事業主が引き受けていた資産運用のリスクおよびリターンを、加入員に移転できるという効果をもつことになるのである。

前述のTowers WatsonのGlobal Pension Assets Studyによると、2003年から2013年の10年間において、世界的にDCの割合は9％増えているが、同様のトレンドは米国でも見受けられ、U.S. Department of Laborのデータを基にCLSAキャピタルパートナーズが行った計算によると、2001年に全体の46.3％を占めていた年金資産全体に占めるDB資産の割合は、2011年には39.7％まで低下している。これは、DCの導入も進んできたものの、いまだDBが主流である日本の年金基金と大きく異なる点として認識しておく必要がある。

次に、DBおよびDCにおけるプライベート・エクイティへの投資状況について言及しておく。DBにおいては、長い目で一定のリターンを追求する必要性があることから、特に規模の大きい企業年金基金においては、相対的に高いリターンを得られるプライベート・エクイティ投資が積極的に行われてきた。他方、DCにおいては、いまだにDBほどプライベート・エクイティへの投資は進んでいないのが現状である。その妨げとなっている主な要因としては、以下のものがあげられる。

❶流動性

DCにおいては、加入者に資産運用を任せる半面、投資対象の変更時などにおける自由度を確保する必要があり、取り扱うすべての資産に高い流動性が求められる。この点、長期のコミットメントを求められるプライベート・エクイティ投資に不向きである

❷バリュエーション

DCの加入者は、その時点の保有資産の時価をタイムリーに把握できる必要がある。よって、DCを通じたプライベート・エクイティ投資を行うにあ

たっては、マーケットの評価がない非上場株式のバリュエーションをタイムリーに行う仕組みの構築が必要となる

❸投資担当者の知見

特定の資産の専門家を置きやすいDBと比較して、加入者自身が投資対象を選択するDCにおいては、プライベート・エクイティをはじめとするオルタナティブ投資など、伝統的資産と比較して比較的複雑な商品に対する知識が不足しているケースが多く、結果として投資を避けることが多いと考えられる。

これらの問題に対するソリューションとして、複数の手段が検討されているが、プライベート・エクイティ投資を行うファーム自身のIPO（initial public offering）がその一つとしてあげられる。2007年にブラックストーン・グループ（The Blackstone Group）とコールバーグ・クラビス・ロバーツ（Kohlberg Kravis Roberts & Co.）といった世界的に有名な投資グループがIPOを行ったことにより、プライベート・エクイティ投資へのアクセスが個人投資家にも開かれたことで、個人投資家内でのプライベート・エクイティ投資への関心は急速に高まってきている。しかしながら、現在でも上場している投資グループは限定的であり、複数の投資グループに分散投資を行うことができる体制は整っておらず、根本的な解決策には至っていないのが現状である。

2 米国大手企業年金基金におけるプライベート・エクイティ投資の現状

本節では、米国大手企業年金が実際にどのようなポートフォリオ配分に基づき投資を行っているかについてみていきたい。

（1） 企業年金基金のポートフォリオ配分比率の日米比較

図表4-1は、Towers WatsonがFortune1000企業556社について調査し

図表４－１　米国と日本における企業年金ポートフォリオ配分比率の比較

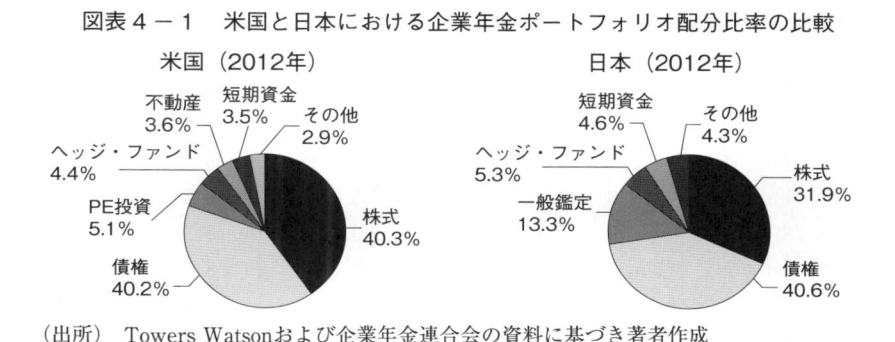

米国（2012年）
- 不動産 3.6%
- 短期資金 3.5%
- その他 2.9%
- ヘッジ・ファンド 4.4%
- PE投資 5.1%
- 債権 40.2%
- 株式 40.3%

日本（2012年）
- 短期資金 4.6%
- その他 4.3%
- ヘッジ・ファンド 5.3%
- 一般鑑定 13.3%
- 株式 31.9%
- 債権 40.6%

（出所）　Towers Watsonおよび企業年金連合会の資料に基づき著者作成

たレポートに基づく米国企業年金における一般的なポートフォリオ配分と、企業年金連合会作成の国内企業年金におけるポートフォリオ配分の示したものである。各項目の定義が必ずしも同じでないために単純な比較はできないものの、米国企業年金のほうが株式や、オルタナティブ資産（プライベート・エクイティ、ヘッジ・ファンド、不動産など）への投資比率が高いことがわかる。注目したいのは、オルタナティブ投資のなかでもヘッジ・ファンドに対する投資比率は米国よりも日本の企業年金基金のほうが高くなっていることである。他方、プライベート・エクイティへの投資比率は米国の5.1%に対して、日本は１％未満（日本の企業年金基金におけるプライベート・エクイティ投資は「その他」項目に含まれており、資産構成割合は0.69％とされる）と顕著に低くなっている。

(2)　米国の企業年金基金のプライベート・エクイティ投資比率

　次に、米国の企業年金基金のなかでも、特に規模の大きな基金についてみていくこととする。図表４－２は、Pension & Investmentによるランキングを参考に、DB資産規模の大きい20基金のプライベート・エクイティ投資比率を算出したものである。

　まず、規模の観点から、これらの企業年金基金をみていく。2,000億ドルを超えるDB資産を運用するCalPERSをはじめとして、DB資産が500億ドル

図表４−２　米国大手企業年金基金におけるプライベート・エクイティ投資金額と比率（2013年）

	企業年金基金	DB総資産残高（百万ドル）	PE投資残高（百万ドル）	比率（%）
1	General Motors Co.	73,531	6,765	9.2%
2	Boeing Co.	56,628	2,761	4.9%
3	AT&T Inc.	53,775	5,724	10.6%
4	International Business Machines Corp.	52,681	3,739	7.1%
5	General Electric Co.	46,321	6,277	13.6%
6	Ford Motor Co.	45,786	2,978	6.5%
7	Lockheed Martin Corp.	31,474	2,601	8.3%
8	United Parcel Service Inc.	26,651	1,406	5.3%
9	Northrop Grumman Corp.	24,015	1,890	7.9%
10	United Technologies Corp.	23,138	1,341	5.8%
11	FedEx Corp.	19,844	332	1.7%
12	Raytheon Co.	18,029	536	3.0%
13	Bank of America Corp.	17,700	NA	NA
14	Duke Energy	17,540	248	1.4%
15	Verizon Communications Inc.	17,191	3,803	22.1%
16	Honeywell International Inc.	16,657	1,436	8.6%
17	E. I. du Pont de Nemours & Co.	15,729	2,018	12.8%
18	3M Co.	14,829	1,503	10.1%
19	JPMorgan Chase & Co.	14,443	1,969	13.6%
20	Exelon Corp.	13,346	781	5.9%

（出所）　Pension & Investmentおよび各社開示資料より著者作成

を超える基金が20以上存在する公的年金基金と比較すると劣るものの、上位20基金はすべて100億ドルを超えるDB資産を運用している。当然ながら規模の大きい基金は多くの運用担当者を保有するため、規模が上位の企業年金基金に関しては、プライベート・エクイティ投資を取り扱う専属メンバーもしくはチームを置いているケースが多くみられる。また、近年では一部の企業

年金基金において、業務の効率化のために資産運用業務を外部の金融機関などにアウトソースするケースも散見されるが、その一方で、資産規模に劣る企業年金基金においても、ファンド・オブ・ファンズやゲートキーパーなどの外部プロフェッショナルファームを積極的に活用することで、リスク分散や専門性を補填しながらプライベート・エクイティ投資を効率的に行っているケースも多く見受けられる。

次に、DB資産全体におけるプライベート・エクイティ投資比率をみていくこととする。企業間によって差はあるものの、多くは5～15％のレンジにおいてプライベート・エクイティ投資を行っており、なかには20％を超えてプライベート・エクイティへの投資を行っているVerizon Communicationsのような基金も存在することがわかる。また、上位20基金のプライベート・エクイティ投資比率を単純平均すると8.3％となっており、上述の平均的なプライベート・エクイティへの投資比率5.1％と比較して高くなっている。この要因としては、大型プランになればなるほど、プライベート・エクイティ業界に深い知見をもつ専門家を置くことができることに加え、毎年一定の分配を想定している小型プランでは流動性の低いプライベート・エクイティ投資を実行しにくい点などが考えられる。この傾向はTowers Watson

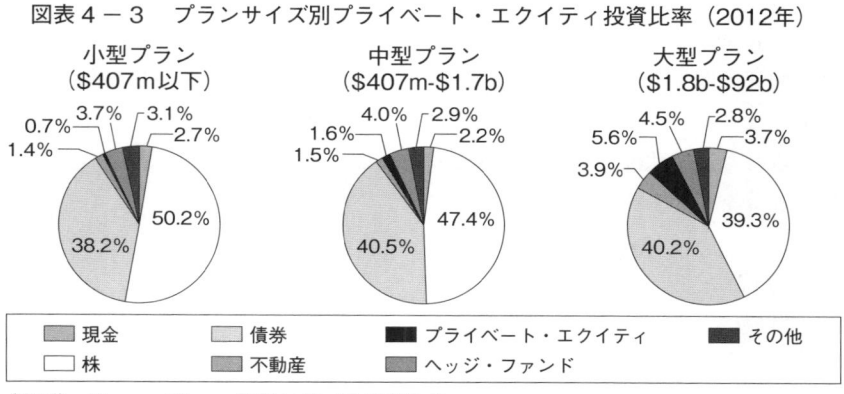

図表4－3　プランサイズ別プライベート・エクイティ投資比率（2012年）

小型プラン（$407m以下）
- 現金: 1.4%
- 株: 38.2%
- 債券: 50.2%
- 不動産: 0.7%
- プライベート・エクイティ: 3.7%
- ヘッジ・ファンド: 3.1%
- その他: 2.7%

中型プラン（$407m-$1.7b）
- 現金: 1.5%
- 株: 40.5%
- 債券: 47.4%
- 不動産: 1.6%
- プライベート・エクイティ: 4.0%
- ヘッジ・ファンド: 2.9%
- その他: 2.2%

大型プラン（$1.8b-$92b）
- 現金: 3.9%
- 株: 40.2%
- 債券: 39.3%
- 不動産: 5.6%
- プライベート・エクイティ: 4.5%
- ヘッジ・ファンド: 2.8%
- その他: 3.7%

（出所）　Towers Watson資料に基づき著者作成

のFortune1000企業に関するリサーチでも示されており、図表4－3のとおり、企業年金基金が大型化するにつれ、公開株式への投資を減らし、不動産やプライベート・エクイティなどのオルタナティブ投資が増加する傾向にあることがわかる。

　続いて、業種や社歴などの各企業がもつ背景がプライベート・エクイティ投資に与える影響についての考察を述べておきたい。図表4－2の20企業においては、自動車を中心とした製造業、通信・金融など、さまざまな業種の企業が名を連ねている。特有の規制が設けられている金融業界を除けば、業種の切り口からプライベート・エクイティ投資におけるスタンスの違いを見つけることは困難であるが、唯一いえることは、各企業は主要事業を展開する業界（例えば製薬会社であれば製薬業界）に対するエクスポージャーを十分にとっているため、当該業界に強みをもつベンチャー・キャピタル・ファンドやプライベート・エクイティ・ファンドへの投資を積極的に行わない可能性があるという点である。また、図表4－2の企業には、新興企業ではなく社歴が長い企業が多く含まれているが、これは前述のDBからDCへのシフトの傾向下において、多くの企業が新規のDB資産の積み増しを凍結している状態のなかで、社歴の長い企業ほど相対的なDB資産の金額が多くなっていることが一因として考えられる。

　最後に、米国企業年金基金と公的年金基金との違いについて簡単に触れておく。企業年金基金においては、10-KやAnnual Reportにおいてポートフォリオ配分に関する限定的な開示のみが行われており、公的年金基金と比較して開示を必要とされる情報は圧倒的に少ない。その一方で、10-Kなどを通じて公表した運用状況が株価に影響を及ぼすという、企業年金基金ならではのプレッシャーとも共存している。

おわりに

　本章では、米国企業年金基金にフォーカスを絞り、その規模や現在のプライベート・エクイティ投資の状況についてみてきた。大規模なDBプランにおいて、高いリターンと比較的安定したパフォーマンスを提供してきたプラ

イベート・エクイティ投資の重要性は今後も変わらないものと考えられる一方で、今後はDCに対して効果的なソリューションを見つけられるかが全体のプライベート・エクイティ投資額を増加させていくうえでの大きな課題となってきている。

　米国の企業年金基金はプライベート・エクイティ投資において長い歴史を誇っており、非常に成熟した投資プログラムをもつ基金も多く存在している。投資プログラムそのものに限らず、資産規模や人手不足の問題を、外部プロフェッショナルファームを活用することで解決し、効率的にプライベート・エクイティ投資を行う手法は、日本の企業年金基金においても大いに参考になるものと考える。

参考文献

久保田徹（2013）「欧米の年金基金によるプライベート・エクイティ・ファンドへの投資の実態」日本バイアウト研究所編『機関投資家のためのプライベート・エクイティ』きんざい, pp.253-280.

Interview

プライベート・エクイティへの資産配分を増やす
米国の企業年金基金

専門家を有効活用したポートフォリオの構築

イートン・パートナーズLLC
パートナー
ピーター・マーテンソン氏

イートン・パートナーズLLC
マネージング・ディレクター
クリス・ラーナー氏

Q 米国の企業年金基金（corporation pension fund）は、なぜプライベート・エクイティ・ファンドへのアロケーションが高いのでしょうか。

マーテンソン 米国の年金基金が積極的にプライベート・エクイティ投資に取り組む背景に、イェール大学基金や年金コンサルタントおよび年金基金が標榜する現代ポートフォリオ理論の存在があります。現代ポートフォリオ理論がプライベート・エクイティ投資を推進する理由には、公開市場の投資機会と比較すると、適度なボラティリティに対し、より高いリターンがあげられ、かつ相関性も抑えられるという特徴をあげています。端的にいうならば、プライベート・エクイティ投資は、投下資本に対しより高いリターンの達成が可能となるということです。

レバレッジド・バイアウトやベンチャー・キャピタルしかない時代のプライベート・エクイティは、「エクイティ」として分類されていました。ここ20年でプライベート・エクイティは幅広い「オルタナティブ」というカテゴリーに分類されるようになり、プライベート・デット投資、ディストレスト投資、再生投資、プライベート・エネルギー投資などと裾野が広がっています。

大多数の公的・企業年金は半永久的な時間軸を念頭に投資計画を考えるため、プライベート・エクイティのような長期ロックアップ型ファンドへの投資が可能となります。しかし、大学基金、財団、企業年金などの機関投資家のなかには、

負債に合わせたキャッシュフローを管理するなかで短期的な時間軸を念頭に投資せざるをえない場合もあります。このような投資家は、定期的にキャッシュフローが得られるエネルギー投資や不動産投資、比較的にロックアップが短くクーポン収入が得られるプライベート・クレジット投資を行っているケースも多く見受けられます。米国においてプライベート・エクイティ投資は広く深く浸透しており、いまでは年金基金、大学基金、財団のみならず、個人富裕層やファミリー・オフィスなどの投資家層にも支えられています。

Q 米国の企業年金基金がプライベート・エクイティ・ファンドへ投資する組織体制はどのようになっていますでしょうか。

マーテンソン 米国の企業年金基金では、最高投資責任者（CIO）を筆頭に3～5人という小規模な投資チームで運用を管理しているのが一般的です。この人員構成のなかで1人か2人、プライベート・エクイティ専属の投資担当員を配置していますが、これはプライベート投資の割合が10～35％の規模にも及ぶからです。また、米国の企業年金基金のプライベート・エクイティ投資プログラムを構築するうえで、プライベート・エクイティ・コンサルタントも重要な役割を果たしています。プライベート・エクイティ投資担当とコンサルタントのサポートがあるため、米国の年金基金はプライベート・エクイティ・ファンドへ直接投資を行うことが可能となります。

　より小規模な運用チームで専属担当者がいない場合には、代替案としてプライベート・エクイティのファンド・オブ・ファンズ（FOF）を活用しているケースもあります。ファンド・オブ・ファンズの長所は、バランスの効いた運用ソリューションを提供してくれること、また時にはより戦略的かつテーラーメードな要請にも対応可能なことがあげられます。

　プレースメント・エージェントも米国年金基金にそれまで知りえなかったプライベート・エクイティ投資機会の提案を行うなど重要な役割を果たしています。また、時間をかけプライベート・エクイティ投資全般、個別の投資戦略に係る情報提供、年金基金の投資ニーズに見合った投資戦略の提供、なども行っておりアドバイザーのような役割も果たしております。年金基金のニーズに見合った最良

投資機会の紹介なくしてプレースメント・エージェントの成功はありません。

Q 日本と米国では、プライベート・エクイティ・ファンド（主にバイアウト・ファンド）の投資家層が異なると理解しています。米系の大手のプライベート・エクイティ・ファンド（主にバイアウト・ファンド）の投資家層は、年金基金、大学基金、財団なども含めて多様とのことですが、年金基金の割合はどのくらいでしょうか。

ラーナー　米国では、公的年金基金および企業年金基金が、バイアウト・ファンドを中心としたプライベート・エクイティ・ファンドに積極的に投資しています。メディアでは、米国の公的年金基金が積極的にプライベート・エクイティに投資している実態が取り上げられがちですが、企業年金基金も重要な市場参加者として認知されています。米国の公的年金基金は直接シングル・ファンドに投資する傾向がありますが、企業年金基金はシングル・ファンドおよびファンド・オブ・ファンズの両方に投資しています。最近では、小型の公的年金基金および企業年金基金が合同で、ファンド運用会社側と管理報酬率の交渉を行い、またマネージド・アカウントでテーラーメードな運用を委託するというトレンドも見受けられます。

　北米プライベート・エクイティ投資家の3分の1が企業年金基金からきていると想定され、そこに公的年金基金の投資残高を加えると大部分が年金基金からきていると推測されます。しかし、ゲートキーパーやファンド・オブ・ファンズなどの中間業者を経由してプライベート・エクイティ投資を行う場合も多いため、明確な数値を導き出すのはむずかしいと思われます。また、プライベート・エクイティ・ファンド全般でみるとそれらの投資家は保険会社、銀行、財団、大学基金、ソブリン・ウェルス・ファンド、個人富裕層と多岐に分散されている傾向がありますが、大型バイアウト・ファンドになると年金資金がより多く投資されている傾向があります。

　米国では、プライベート・エクイティ投資はさまざまな投資家属性に支持されており、このトレンドは欧州、中東、アジアにおいても広がりつつあります。プライベート・エクイティ投資は、いまやグローバルな投資家層に認知されている

のです。

Q 最後に、これから新たにプライベート・エクイティ・ファンドへの投資を検討する、日本の年金基金の方々へのメッセージをお願いします。

ラーナー　分散の効いたポートフォリオを構築し、伝統資産との相関を抑え、より高いリターンの達成を目指すうえで、プライベート・エクイティをはじめとしたオルタナティブ投資は避けて通れません。米国においては、プライベート投資市場へのシフトは時を経て徐々に行われてきました。人口統計やマクロ的な経済背景を勘案すると、今後の日本においてもこのシフトが徐々に行われていくことが想定されます。その過程で日本の投資家は、米国の投資家がこれまで試行錯誤してつくりあげてきたベスト・プラクティスを導入することが可能となります。コンサルタントも初めてオルタナティブ投資のフレームワークを考案する際に非常に心強い第三者機関となりえます。その際には、長期的な投資計画を許容する方針を用意しておくことが必要となります。この方針さえ固まっていれば、プライベート・エクイティ・ポートフォリオ構築時に頻繁に議論される長期ロックアップやJカーブという懸念事項を緩和する方法はいくらでもあります。

　プレースメント・エージェントも特定のアセットクラス内におけるピア比較、優秀な運用会社を選択するうえで、有力なリソースとなりえます。これからプライベート・エクイティ投資に着手する日本の公的年金基金および企業年金基金の投資家は、25年の時間を経てたどりついたベスト・プラクティス、洗練されたグローバルなサービス・プロバイダーたちを上手に活用すれば、プライベート・エクイティは相当なリターン・ドライバーになりうるであろうと思います。

＜付記＞
　本インタビュー原稿を作成するにあたり、アーク東短オルタナティブ株式会社の棚橋俊介氏と古屋武人氏の助力を得た。

Profile

ピーター・マーテンソン氏
イートン・パートナーズLLC パートナー
アメリカ海軍大学校卒業。イェール大学マネジメントスクール修了（MBA）。15年間のプライベート・エクイティ・ファンドへの投資経験を含め20年間以上にわたり投資関連実務に従事。パシフィック・コーポレート・グループのディレクターとして、機関投資家のプライベート・エクイティ投資プログラムの構築の助言に従事したほか、マッコーリー・ファンズ・マネジメントのマネージング・ディレクターとして、ファンド・オブ・ファンズの募金および投資を主導した。イートン・パートナーズでは、オルタナティブ投資ファンドの販売やモニタリングなどのクライアント・サービスに従事。

クリス・ラーナー氏
イートン・パートナーズLLC マネージング・ディレクター
タフツ大学卒業。コロンビア・ビジネススクール修了（MBA）。シティグループおよびその前身のソロモン・スミス・バーニーでキャリアをスタートし、マーサー・ストリート・キャピタルのマネージング・パートナーを経てイートン・パートナーズに参画。投資銀行時代の経験も含め15年以上の経験を有する。イートン・パートナーズでは、アジアにおけるオルタナティブ投資ファンドの関連業務に従事。

第 II 部

プライベート・エクイティ・ファンドの特徴

第 5 章	・・・	62
第 6 章	・・・	87
第 7 章	・・・	105
第 8 章	・・・	120
第 9 章	・・・	137

第 5 章

プライベート・エクイティ・ファンドの基本構造

長期資金の運用にふさわしい器として

東京海上キャピタル株式会社
取締役 ジェネラル・パートナー **重村英輔**
プリンシパル **鈴木洋子**

はじめに

　国内においては、プライベート・エクイティ・ファンドの器として、投資事業有限責任組合（以下、「有責組合」という）が利用されるケースが多いため、本章では、長期資金の運用に適した構造とガバナンス体制をもった、有責組合の基本的な仕組みについて説明を行う。また、有責組合においては投資活動の進捗に応じて資金を振り込む「キャピタル・コール（capital call）」という形態をとることが多いが、ファンドへの投資期間を通じてどのようなキャッシュフローが生じるのか具体的にイメージできるよう、一定の条件を置いたうえで、キャッシュアウトフロー（キャピタル・コール）とキャッシュインフロー（分配）のシミュレーションを行う。

1 プライベート・エクイティ・ファンドの仕組み

(1) 有責組合の構造

❶根拠法規と形態（器）

　有責組合とは、投資事業有限責任組合契約に関する法律（以下、「有責法」という）を根拠法とする投資ファンドの形態（器）である。投資家から資金を募り投資先企業に資金を提供する器としては、従来民法上の任意組合が活用されていたが、組合員が無限責任を負うなどのリスクが指摘されていた。そのようななか、1998年に有責法が制定され、出資者の一部についてその責

任を出資金額の範囲に限定した有責組合が誕生した。

　形態の特徴としては、ファンド・マネジャーである無限責任組合員（ジェネラル・パートナー、あるいは単に「GP」とも呼ばれる）とファンドに出資を行う投資家である有限責任組合員（リミテッド・パートナー、あるいは単に「LP」とも呼ばれる）の2種類の組合員から構成され、組合の債務を弁済する有限責任組合員の責任については、出資の価額を限度とすることを法的に担保している点である（有責法第9条）。また、組合員のうち組合業務を執行するのは無限責任組合員とされており（有責法第7条）、有限責任組合員が組合業務を執行することは想定されていない。ただし、有限責任組合員は、組合の業務および組合財産の状況を検査する権限、財務諸表等の閲覧権、ならびに無限責任組合員の解任権や組合の解散請求権を有している（有責法第16条）。

　以下、本章では、ファンド・マネジャーたる組合員のことを「無限責任組合員」、ファンドの投資家たる組合員のことを「有限責任組合員」、両者の総称を意味する場合は「組合員」と表記することとする。

❷活動に関する根本原則

　有責組合の活動に関する根本原則は、各組合が組合員の総意により定める投資事業有限責任組合契約によって定められている。有責組合は法人格を有しておらず、無限責任組合員と有限責任組合員との間で締結される組合契約によって成立するものである。無限責任組合員は、その経験に基づいてより効果的なファンド運営を行うため、ある程度の自由度と裁量をもって組合運営を行うことになるが、その裁量の範囲は組合契約によって統制されることになる。例えば、投資対象、銘柄・業種の集中度、投資期間、分配方式、利益相反状況への対応、キーパーソンの指定などについては、通常、組合契約に定められており、無限責任組合員はここに明記された方法に従って業務を執行する必要がある。

　なお、業務執行権限をもたない有限責任組合員にとっては、組合契約において自らの利益を適切に守るための規律をあらかじめ定めておくことは重要な作業となる。ただし、あまりに厳格な要件が定められ無限責任組合員の裁

量が失われると、無限責任組合員が元来もっている投資の力量を発揮することがむずかしくなり、投資成果に悪影響を及ぼす可能性もあることから、あくまで規律と裁量のバランスが大切であろう。

❸有責組合の存続期間

　有責組合の存続期間は各組合の組合契約で定められるが、10年以内としているものが多い。また、存続期間の延長の方法についても定めているのが一般的であり、2年間延長可能としているものが多いようである。ただし、組合の存続期間の延長は、追加的な管理報酬の発生や組合財産の分配の遅延などにより、無限責任組合員と有限責任組合員の間で利害対立が生じるおそれのある事項であるため、存続期間を延長するにあたっては、有限責任組合員の承認を得ることとしているのが一般的である。

　また、プライベート・エクイティ事業においては、投資をした後、投資を回収するまで一定の期間が必要となるため、新規投資を行える期間を効力発生後一定の期間に限定している場合が多い。この期間は「投資期間」とも呼ばれ、存続期間が10年の組合ならば前半の5年程度としていることが多いようである。

　なお、ファンド・オブ・ファンズの場合は、そこから投資している個々のファンドの存続期間が10年のものが多いため、存続期間を12～13年とし、最初の3年を投資期間としているものが多いようである。

❹財産および損益の帰属

　組合は共同の事業を行うための団体であり、そのために必要とされる組合財産は総組合員の共有に属するとされる（民法第668条）。また、組合損益は、出資割合に応じて各組合員に配分されることになり、組合をパススルーして組合員に直接帰属する。組合契約において出資割合とは異なる配分割合を定めることも可能ではあるが、税法上こうした当事者間の合意に従った取扱いが認められることはむずかしいとされる。ただし、有限責任組合員の出資金額を超過する損失が発生した場合は、当該超過分の損失は、有限責任性の原則から有限責任組合員には配分されず、全額無限責任組合員に帰属することになる。なお、ここで「出資金額」とは、組合員が現実に出資した金額

を指すものと考えられるが、キャピタル・コール方式をとる組合では、組合員に対する出資履行請求権はその時点で組合財産を構成するものと解されることから、実際に出資した金額に出資未履行金額を合わせた出資約束金額であると考えられている。

❺地位の譲渡・脱退

組合財産に対する持分を処分することは禁止されているが、組合員の地位を譲渡することは、組合契約で無限責任組合員の承認を前提に許容する場合には可能とされている。また、無限責任組合員は合理的な理由なくこれを拒絶しえないものとされている。このほか、無限責任組合員が適格機関投資家等特例業務（金融商品取引法第63条第1項）として組合持分の取得勧誘を行っている場合には、金融商品取引法上の要件を満たす必要から、適格機関投資家の持分を適格機関投資家以外の者に譲渡することを禁止したり、適格機関投資家以外の投資家の持分の譲渡については一括譲渡のみに限定したりされている。

脱退については、有責法上は、有限責任組合員のみならず無限責任組合員もやむをえない理由がある場合は脱退できるものとされている（有責法第11条）。また、(i)死亡、(ii)破産手続の開始の決定、(iii)後見開始の審判を受けたこと、(iv)除名のうち、いずれかの事由が生じた場合に脱退するものとされている（有責法第12条）。とはいえ、一部の組合員が途中で脱退することになれば、最終的な出資の総額や投資案件ごとの出資比率などに変動が生じうることになり、他の組合員にとっては当初想定した投資ができなくなるなど、組合運営に甚大な悪影響が生じると考えられる。このため、実務上、極力脱退はさせず、当該組合員に組合員の地位を第三者に譲渡させるかたちをとることが多いようである。また、万一脱退を認める場合であっても、脱退組合員に対する払戻金額は、ペナルティとして、脱退時の持分金額から50〜70％に減額されるケースも珍しくない。実質的に途中脱退はできないものとして考えられていたほうが安全であろう。

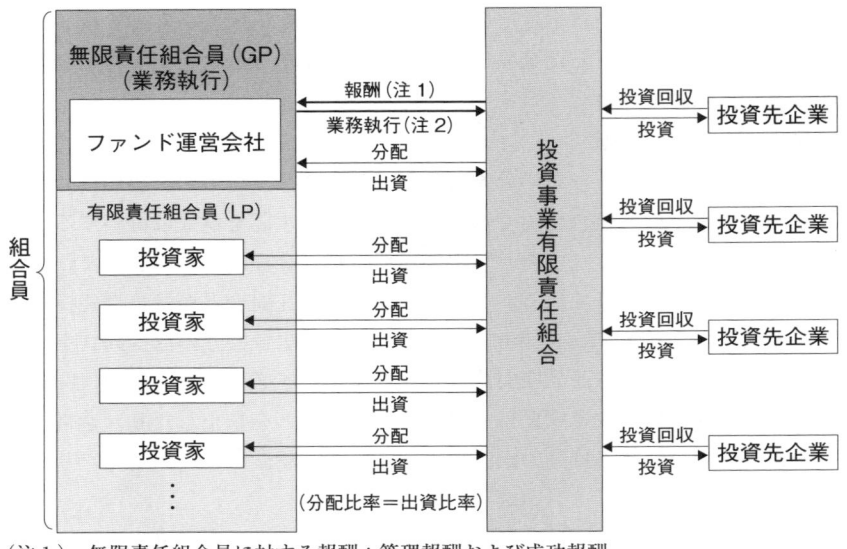

図表5－1　投資事業有限責任組合の構造

(注1)　無限責任組合員に対する報酬：管理報酬および成功報酬
(注2)　業務執行：投資判断、投資実行・回収、資産管理、組合決算、組合運営など
(出所)　東京海上キャピタル作成

(2) 有責組合のガバナンス

❶有限責任性と業務執行権限

　上記のとおり、有責組合は無限責任組合員と有限責任組合員から構成され、無限責任組合員はファンド運営者として業務執行権限を有し、組合債務について無限責任を負う。一方で、有限責任組合員は業務執行権限を有さず、組合債務について出資金額を上限に責任を負う。一般の投資家は、有限責任組合員として資金を提供し、有責組合の運営への参加については、通常は限定された事項について承認権限を行使するのみであるが、これを超えて、本来無限責任組合員に任せるべき業務執行を有限責任組合員が行っているとみなされると、有限責任性が問われるおそれがあり、留意が必要である。

❷業務執行に対する監視

　有限責任組合員は組合の業務および財産の状況についての検査権を有しているほか、営業時間内はいつでも、財務諸表等、組合契約書および監査に関する意見書の閲覧または謄写を請求することができるとされている（有責法第8条）。なお、これらの財務諸表等は、無限責任組合員の事務所に備置きされる一方で、通常は有限責任組合員に直接送付される。また、投資先企業の事業の状況や財務数値、各時点のファンドの内部収益率（IRR）などもあわせて送付されることが多い。

❸承認権限

　組合の運営は無限責任組合員が裁量性をもって執行するが、組合運営に関する一定の事項について、一定割合の有限責任組合員の承認を必要とすることがある。有限責任組合員に承認権限を与えることで、有限責任組合員の利益に影響を与えるおそれのある業務執行を直接的に統制するためである。例えば、組合の存続期間や投資期間の延長の可否、利益相反のおそれのある取引の承認、キーパーソンの変更、組合契約の変更、無限責任組合員の除名、組合の解散等は、通常、有限責任組合員の承認が必要である。

❹諮問委員会（アドバイザリー・ボード）

　有限責任組合員から意見をくみ上げ、あるいは有限責任組合員に承認を求める仕組みとして、一部の有限責任組合員から構成される諮問委員会（「アドバイザリー・ボード」や「アドバイザリー・コミッティ」などの名称で呼ばれることもある）を設置している組合も多い。諮問委員会は法律の規定に基づく機関ではなく、組合契約に基づいて設置される任意の機関であり、その構成、機能、権限などは組合によってさまざまであるが、無限責任組合員に対する助言や運営上利益相反が懸念される活動の承認権限などを諮問委員会に委ねることで、より機動的な運用を図ることができると考えられる。

❺組合員集会

　有限責任組合員は、定期的に受領する財務諸表等、すなわち書面を通して組合業務の執行状況や財産の状況を確認することが中心となるが、有限責任組合員とすれば、単に書面での報告にとどまらず、直接無限責任組合員から

報告を受け、意見具申をし、質疑応答を行う場をもてることが望ましい。そこで、多くの組合が、少なくとも年に一度は組合員集会（「年次総会」や「出資者総会」などの名称で呼ばれることもある）を開催することとしている。有限責任組合員としては、自らの意見を表明する場としてはもちろん、他の組合員とのネットワーキングの場として活用できるであろう。

(3) 無限責任組合員に対する報酬

　無限責任組合員に対する報酬は、管理報酬と成功報酬から構成される。いずれも有限責任組合員から無限責任組合員に直接支払われるのではなく、組合財産から支払われるのが通常である。すなわち、一般的には、各組合員が出資約束金額の一部として出資した資金あるいは投資によって獲得した投資利益から支払われることになるため、有限責任組合員に対して出資約束金額の外枠で要求されることはない。

❶管理報酬（マネジメント・フィー）

　管理報酬は、有責組合の運用および管理業務を執行する対価として支払われるもので、投資期間中と投資期間満了後において、その算出の基礎を分ける場合が多い。すなわち、投資が行われることが予定されている投資期間中においては、投資活動の原資となる金額に相当する出資約束金額をその算出の基礎とし、投資が完了している投資期間満了後においては、算出の基礎を未回収の投資金額等に変更するなどして、管理報酬が逓減する構造になっているのが一般的である。また、無限責任組合員が投資先事業者等から経営指導等の対価として手数料や報酬等を受領するような場合には、通常の投資活動の対価とみなされる手数料や報酬等の全部または一部を、管理報酬から控除する方法により実質的に組合へ提供することが義務づけられていることが多い。

❷成功報酬（キャリード・インタレスト）

　成功報酬は、無限責任組合員のインセンティブとして投資利益のうち一定の割合が支払われるもので、有限責任組合員への分配金総額が出資履行金額を超え、一定の割合のリターンを確保してから発生するのが一般的である。

成功報酬の計算方法については、下記（2(2)組合財産の分配）にて解説することとする。

2 プライベート・エクイティ・ファンド投資のキャッシュフロー

(1) 有責組合に対する出資

❶キャピタル・コール方式

バイアウト・ファンドにおいては、余資運用を極小化し投下資金に対する運用成果を最大化するために、あらかじめ合意した出資約束金額の枠内で、投資などのために資金が必要になるつど必要な金額だけ払い込ませるキャピタル・コール方式を採用することが多い。組合員はこのキャピタル・コールに応じるかたちで出資を行うことになる。なお、国内ベンチャー・キャピタル・ファンドにおいてキャピタル・コール方式を採用する場合は、投資案件ごとの投資金額が必ずしも大きくならないことを勘案し、例えば一回のキャピタル・コールで出資すべき金額を出資約束金額の一定割合以上にするといったかたちで指定するケースや、一定の金額まで出資金を使用した場合に次のキャピタル・コールを可能とするケースなどもみられる。資金の効率的運用と有限責任組合員側の事務負担とのバランスのなかで、組合ごとに方式が決められる。

❷出資を行う期間

プライベート・エクイティ投資は、投下資本の回収に相応の期間を要するのが通常である。そのため、投資期間を有責組合の存続期間の前半部分とし、投資証券の取得を目的として行う出資は投資期間内に限定していることが多い。ただし、その場合においても、投資期間満了後に一定の柔軟性を確保できるよう、（i）既存の投資案件に対する追加投資、（ii）投資期間内に基本合意書が締結されているような、実質的に投資期間満了時点で予約されている新規の投資案件に対する投資、などについては出資を行うことを容認している場合が多いようである。なお、管理報酬や組合経費の支払いを目的として

行う出資は、有責組合の存続期間を通じて行われる。

❸出資比率

キャピタル・コールは、資金使途に応じて必要とされる金額を各組合員に按分した額の出資を求めるかたちで行われる。通常、按分の比率は組合員ごとの出資約束金額の割合とすれば問題はないが、免除・除外条項（後述）が設けられている組合の場合は、組合員ごとの出資約束金額の割合と出資未履行金額の割合が異なりうる。出資約束金額の割合でキャピタル・コールを行うと、最終的に、一部の組合員については出資約束金額全額を使い果たしたものの、他の組合員については出資約束金額全額を使い果たしていないという事態が生じうるため、出資未履行金額の全額を使い切ることができるようにするために、出資未履行金額の割合でキャピタル・コールを行うこととしている組合もある。ただし、いずれの場合も、各有限責任組合員が出資約束金額を超えて出資義務を負担することはない。

❹キャピタル・コール通知

組合員は、無限責任組合員からの書面による通知に従い、無限責任組合員が指定した金額を指定した日までに払い込む必要がある。この通知は通常「キャピタル・コール通知」と呼ばれ、組合契約で定められた一定の期間までに有限責任組合員に通知されなければならないものとされている。また、有責組合においては出資金の使途によってキャピタル・コールが可能な期間が定められている場合が多いので、キャピタル・コール通知には、出資金の使途を通知するよう定められている場合が多い。具体的には、(ⅰ)投資目的の出資、(ⅱ)管理報酬の支払のための出資、(ⅲ)組合経費の支払のための出資、などである。なお、投資実行前の段階においてキャピタル・コールの目的となる投資案件の内容を通知することについては、組合契約上、各組合員が守秘義務を負っているとはいえ、情報開示については慎重になされる。一方、後述する免除・除外規定との関係で、一定の開示が必要となる場合もある。

❺免除・除外規定

各投資案件におけるキャピタル・コールに対して、有限責任組合員の選択で出資義務の免除を受け、または無限責任組合員の選択で特定の有限責任組

合員を除外する規定が設けられることがある。なお、免除・除外により投資案件に参加しない有限責任組合員に係る出資金額の不足については、他の組合員に対して追加請求されることになる。ただし、免除・除外規定によって有限責任組合員が特定のキャピタル・コールについて免除を受けるケースは厳格に限定されており、特定の投資案件への投資が、ある有限責任組合員にとって業法に抵触する場合などが想定される。また、免除を受けようとする有限責任組合員に対して一定期間内に法律意見書の提出を義務づけるなど、客観的な判断理由も要請されるため、特定の投資案件に参加するか否かを有限責任組合員が自由に選択できるものではない。組合財産は総組合員の共有という有責組合の法的仕組みに鑑みれば、免除・除外規定はきわめて例外的な運用がなされている点に留意が必要である。

(2) 組合財産の分配

投資資産が売却等により処分された場合、当該投資資産にかかる処分収益は組合財産として分配されることになる。当該組合財産の分配は各組合員の出資割合（免除・除外規定が適用され、投資案件ごとに出資割合が異なる場合は、各投資案件に関する損益については、当該投資案件に対する出資割合）に応じて実施される。

組合財産の分配は原則として金銭により実施されるが、無限責任組合員が現物分配のほうが組合員の利益にかなうと判断した場合には、投資証券等の現物による分配も認められる。ただし、有限責任組合員が現物による分配を敬遠する傾向は強く、現物分配を行うにあたっては、事前に一定割合の有限責任組合員の承認を得ることを条件とすることが通常である。また、個別の事情によって現物分配を受け取れない有限責任組合員のために、有限責任組合員の依頼により無限責任組合員が投資証券を処分し、有限責任組合員はその処分代金を受け取るというオプションをつけるケースもみられる。

❶分配の時期

プライベート・エクイティ投資においては、投資証券の処分がなされた場合には、通常は処分のつど、できるだけ早期に分配が実施される。ただし、

金額が僅少な場合には、受領する組合員の事務負担等も考慮し、無限責任組合員の判断により分配が留保されることがある。

投資の回収金は分配するのが原則であるが、短期で回収された投資資金や、一時的なつなぎ資金目的のブリッジ・ファイナンスについては、回収後、再投資に充てることを許容する例も多い。これは、分配された金額を別のファンドに出資して運用することとした場合、追加的な管理報酬を支払うことになるが、同一のファンドにおいて再投資を認めれば、追加的なコストの負担なく投資機会を得ることが可能となるため、資金効率が高まると考えられるためである。なお、回収された資金のうち再投資が可能な額は取得原価を上限とする場合が多いようである。

❷分配金額・分配順序

投資利益の分配においては、組合期間を通じた投資利益のうち組合契約で定める所定の割合が、成功報酬として無限責任組合員に支払われる。通常、出資履行金額など一定の金額に満つるまでは各組合員に対する出資割合に応じた分配が先行し、その後に無限責任組合員に対する成功報酬が支払われる。この現金を上から下に優先順位をつけて支払っていくさまは、岩場を流れ落ちる滝に模して「ウォーターフォール（waterfall）」とも呼ばれ、ごく一般的な例としては、以下のような四段階のスキームとなっている。

なお、ウォーターフォールには、個別案件ごとに当該スキームを適用するスタイル（「アメリカン・スタイル」とも呼ばれる）と、ファンド全体として当該スキームを適用するスタイル（「ヨーロピアン・スタイル」とも呼ばれる）がある。アメリカン・スタイルの場合、案件ごとに成功報酬が計算されるため、一部の案件では投資成果があがり成功報酬が支払われたものの、ファンド全体では成功報酬が発生しない場合などについては、結果的に無限責任組合員がとりすぎた成功報酬を払い戻すケースが想定される。一方、ヨーロピアン・スタイルの場合、ファンド全体の出資履行金額およびそれにかかる優先リターンを分配して初めて成功報酬が支払われることになるので、アメリカン・スタイルに比べて、無限責任組合員が成功報酬を払い戻すケースが生じにくいという特徴がある。有限責任組合員と無限責任組合員の間の利害の

一致という観点に立てば、一般にヨーロピアン・スタイルが推奨されており、本章ではヨーロピアン・スタイルを前提に説明を行うこととする。

 a．出資の返還

新たに分配される分配金の額（以下、「分配可能額」という）と既に分配された分配金の累計額との合計額が、当該分配時点における出資履行金額（アメリカン・スタイルの場合は「当該分配が行われる投資案件に係る出資履行金額」）に満つるまでは、全額組合員に分配される。組合員による出資分の回収を成功報酬の支払いに先行させる趣旨である。

 b．優先リターン

上記aによる分配を行った後で「分配可能額」が残っている場合、出資履行金額に対し一定の利率（a％）を乗じた金額に達するまでは、全額組合員に分配される。組合員に対して一定のリターンを確保した後で成功報酬が支払われるものとする趣旨である。なお、a％はハードル・レートとも呼ばれ、現行の金融環境においてはIRR6〜8％が一般的な水準のようである。

 c．キャッチアップ

上記bで優先リターンを支払った後、残りの投資利益について組合契約所定の配分比率（組合員に対する分配金総額と無限責任組合員に対する成功報酬総額の比率を「80：20」としている場合が多い）で配分すると、優先リターンの分だけ組合員に対する分配額が多くなってしまう。このため、dの最終分配に先立ち、組合員に対する分配金総額と無限責任組合員に対する成功報酬総額が所定の比率に至るまで、無限責任組合員に対して優先的に成功報酬が支払われる。いわゆる、GPキャッチアップと呼ばれる仕組みである。

なお、無限責任組合員がキャッチアップ相当額を超える額を前回の分配までに既に受領している場合には、LPキャッチアップとして組合員に対して優先的に分配されることになるが、筆者がシミュレーションを行った限りにおいては、LPキャッチアップとなる場合はまれである。

 d．最終分配

上記cで調整を行い、無限責任組合員に対する成功報酬総額が所定の比率に達したことを前提として、分配可能額の残余を、組合契約所定の比率で組

図表5－2　ウォーターフォールの概念図

【前提】ヨーロピアン・スタイルで、ハードル・レートは8％、分配金と成功報酬の配分比率は80：20とする。

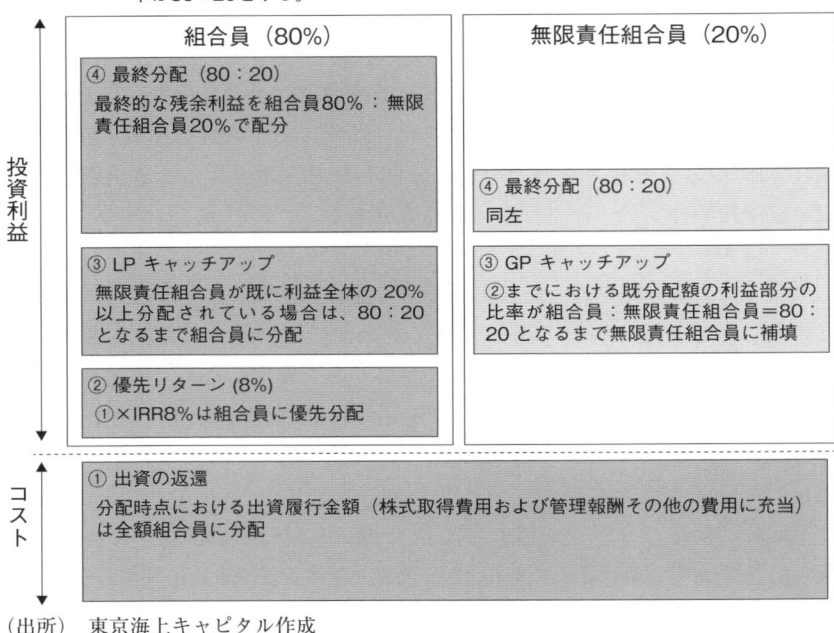

組合員（80％）	無限責任組合員（20％）
④ 最終分配（80：20） 最終的な残余利益を組合員80％：無限責任組合員20％で配分	
	④ 最終分配（80：20） 同左
③ LP キャッチアップ 無限責任組合員が既に利益全体の20％以上分配されている場合は、80：20となるまで組合員に分配	③ GP キャッチアップ ②までにおける既分配額の利益部分の比率が組合員：無限責任組合員＝80：20となるまで無限責任組合員に補填
② 優先リターン（8％） ①×IRR8％は組合員に優先分配	

投資利益 ↑

コスト ↓

① 出資の返還
分配時点における出資履行金額（株式取得費用および管理報酬その他の費用に充当）は全額組合員に分配

（出所）　東京海上キャピタル作成

合員に対する分配金と無限責任組合員の成功報酬に配分する。

　なお、無限責任組合員が実際に受領した成功報酬の金額が、上記aからdに基づき計算された金額より大きい場合、クローバック（払戻し）が行われることになるが、その説明はここでは割愛する。

(3) キャッシュフローのシミュレーション

　ここで、ごく一般的な有責組合において、ファンドへの投資期間を通じてどのようなキャッシュフローが生じるのか、一定の前提を置いたうえで、具体的なシミュレーションを行ってみたい。なお、各種の前提は図表5－3に記載のとおりとする。

図表５－３　シミュレーションの前提

出資約束金額総額	300億円
組合の期間	01年１月より10年間（ただし、組合の事業の目的を達成した場合はその時点で終了）
投資期間	01年１月より５年間（ただし、投資総額が出資約束金額の４分の３に達した場合はその時点で終了）
管理報酬	投資期間中は出資約束金額総額の2.0％（年率）、その後は未回収の投資残高の2.0％（年率）を各半期の期初に支払う。 ※別途消費税８％
組合経費	投資期間中は新規投資にかかるデューデリジェンス費用を考慮し30百万円（各半期）、その後は３百万円（各半期）かかるものとする。
投資の前提 投資額	240億円（20～40億円の案件が８件）
投資の前提 投資時期	01年９月を初回として半年おきに計８回
投資の前提 投資倍率	全案件2.5倍
投資の前提 回収期間	全案件3.5年
分配方法 （ここでの無限責任組合員に対する分配が成功報酬となる）	ヨーロピアン・スタイルのウォーターフォール（下記①～④） ①投資コストおよび費用に満つるまで有限責任組合員に100％分配 ②８％の優先配当条項に基づき有限責任組合員に100％分配 ③キャッチアップ条項に基づき無限責任組合員または有限責任組合員に分配 ④有限責任組合員80％、無限責任組合員20％

（出所）　東京海上キャピタル作成

　シミュレーションの結果は図表５－４のとおりとなる。このシミュレーションにおいては、出資（キャピタル・コール）の回数は24回、分配の回数は８回となっているが、実際の投資においても、投資期間にわたって複数回のキャッシュフローが生じることになる。また、このシミュレーションにおいては、組合員による出資の回収および優先リターンを超える投資利益が確保できているため、最終的に、投資利益の20％が成功報酬として無限責任組

図表５－４　投資家（＝有限責任組合員）のキャッシュフローのシミュレーション結果

(単位：百万円)

年月	有限責任組合員のキャッシュアウトフロー	出資金額 ①+②+③	出資金の使途別内訳 管理報酬①	組合経費②	投資③	有限責任組合員のキャッシュインフロー 分配金額 ④+⑤	分配金の内訳 投資回収④	成功報酬⑤
01年1月	キャピタル・コール 第1回	▲354	▲324	▲30				
01年2月								
01年3月								
01年4月								
01年5月								
01年6月	キャピタル・コール 第2回	▲354	▲324	▲30				
01年7月								
01年8月								
01年9月	キャピタル・コール 第3回	▲2,000			▲2,000			
01年10月								
01年11月								
01年12月	キャピタル・コール 第4回	▲354	▲324	▲30				
02年1月								
02年2月								
02年3月	キャピタル・コール 第5回	▲3,000			▲3,000			
02年4月								
02年5月								
02年6月	キャピタル・コール 第6回	▲354	▲324	▲30				
02年7月								
02年8月								
02年9月	キャピタル・コール 第7回	▲4,000			▲4,000			
02年10月								
02年11月								
02年12月	キャピタル・コール 第8回	▲354	▲324	▲30				
03年1月								
03年2月								
03年3月	キャピタル・コール 第9回	▲2,000			▲2,000			
03年4月								
03年5月								
03年6月	キャピタル・コール 第10回	▲354	▲324	▲30				
03年7月								
03年8月								
03年9月	キャピタル・コール 第11回	▲3,000			▲3,000			
03年10月								
03年11月								
03年12月	キャピタル・コール 第12回	▲354	▲324	▲30				
04年1月								
04年2月								
04年3月	キャピタル・コール 第13回	▲4,000			▲4,000			
04年4月								
04年5月								
04年6月	キャピタル・コール 第14回	▲354	▲324	▲30				
04年7月								
04年8月								
04年9月	キャピタル・コール 第15回	▲2,000			▲2,000			
04年10月								

04年11月								
04年12月	キャピタル・コール 第16回	▲ 354	▲ 324	▲ 30				
05年 1 月								
05年 2 月								
05年 3 月	キャピタル・コール 第17回	▲ 4,000			▲ 4,000	分配 第 1 回	5,000	5,000
05年 4 月								
05年 5 月								
05年 6 月	キャピタル・コール 第18回	▲ 241	▲ 238	▲ 3				
05年 7 月								
05年 8 月								
05年 9 月						分配 第 2 回	7,500	7,500
05年10月								
05年11月								
05年12月	キャピタル・コール 第19回	▲ 208	▲ 205	▲ 3				
06年 1 月								
06年 2 月								
06年 3 月						分配 第 3 回	10,000	10,000
06年 4 月								
06年 5 月								
06年 6 月	キャピタル・コール 第20回	▲ 165	▲ 162	▲ 3				
06年 7 月								
06年 8 月								
06年 9 月						分配 第 4 回	5,000	5,000
06年10月								
06年11月								
06年12月	キャピタル・コール 第21回	▲ 143	▲ 140	▲ 3				
07年 1 月								
07年 2 月								
07年 3 月						分配 第 5 回	7,500	7,500
07年 4 月								
07年 5 月								
07年 6 月	キャピタル・コール 第22回	▲ 111	▲ 108	▲ 3				
07年 7 月								
07年 8 月								
07年 9 月						分配 第 6 回	6,611	10,000	▲ 3,389
07年10月								
07年11月								
07年12月	キャピタル・コール 第23回	▲ 68	▲ 65	▲ 3				
08年 1 月								
08年 2 月								
08年 3 月						分配 第 7 回	4,014	5,000	▲ 986
08年 4 月								
08年 5 月								
08年 6 月	キャピタル・コール 第24回	▲ 46	▲ 43	▲ 3				
08年 7 月								
08年 8 月								
08年 9 月						分配 第 8 回	8,009	10,000	▲ 1,991
08年10月								
08年11月								
08年12月								
合計		▲ 28,168	▲ 3,877	▲ 291	▲ 24,000		53,634	60,000	▲ 6,366

(出所) 東京海上キャピタル作成

合員に支払われる結果となっている。

　なお、図表 5 − 4 のキャッシュフローを 1 年単位で集計したものが図表 5 − 5 であるが、ご覧のとおり、出資金額と分配金額のネット累計額は、期間の経過に応じて増加していく、いわゆる J カーブを描くことになる。

おわりに

　日本の国内投資家が長期的視野の求められるプライベート・エクイティ投資の器として検討する場合、有責組合は、次のような点で優位性があるといえるだろう。

- ・共同事業としての性格を有していることから組合財産の処分が制限されており、長期においても安定した運営が可能となる。
- ・出資方式、分配方式、組合活動への関与などを各組合の組合契約で決定できる柔軟性をもっている。
- ・ファンドの運営者である無限責任組合員も資金を拠出するため、資金の出し手である有限責任組合員と利害が一致している。

　有責組合は、ファンド運営者の力量に信任を寄せ資金を任せる投資家と、負託を受けた資金を使って投資運用を行う運営者の間の信頼の枠組みである。無限責任組合員は、忠実義務や善管注意義務に基づき、有限責任組合員からの信頼を得られるよう最善を尽くすわけではあるが、ファンド運営にはマクロ経済の変化など、契約上あらかじめ想定しえない突発事象が起こりうる。そのときこそ、この信頼の枠組みが真価を発揮するときである。個別の事情は念頭に置きつつも、組合員はファンド全体の利益にとって何が大切かという視点で組合契約上求められる判断を行っていくのである。

　利害一致（alignment of interest）の仕組み、ガバナンス、透明性といった原則に加えて、組合員集会やアドバイザリー・ボードを含め、日頃の顔の見えるコミュニケーションが信頼関係の維持には大切であり、これが長期資金の安定的な運用を担保するものと考える。

図表5−5　年別のキャッシュフローとJカーブ　（単位：百万円）

年次	出資金額	分配金額	ネット累計額
01年	▲3,062	0	▲3,062
02年	▲7,708	0	▲10,770
03年	▲5,708	0	▲16,478
04年	▲6,708	0	▲23,186
05年	▲4,449	12,500	▲15,135
06年	▲308	15,000	▲443
07年	▲179	14,111	13,489
08年	▲46	12,023	25,466
合計	▲28,168	53,634	−

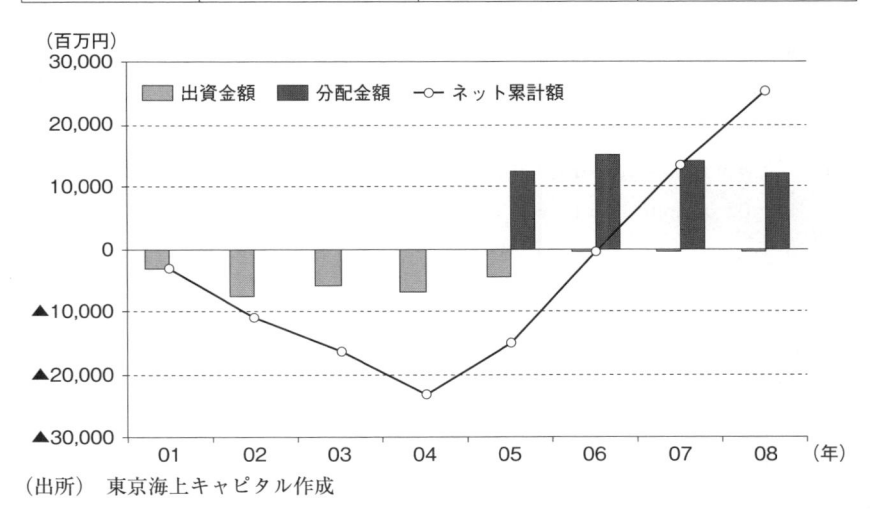

（出所）　東京海上キャピタル作成

参考文献

五十嵐誠・藤井毅（2013）「プライベート・エクイティ・ファンドの法的仕組み」
　　日本バイアウト研究所編『機関投資家のためのプライベート・エクイティ』
　　きんざい, pp.41-64.
小林和成（2013）「プライベート・エクイティ・ファンドの特徴―機関投資家の視

点から─」日本バイアウト研究所編『機関投資家のためのプライベート・エクイティ』きんざい, pp.2-35.

漆谷淳・齋藤誠一（2013）「ILPA Private Equity Principlesの概要─ジェネラル・パートナーとリミテッド・パートナー間の信頼関係の構築に向けて─」日本バイアウト研究所編『機関投資家のためのプライベート・エクイティ』きんざい, pp.399-422.

参考資料

経済産業省・西村あさひ法律事務所「投資事業有限責任組合モデル契約」2010年11月．

http://www.meti.go.jp/policy/economy/keiei_innovation/sangyokinyu/lps_model2211.pdf（2014年6月30日アクセス）

金融庁・第29回金融審議会金融分科会第一部会資料「我が国におけるファンドの「器」の機能の比較」（資料2－6②）2005年4月．

http://www.fsa.go.jp/singi/singi_kinyu/siryou/kinyu/dai1/f-20050415_d1sir/02_06b.pdf（2014年6月30日アクセス）

Interview

プライベート・エクイティ・ファンドの設計とレポーティング

投資家とマネジャーとのパートナーシップ

ネクスト・キャピタル・パートナーズ株式会社
代表取締役副社長 パートナー
本坊吉隆氏

株式会社グロービス・キャピタル・パートナーズ
マネージング・パートナー
仮屋薗聡一氏

Q まず、プライベート・エクイティ・ファンドの一つであるバイアウト・ファンドの特徴についてご説明願います。

本坊 バイアウト・ファンドは、新たに大株主として非上場の対象企業の経営に参画し、3～5年程度かけて会社の事業や財務内容を改善、企業価値を高め、その結果として投資家にもリターンをもたらすことを目的としています。

アセットの特徴としては、①代表的オルタナティブ投資で、市場との相関性がないこと、②中途換金性なく流動性が低いこと、③リターンは、管理報酬等の費用が数年先行した後に発生することから、いわゆる「Jカーブ」となること、④そして何より高いリターンが期待できることなどがあります。

バイアウトのなかでの再生ファンドの特徴は、経営不振に陥っている企業を対象に、コントロール（経営権）をもち、取引銀行とも協働のうえ財務リストラを進め、コスト構造の改革や事業の選択と集中に取り組み、企業価値の向上を図ることにあります。典型的なバイアウトは、既にキャッシュフローの出ている企業が対象となるため、LBOやMBOといったレバレッジを活用した手法をとることが多々ありますが、再生ファンドでは赤字の企業が対象であることが多いため、そもそも現株主の株式を買うというより直接エクイティの拠出を行うことが多いです。なお、弊社としては、まず入口の投資判断に十分留意することと、投資後スピード感をもってハンズオンで経営に参画し、会社の経営陣・社員と一緒に変革

を成し遂げることを特に重視しています。

Q 次に、ベンチャー・キャピタル・ファンドも日本で20年以上前から発展してきたファンドですが、アセットクラスとしてはどのような特徴がありますでしょうか。

仮屋薗　ベンチャー・キャピタル・ファンドの投資対象は、アーリー・ステージの急成長企業から上場直前のレイター・ステージの未公開企業です。持株比率については、バイアウトとは異なり、10～33％程度のマイノリティ投資が主となります。

オルタナティブ投資のなかで最もハイリスク・ハイリターンの特性を追求するものであり、年金基金によるベンチャー・キャピタル・ファンドへの投資の意義については、「短中期の非流動性」および「資産価値のJカーブ特性」を許容しながらも、「高い収益性」と「ポートフォリオ分散効果」をねらえるというところにあります。

年金基金の長期的運用の視点という点を生かし、短期視点での運用者では取り組めない、非上場と上場企業における情報および投資先アクセスの非対称性と、企業成長への付加価値提供による価値創造という二つの点をテコにして、高い投資倍率（マルチプル）と内部収益率（IRR）を獲得できるアセットクラスを取り込めるという本質があります。

Q ファンドの基本構造（ストラクチャー）についてはどのようになっていますでしょうか。

仮屋薗　まず、ベンチャー・キャピタル・ファンドの運用期間は10年が多く、2年の延長可能期間が設けられていることが一般的です。個別の案件の保有期間は3～7年程度です。ファンドの法的形態については、私どもの場合、海外の機関投資家やファミリー・オフィスは、ケイマン籍のリミテッド・パートナーシップに出資し、国内の機関投資家や事業会社は、日本の投資事業有限責任組合に主に出資をいただいています。

一案件当りの投資金額の上限は、十分な分散ポートフォリオを構築するという

観点から10%となっております。出資いただいている機関投資家と共同投資を行うケースもありますし、ベンチャーに興味をもっている事業会社などの戦略投資家との共同投資を行うケースも増えてきています。

本坊　弊社の場合、国内の投資家については、多くの他のバイアウト・ファンドと同様に、「投資事業有限責任組合契約に関する法律」に基づく投資事業有限責任組合を通じて出資していただいております。海外の投資家については、海外法制上（ケイマン）のファンドを通じて共同投資家として参画を得ています。ファンドの存続期間は10年、うち投資期間は当初5年で、投資家の3分の2以上の同意をもって2年延長可能となっています。

　1件当りの投資金額は、ポートフォリオ分散の観点から、総額の15％を上限としています。1件当りの上限を超えるような案件の場合は、リミテッド・パートナーの同意を得て上限を超えて投資をするか、共同投資家を募るか、あるいは案件ごとに特別ファンドを組成することになると思います。実際、弊社の第一号ファンドにおいては、2件の投資案件で、上限を超えたことから、特別目的ファンドを組成したことがあります。

Q　投資家向けのレポーティングはどのように行っているかお聞かせ願います。

本坊　レポーティングの種類は、組合契約上定例のものとしては、一事業年度ごとに、組合会計規則に定めるところに従い貸借対照表、損益計算書、業務報告書、付属明細書を作成、監査を受けたうえで、投資家に送付します。同様に、決算月以外の四半期ごとにも、監査は受けませんが、同様の報告を行います。これらの報告書における財務諸表は、当然組合全体と、当該各投資家用の両方の様式になります。

　キャピタル・コール通知は、半年ごとの管理報酬の通知や、新規投資の際に行うことになります。新規投資の際のキャピタル・コールの通知に先立って、投資家に投資の概要についてはあらかじめ報告することになります。分配通知は、エグジット（配当や自社株買いなど部分エグジットも含む）の際に行うことになります。

仮屋薗　弊社では、年次報告と四半期報告を日本語と英語の両方で対応できるように行っております。また、個別の投資案件につきましては、リアルタイムで認識したいという投資家の方々に限ってご報告しています。投資先のエグジットの情報については、四半期報告でまとめて行っていますが、ベンチャー・キャピタル・ファンドの場合は、株式公開（IPO）を達成するケースも多いので、喜ばしいこともありますのでレターを作成して報告しています。

　キャピタル・コールについては、投資承認がおりた金額をコール・レターに記載して行いますが、年間で数回のドローダウンになります。分配については、リターンが出た際には、そのつど行っています。

Q　リミテッド・パートナーとの円滑なコミュニケーションのために日頃から心がけている点はありますでしょうか。

仮屋薗　日頃の対話については、いわゆる一対一のミーティングを重視しています。原則、海外の機関投資家は年一回、日本の機関投資家へは年二回訪問して、個別にレポーティングを行っています。また、戦略的投資家である事業会社の方々とは、共同投資の機会を模索するためのディスカッションも頻繁に重ねており、実際に国内外の投資家との共同投資実績も積み上がっています。

　年次総会は、投資家向けに年一回開催していますが、旬の投資先企業やエグジットを達成した投資先企業の経営者をお呼びしてパネルディスカッションを行っています。

　また、投資先企業の経営者との勉強会を開催しているのですが、この会に投資家の方々にも参加いただいて、現況を知る機会を創出しています。それから、弊社のグループでは、教育や出版も手がけておりますが、「G1サミット」という日本のリーダーたる経営者、政治家、メディア・文化人の方々による招待制会議、日本版ダボス会議を開催しており、ここにも参加機会があります。

本坊　弊社の場合は、契約上定められた報告書以外に、月次の活動レポートを作成して送付しています。具体的内容は、投資先の決算内容だけでなく施策の進捗状況などわりと細かい話も含めてビビッドに伝えるようにしています。また、新製品がテレビや新聞・雑誌など取り上げられた場合など、タイムリーに伝える

ようにしています。

　さらにいえば、以前投資していたゴルフメーカーやマッサージチェアの会社などの場合は、新商品発表会に投資家をお呼びしたり、投資家に対して社内販売や取引先紹介など営業協力もお願いしたりしていました。最近では投資先の料理教室でつくっているパンを投資家の皆様に試食してもらいました。数字以外にも、目にみえるようなものや感じられるものでもなるべくお伝えするように心がけています。

Q 今後、プライベート・エクイティ・ファンドへの投資を検討される、日本の年金基金へのメッセージをお願いします。

仮屋薗　現在の政権におきましても、国家の成長戦略の一つにベンチャー企業の育成・拡大が中核に据えられており、新産業を育てていこうという風向きになってきました。また、ベンチャー起業家支援が本格化し、社会的な使命を実現したいという志をもった若い新世代の起業家の数も増えています。また、東京証券取引所も、「中期経営計画」において、「IPOの拡大」を重点戦略の柱として掲げ、企業へのリスクマネー供給や投資家の効率的な資金運用の場としての、資本市場の活性化に取り組んでいます。

　国も起業家も資本市場も動いており、ベンチャー・キャピタル・ファンドの存立する環境は整ってきています。昨今、独立系のマネジャーが台頭してきているなかで、日本の年金基金を含む投資家の資金を企業のイノベーションにつなげる流れをつくっていきたいと思いますし、日本のベンチャー・キャピタル・ファンドの底上げをしていきたいと思っています。

本坊　常々残念に思うのは、日本には世界最大級の金融資産があるのにその大半が国債などに眠っており、プライベート・エクイティ・ファンドなどのリスクマネーに十分活用されていないことです。銀行もバーゼルⅢなど自己資本比率の制約もあり、プライベート・エクイティ投資には制約があるため、今後、日本の年金基金には長期投資家として大いに期待したいところです。いきなり米国の年金基金のように、プライベート・エクイティ投資が総資産の比率の10％あるいは20％とまでいかないまでも、年金基金のお金がプライベート・エクイティを通じ

て社会に回るようなれば、企業の育成や業界の再編、事業再生や雇用など、日本社会の活性化にもつながると信じています。結果として基金の運用リターンにも貢献できるようになると思いますので、今後とも努力していきたいと考えます。

Profile

本坊吉隆氏
ネクスト・キャピタル・パートナーズ株式会社 代表取締役副社長 パートナー
東京大学法学部卒業。MITスローンスクール（ビジネススクール）修了。株式会社三菱銀行（現株式会社三菱東京UFJ銀行）出身。同行においては、シンガポール支店勤務、ユニオン・バンク・オブ・カリフォルニア（現ユニオンバンク）頭取室出向、東京三菱投信投資顧問株式会社（現三菱UFJ投信株式会社）企画部長等を歴任。グループ内の再建・再編、リストラクチャリング業務等に多数携わる。2005年7月に、独立系再生ファンドであるネクスト・キャピタル・パートナーズ株式会社を、立石代表取締役社長とともに設立、代表取締役副社長就任。

仮屋薗聡一氏
株式会社グロービス・キャピタル・パートナーズ マネージング・パートナー
1991年慶應義塾大学法学部卒業。1996年米国ピッツバーグ大学経営大学院修士課程修了（MBA）。株式会社三和総合研究所（現三菱UFJリサーチ＆コンサルティング株式会社）での経営戦略コンサルティングを経て、1996年株式会社グロービスのベンチャー・キャピタル事業設立に参画。第一号ファンドのファンド・マネジャーを経て、1999年エイパックス・グロービス・パートナーズ株式会社設立よりパートナー就任、現在に至る。著書に、『ケースで学ぶ起業戦略』（日経BP社）、『MBAビジネスプラン』（ダイヤモンド社）、『ベンチャーキャピタリストが語る起業家への提言』（税務研究会）がある。

第 6 章

バイアウト・ファンドの投資プロセスと株式価値創造の三要素

リスクをコントロールしながら高リターンを創出するメカニズム

アドバンテッジパートナーズLLP
シニア パートナー　**永露英郎**
オペレーティング パートナー　**馬場勝也**

はじめに

　バイアウト投資は、企業価値創造を図るアクティブ投資であり、上場株式投資に対する超過リターン（いわゆる「アルファ」）を可能とする。

　本章ではそのメカニズムを投資プロセスにおける付加価値と、リターンを構成する要素の二つの側面から明らかにする。

1 バイアウト・ファンドの投資プロセス

(1) 案件の発掘と投資判断

❶案件の発掘（ソーシング）

　投資プロセスの第一歩は投資案件の発掘である。高品質の安定した案件フローを確立することはバイアウト投資活動における最重要テーマの一つである。

　バイアウト投資は、オーナー企業の事業承継案件、上場企業の非上場化案件、企業の子会社・事業部門の売却案件などに分類される。これらの案件は、株主やステークホルダーのニーズを受けてアドバイザー・金融機関などからファンドに持ち込まれる受動的なものと、各バイアウト・ファンドのネットワークに基づく多様な観点からの提案活動を通じて顕在化する能動的なものとに大別される。

受動的案件では、売手の売却意向が高いケースが多く、案件実現の蓋然性が高いメリットがある一方で、競争的な環境で投資元本（特にマルチプル）が引き上げられるリスクを抱えている。能動的案件では、魅力的な投資対象へのユニークな投資機会を構想でき、一定の独占的検討機会を得られる可能性がある一方で、売手の意思決定の蓋然性が低く、実現までに時間がかかるというデメリットがある。オーナー企業の事業承継案件などでは接触から成立まで5年以上かかるケースもあり、継続的な関係構築・信頼醸成を行いつつ、タイムリーな提案と投資を行うことが必要とされる。

❷案件評価

　開拓された投資機会は、「経済的な魅力度」と「プロセスの魅力度」の観点から投資案件として評価される。

　「経済的な魅力度」は、投資元本と将来の回収期待価値との「差分」として定義される。その「差分」は、事業面・財務面のどのようなリスクをとり、それをどのような手法で収益機会に転換するかの説得力あるシナリオ、すなわち「投資仮説」から生まれる。投資仮説こそが経済的な魅力度の本質である。なお、実際には説得力ある仮説が成立せず、短期間で検討終了となる案件が大半でもある。

　同時に忘れてならないのが「プロセスの魅力度」、すなわち、売手・買手の双方にメリットのあるプロセスとして案件が成立するか否かである。売手にとって、単に譲渡対価のみならず、事業の中長期的発展性、経営陣との親和性や従業員の雇用継続性など、非経済的条件が重要となるケースは非常に多い。買手のファンドにとっては、株式売却の意思決定の蓋然性や、競争的プロセスにより投資元本・マルチプルが引き上げられるリスクなどが勘案されることになる。

　蓋然性が高いと判断された案件に対しては包括的な情報の精査を行う。いわゆる買収前監査、デューデリジェンス（DD）である。通常2～3カ月程度の期間で事業面、財務・会計面、法務面、その他必要な検証テーマについて外部専門家の協力も仰ぎながら検討を行うことになる。

　デューデリジェンス期間中には買収ファイナンス（LBOローン）の調達と

株式譲渡契約に代表される契約交渉の一部が並行して進められ、デューデリジェンスの結果をふまえた最終的な提案をめぐって、最終合意に向けた売手とファンドとの交渉が行われる。

最終合意・契約調印後は、クロージングの前提条件充足に向けて買収ファイナンスの融資実行に向けたドキュメンテーションなどの作業を進めると同時に、必要とされる規制当局への申請や許認可の取得を進める。通常契約調印から1～2カ月程度、クロスボーダー案件など複雑な案件では半年から1年程度の期間を経て最終的なクロージングを迎えることが一般的である。

(2) 投資後の企業価値向上

❶100日プラン

投資後活動のスタートダッシュといえるのが、いわゆる「100日プラン」と呼ばれる活動計画の策定・着手である。そこでは投資仮説を活動レベルに落とし込み、すみやかな改善活動の実現を図ると同時に中期的観点からの優先取組課題を明らかにすることになる。またこの策定過程を通じて、ファンドと投資対象企業の経営陣・従業員との相互理解を促進し、課題認識の共有を行う。必要に応じて経営陣・幹部職における人材補強を検討・実行することも多い。

❷守りから攻めへの転換

投資後の活動内容は、投資案件ごとの固有の事情や投資仮説によりさまざまであるが、まず守りからスタートして順次攻めに移る、というパターンが一般的である。

多くのバイアウト案件はLBOの形態をとるため、投資直後は財務上の制約を受ける。この制約のもとで堅実にキャッシュフローを創出できるオペレーション効率を実現し、必要な管理体制を整備することが守りの第一歩である。これが実現されるとキャッシュフローが増大しレバレッジが低下してくる。そこでリファイナンスを実現し、低コストで制約の弱いローンへと借り換えることで財務リスクの低減と経営の自由度をアップさせることが守りの二歩目である。

こうした守りの施策と並行して、適切なタイミングで根源的な収益拡大に向けた取り組みを開始することが次のポイントである。慎重なかじ取りを行いながらも一歩先を見据えて攻めの活動をリードすることがファンド担当者の腕の見せ所となる。こうした活動には新規顧客開拓、買収による水平・垂直統合、生産性改善に向けた設備更新などさまざまなテーマが含まれる。

❸コンティンジェンシー対応

　投資後6カ月～18カ月程度を経過すると、多くの案件では比較的安定的な経営状況が実現される。しかしながら、バイアウト投資がさまざまな不確実性から完全に自由になることはない。マクロ経済環境、カントリー・リスク、為替、イノベーション、規制などの外部環境の変化に見舞われるケースもあれば、顧客ニーズの変化、社内キーパーソンの退職、設備老朽化、取引先や競合の戦略変化など、コントロールがむずかしい事業固有の要因も存在する。

　このような不確実性に対応して投資価値を保全し、さらには増大させるチャンスに変えていけるかどうかは、投資回収金額を大きく左右する。常にコンティンジェンシーを意識した戦略オプションの検討・評価をファンドと経営陣が行い、必要であれば経営人材の変更や資本注入などの判断を行い投資回収に向けた体制を整備していくことが必要である。

(3) 投資回収 ～次のステージへの出口～

　投資回収は、M&Aを通じた相対取引での株式譲渡（ストラテジック・セール）、株式上場を実現し市場での株式売却（IPO）、他のバイアウト・ファンドへの売却（セカンダリー・バイアウト）、配当・自社株買いなどを通じたリキャピタリゼーションなどの形態をとる。基本的なタイミングは、投資仮説で想定した価値向上が実現する（あるいは実現できないことが確実となった）時点である。しかし、現実には、投資期間中のさまざまな状況を反映して最適なタイミングを個別に判断することになる。

　ストラテジック・セール（事業会社への戦略的売却）では、当該・周辺業界の収益状況や統合・再編動向の見極めが重要である。特に事業会社は、単に

財務諸表上の資産や利益を買収するのではなく、戦略的・中長期的な事業の可能性やシナジーを魅力として新しいオーナーとなる。したがって、その評価は、過去実績、つまり収益モデルの再現性や投資回収時点で既に蓄積された資産にとどまらず、新しいオーナーのもとでの、企業価値の創出・増大という将来価値を反映したものとなるのである。

IPOでは、株式市場環境の評価が重要となる。一般投資家を株主とし、市場をベースとしたガバナンスに依拠する企業となることは大きなメリットとなりうる一方で、社会的・経済的な責任を果たすことが期待され、業種・規模・成長性などの観点から妥当性が検証されねばならない。

次節では、企業価値の源泉の三要素である①デットの減少、②EBITDAの増加、③マルチプルの増加について詳しく説明するが、これらは上述のような投資回収時の具体的な状況を反映したものであると同時に、投資プロセスを通じた活動を反映するものである。

2 価値向上の源泉となる三要素と株式価値向上への寄与

(1) 価値向上の源泉となる三要素

まず、株式価値向上の源泉となる三要素の定義を明確にし、次にその三要素が実際に株式価値向上にどう寄与するのか理論的仕組みを説明する。

❶株式価値と企業価値の関係 〜三要素の定義〜

コーポレート・ファイナンスの一般的な考え方では、株式価値と企業価値の関係は「式1」で表される。これを変形すると「式2」になり、さらに企業価値を「式3」のように分解すると、株式価値は「式4」で求められる。

式1：企業価値＝株主にとっての価値＋債権者にとっての価値
　　　　　　　＝株式価値＋有利子負債（デット）
式2：株式価値＝企業価値－デット
式3：企業価値＝利払前・税金前・償却前利益（EBITDA）
　　　　　　　×EBITDA倍率（マルチプル）

式4:株式価値=EBITDA×マルチプル−デット

　株式価値を増加させるためには、「式4」からもわかるとおり、「デットの減少」、「EBITDAの増加」、「マルチプルの増加」が必要であり、これらを価値創造の三要素と考えることができる。

図表6−1　三要素の定義

要素	定義・内容
デットの減少	投資時から回収時までの期間のネットキャッシュ増分：LBOなどを活用した、多額の借入れと借入金の返済
EBITDAの増加	投資時と回収時のEBITDAの増分：経営改善によるキャッシュ創出力の向上
マルチプルの増加	投資時と回収時のEBITDA倍率の増分：事業買収時と譲渡時の価格水準の差

(出所)　アドバンテッジパートナーズ作成

❷デットの減少

　バイアウト投資においては、買収資金そのものを「投資先企業のキャッシュ創出力に基づいて借り入れる」という、LBO（leveraged buy-outs）の手法が使われる。レバレッジとは、企業買収の際の所要資金のうち一部を金融機関からの借入金（LBOローン）でまかなうことにより、バイアウト・ファンドからの投資資金を抑えることを意味する。

　例えば、ある企業の買収価格が1,000億円である場合、典型的にはバイアウト・ファンドが300億円を株式出資した特別目的会社（SPC）を設立し、SPCが金融機関から700億円を借り入れる。SPCは合計1,000億円で投資対象企業の株式を買収し、買収直後にSPCと投資対象企業が合併する。合併により投資対象企業は上記700億円を借り入れた状態になる。その際、対象企業の株主はバイアウト・ファンドとなっており、バイアウト・ファンドが保有する合併後の新会社の株式価値は300億円、企業価値は1,000億円（＝株式価値300億円＋デット700億円）となる。

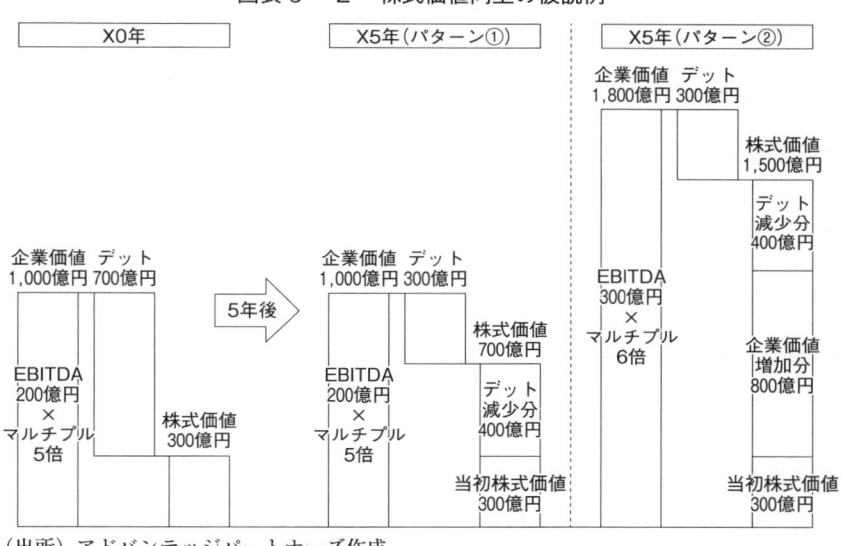

図表 6 − 2　株式価値向上の仮説例

X0年
企業価値 1,000億円　デット 700億円
EBITDA 200億円 × マルチプル 5倍
株式価値 300億円

5年後 →

X5年（パターン①）
企業価値 1,000億円　デット 300億円
EBITDA 200億円 × マルチプル 5倍
株式価値 700億円
デット減少分 400億円
当初株式価値 300億円

X5年（パターン②）
企業価値 1,800億円　デット 300億円
株式価値 1,500億円
EBITDA 300億円 × マルチプル 6倍
デット減少分 400億円
企業価値増加分 800億円
当初株式価値 300億円

（出所）アドバンテッジパートナーズ作成

　株式価値の計算式（式4）でもわかるとおり、買収後に投資対象企業がその借入金を返済しデットを減少させることは、バイアウト・ファンドにとっては投資資本の価値（＝株式価値）を高めることにほかならない。仮に買収後5年間で400億円を返済したとすると、企業価値が1,000億円から変わらずともデットが当初の700億円から300億円に減少し、株式価値は300億円から700億円に上昇することになる（図表6−2・パターン①）。これがバイアウト投資におけるレバレッジの効果である。

　❸EBITDAの増加・マルチプルの増加

　企業価値の評価においては、市場株価法、類似企業比較法、DCF法、類似取引比準法などの方法があるが、バイアウト投資の世界においては企業価値をEBITDAで測ることが一般的に行われており、企業価値評価方法としてEBITDAマルチプル法が用いられている（式3）。この評価方法のもとで企業価値を向上させるためには、EBITDAを増加させる、または、マルチ

プルを増加させることが必要である。

　例えば、EBITDA200億円、マルチプル5倍の企業が、バイアウト・ファンドのサポートにより収益・評価が向上し、5年後にEBITDA300億円、マルチプル6倍になった場合、企業価値は当初の1,000億円から1,800億円に、株式価値は300億円から1,500億円に上昇する（図表6－2・パターン②）。

(2) APファンドの投資回収事例における三要素の効果

　アドバンテッジパートナーズがサービスを提供するファンド（以下、「APファンド」という）が過去に投資回収を行った事例における三要素の比率は図表6－3のとおりであり、全体としては三要素がバランスよく価値創造に貢献しているといえるが、投資対象企業の業種別や、事業承継や再生といった投資タイプ別で分類してみると図表6－4・図表6－5のとおりであり、特徴はまちまちである。

　各案件の個別データは掲載していないが、総じて三要素が貢献している場合が多い一方で、一要素または二要素のみでも十分なリターンをあげているケースもある。典型的には三要素のうちEBITDAの増加が大きく影響するが、仮にEBITDAが増加しない場合でも投資対象企業が生み出すキャッシュフローにより借入金を返済していくことから、デットの減少がリターンに貢献する。また、投資実行前に想定していた業績改善の目論見が外れた案件においても、株式の過半数を保有しているので、同案件の属する業界セグメントが高い評価を得られる時期まで企業運営を維持し、売却を待つことができることも大きい。

(3) 三要素の株式価値向上効果を発現させるためのポイント

　以上、三要素が株式価値向上の寄与する理論的仕組みを説明したが、実際には各要素の効果を発現するためにさまざまな運営努力やノウハウが必要であり、その巧拙が最終的な株価値向上を決定する。本項では、バイアウト投資でいわれるノウハウのうち、直接的に三要素に関係する点を抽出し解説することで、三要素効果発現のポイントを明確にする。

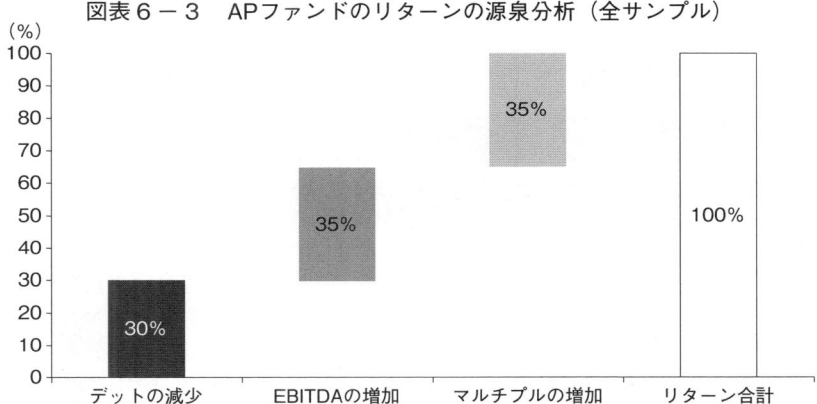

図表６－３　APファンドのリターンの源泉分析（全サンプル）

デットの減少	EBITDAの増加	マルチプルの増加	リターン合計
30%	35%	35%	100%

（注１）　2014年４月末までに投資回収が完了したAPファンドの投資案件のうち、①対象会社の事業キャッシュフローを原資として返済するLBOローン（ベンダー・ローンを含む）を利用した案件、②株式の過半数を取得したマジョリティ型案件、という二つの条件をいずれも満たす12案件をサンプルとした。
（注２）　三要素の比率は以下の算式により算出した。デットの減少＝（投資実行直後の純有利子負債－投資回収時の純有利子負債）÷（投資回収時の売却価値－投資実行時の投資元本）。EBITDAの増加＝（投資回収時のEBITDA－投資実行時のEBITDA）×投資回収時のマルチプル÷（投資回収時の売却価値－投資実行時の投資元本）。マルチプルの増加＝（投資回収時のマルチプル－投資実行時のマルチプル）×投資実行時のEBITDA÷（投資回収時の売却価値－投資実行時の投資元本）。投資回収時の売却価値および投資実行時の投資元本はいずれも100％ベースに修正した数値を使用した。案件の実行コストはゼロとして計算している。
（出所）　アドバンテッジパートナーズ作成

❶デットの減少

　バイアウト投資においては、もともと、一定の安定的キャッシュフローの基盤がある企業が投資対象になる傾向があるが、安定的な業績を長期間にわたり維持し、毎年確実にデットを減少させ続けるには、企業全般にわたる強固なマネジメント・数値管理の徹底が肝要となる。
　さらに、デットの減少を加速し、早期のリファイナンスによるコベナンツ軽減・金利削減効果を目指すためには、EBITDA改善によるキャッシュフロー増加に加え、ノンコア資産の処分などによるキャッシュ増加、オペレー

図表6－4　APファンドのリターンの源泉分析（業種別）

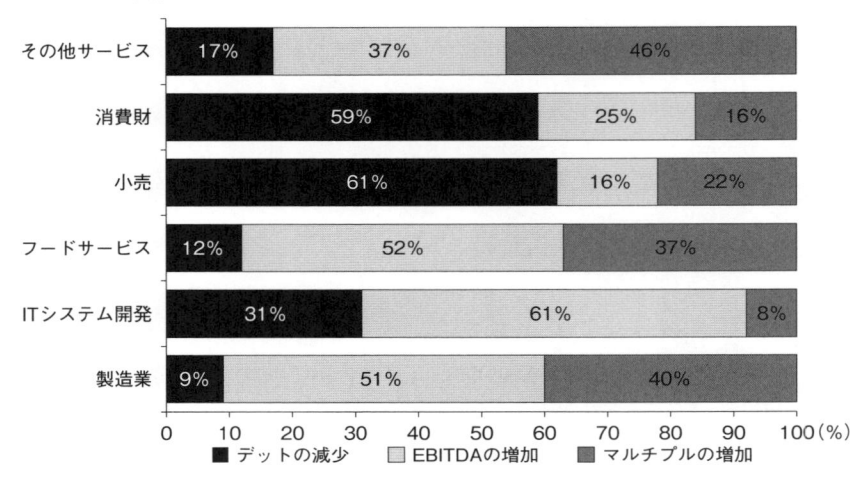

業種	デットの減少	EBITDAの増加	マルチプルの増加
その他サービス	17%	37%	46%
消費財	59%	25%	16%
小売	61%	16%	22%
フードサービス	12%	52%	37%
ITシステム開発	31%	61%	8%
製造業	9%	51%	40%

（注）　サンプルの抽出方法や三要素の算出式は図表6－3と同様。
（出所）　アドバンテッジパートナーズ作成

図表6－5　APファンドのリターンの源泉分析（投資タイプ別）

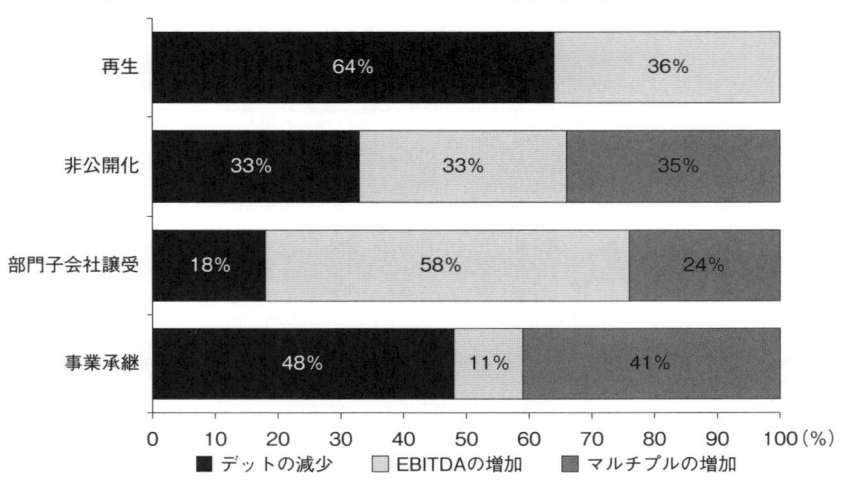

投資タイプ	デットの減少	EBITDAの増加	マルチプルの増加
再生	64%	36%	
非公開化	33%	33%	35%
部門子会社譲受	18%	58%	24%
事業承継	48%	11%	41%

（注）　サンプルの抽出方法や三要素の算出式は図表6－3と同様。
（出所）　アドバンテッジパートナーズ作成

ションの改善に伴う運転資金の改善などを抜本的に推進できるかが鍵である。

また、借入金の滞りない返済のためには、投資評価実行前の段階で、対象企業のキャッシュフローを精緻に分析し、対象企業のリスクを深く把握することが不可欠となる。そのうえで、LBOローンの設計においては、可能な限り現実のビジネスに適したファイナンス・ストラクチャーを構築することが鍵となる。エクイティとデットの割合や、普通株式だけでなく優先株式や劣後ローン・劣後社債などのメザニンを利用したファイナンス手法に工夫を凝らすことで、事業特性にあった財務コベナンツの設定が可能になり、投資実行後の安定的運営につながる。

❷EBITDAの増加

EBITDAの増加のためには、事業成長による売上げの拡大と、効率性追求による利益率の改善を同時に行う必要がある。

利益率改善の方策としては、生産性の向上やコスト見直しなどによる費用の効率性追求があげられる。バリュー・アクティビティの全項目を詳細に分析し、調達の改善ができないのか、オーバーヘッドをもっと削減してそのリソースを営業のほうへシフトできないかなど、徹底的にコスト削減の余地を追求していく。

ただし、企業価値向上においては将来の永続的な成長が最も大切であり、これを損ねるコスト削減には十分な留意が必要である。"Shrink To Grow"という言葉がよく使われるが、非採算事業からの撤退などにより、いったんは売上減少によるEBITDA増加を実現する場合においても、その先の売上再拡大の柱となる事業領域を明確にし、計画的な実行をすることが不可欠である。

❸マルチプルの増加

マルチプルの増加とは、投資時と回収時のEBITDA倍率の増加分を示す。すなわち、投資時にはできるだけ低マルチプルで、回収時にはできるだけ高マルチプルでということである。

投資時に低マルチプルで取得できるかは、対象会社の有する無形資産や所

属する市場の成長性など業績に現れない価値を見抜くことができるかである。昨今、入札案件が増えるなかで、だれもが優良と感じる会社を高い値段で競り落とすことはファンド・マネジャーとして最も安易な案件獲得の手法である。むしろ、業態の見極めがむずかしく入札において人気がない、あるいは直近の業績が低下傾向や赤字である案件に高いリターンの可能性が秘められていることが多い。また、特に事業承継案件においては、オーナーが価格のみならず承継後の事業の永続的発展を安心して託すことのできる先かどうかを重視する傾向が強く、ファンドの投資実績や経験、チームの人間的訴求力が投資時のマルチプル低減に大きく影響する。

　回収時に高マルチプルの評価を獲得するためには、収益性の向上、成長性の実現を通じた同業他社対比でのプレミアムの獲得が必要となる。また、より成長性の高い別の業界に属するとみられるような実績の達成とそれに裏付けられたエクイティ・ストーリーの創出や、グローバル展開や事業提携実績など新たな投資家または戦略的パートナー自身の成長戦略にとって魅力的となるケーパビリティーを構築することも有効である。そのうえで、良い相手に出会うまで忍耐強く運営するマネジメント力、良い相手を能動的に探しだしシナジー効果を丹念に協議し相互理解を進める交渉力が鍵となる。投資回収方法としては、これまで戦略的売却のケースが株式公開を上回っているが、株式市況の好転とともに今後は株式公開を選択する事例も増えると思われる。ただし、株式公開の場合は、戦略的売却の利点であるコントロール・プレミアムでの株式評価や一括売却を見込むことがむずかしいため、株式市場で高い評価を得るために事業モデルの磨き込みによる、事業成長性に対する信頼感の獲得が大切となる。

(4) 三要素を可能とするファンド参画によるマネジメント向上効果

　上記のとおり、EBITDA改善のみならず、三要素すべてにわたってファンド参画によるマネジメント力向上が不可欠であることが明らかであるが、本項では、それがバイアウト投資の構造的要因とどのように結びついているかについて整理する。

❶ **大株主であること**

投資実行を機に、過去からの「しがらみ」にとらわれずすべての経営活動をいったんゼロベースで見直しEBITDA改善やデット減少に向けて効率化を徹底的に追求する。新たな経営目標に対して、各種施策について取締役会で迅速に意思決定をし、かつ的確な経営管理と迅速かつタイムリーな軌道修正を行う。これは、バイアウト・ファンドが株式の過半数を取得し、経営を完全にコントロールすることで初めて可能となる。また、回収時のタイミングの見極め、および回収時の高マルチプル獲得に向けたコントロール・プレミアムを用いた交渉についても、大株主としての立場を最大限に有効活用する。

❷ **経営に対する規律（ガバナンス）**

ファンドの参画は、LBOローン契約における財務コベナンツ遵守とあわせ、経営の規律を対象企業にもたらす。経営と所有の分離を明確にし、経営陣に対して一定の緊張感を与え、また企業価値に直結したインセンティブ・プランを導入することで、EBITDA改善やデット減少を目的としたKPI指標の設定と月次のモニタリングが社内に浸透・徹底する。また、上記プロセスを通じて全役職員が株主価値最大化の重要性を深く認識することで、投資回収時における、高マルチプル獲得のための投資家・戦略的パートナー選定・コミュニケーションが円滑に行われる効果も大きい。

❸ **投資期間の長さ**

3～7年後の株式価値最大化を目標とするため、短期的な利益成長のみならず、永続的な企業価値の創造を図れる企業体質への転換をサポートしていくことが可能となる。事業戦略遂行のために一時的に売上高や利益が減少したとしても、投資回収時にEBITDAが回復していれば大きな問題とはならない。むしろ、投資直後から経済環境や企業の経営状況に応じて、成長のために必要な投資を積極的に行い、投資回収時のEBITDA向上ならびに高マルチプル実現に向けた実行が組織全体の合理的判断となる。

おわりに

　以上、バイアウト投資における上場株式投資に対するアルファのメカニズムを、投資プロセスにおける付加価値と、リターンを構成する要素の二つの側面から明らかにした。上場株式とは異なり、株式価値向上を確実にコントロールでき、また多様な価値向上要素の相乗効果により、その向上度合いが高くなることは理論的にも説明可能である。

　また、プライベート・エクイティ投資のなかでも、ベンチャー・キャピタル投資が新しい事業を生み出すことによる価値創造なのに対し、バイアウト投資は既に確立された事業への三つの要素による価値向上である。経験豊富で優秀な人材を抱えるファンドとそうでないファンドの間でパフォーマンスの差が顕著に現れる点については両投資形態ともに同様であるが、バイアウト投資のほうが投資プロセスにおいてよりシステマティックな付加価値づけが可能であり、過去のトラック・レコードからファンド・マネジャーの今後の成功を推定しやすい面もある。

　バイアウト投資は、一定以上の社歴をもつ企業に対して、創業時の強力なオーナー・リーダーシップを呼び戻しかつ近代的なガバナンス・経営管理活動を付与する、ある意味で理想的な株主会社の運営形態ともいえるだろう。そして、バイアウト・ファンドのマネジャーが株式価値に連動したインセンティブを付与され案件に中長期的にコミットする仕組み、そしてこれを健全な緊張関係をもってガバナンスする投資家の存在が、その活動の質に大きな影響を及ぼしている。バイアウト投資が投資家にとって収益源泉の多様化の観点から有望なアセットであることは明らかであるが、日本における株式会社のガバナンス強化を通じた経済発展の観点からも、とりわけ日本の年金基金に積極的に参画いただけることを切に願う。

参考文献

小林和成（2013）「プライベート・エクイティ・ファンドの特徴―機関投資家の視点から―」日本バイアウト研究所編『機関投資家のためのプライベート・エクイティ』きんざい, pp.2-35.

小林和成・萩康春訳（2013）『プライベート・エクイティの投資実務―Jカーブを越えて―』きんざい．(Thomas Meyer and Pierre-Yves Mathonet (2005) *Beyond the J Curve: Managing a Portfolio of Venture Capital and Private Equity Funds*, Wiley Finance.)

白鹿博之・富田康之・村形誠治（2013）「プライベート・エクイティ・ファンドへの投資実務」日本バイアウト研究所編『機関投資家のためのプライベート・エクイティ』きんざい, pp.362-391.

マイケル・J・コーバー（1999）『プライベート・エクイティ―価値創造の投資手法―』東洋経済新報社．

Interview

バイアウト・ファンドの価値創造の源泉

キャッシュフローの改善による リターン創出

多数国間投資保証機関
長官
本田桂子氏

Q まず、バイアウト・ファンドに求められる役割と典型的な企業の価値創造についてお話し願います。

　バイアウト・ファンドの役割は、実力を出しきれない企業に変革を促すことで、企業価値をあげるということにあると思います。日本企業はコーポレート・ガバナンスが弱いという声を耳にしますが、株主が変わることによって企業価値を向上した例がいくつもあります。

　事業価値の向上の典型的なパターンには、大きくは四つあると思います。第一に、オペレーションの改善です。コスト削減も重要ですが、多くの日本企業はコスト削減をしっかりやっている場合が多いので、運転資金の最適化が有効な場合が多いのではないでしょうか。加えて、設備投資の見直しも効果的です。第二の例としては、戦略の大胆な変更で、会社を立て直す場合もあります。第三のパターンは、事業構成を見直し、一部の事業を切り離し売却したり、M&Aで事業を加えたりするなどして、事業ポートフォリオを大きく変更することにより、価値の向上を図るというものです。第四には、業界のゲームを変えて、業界再編を図るというものです。バイアウト・ファンドが日本で行った企業価値創造は、この四つすべてのパターンがあると思います。

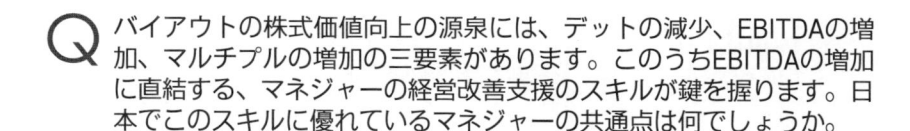

Q バイアウトの株式価値向上の源泉には、デットの減少、EBITDAの増加、マルチプルの増加の三要素があります。このうちEBITDAの増加に直結する、マネジャーの経営改善支援のスキルが鍵を握ります。日本でこのスキルに優れているマネジャーの共通点は何でしょうか。

　案件を見つけてくるというソーシング力に加え、経営改善のポテンシャルを見極めることができるかどうかが重要です。うまくいっているバイアウト・ファンドのマネジャーは、投資前から、どのような経営改善が可能なのかという仮説を立てて、デューデリジェンスを通じてその検証をしています。価値創造の源泉とポテンシャルの仮説なしに買収して、優秀な経営者を送り込むことで、価値創造を委ねるというのはあまりみたことがありません。

　経営者のネットワークや投資後のモニタリングは、どのバイアウト・ファンドもされていることで、ここで差別化はありません。

　マルチプルの増加やデットの減少だけでリターンの確保を目指すのではなく、企業価値の本源的要素であるキャッシュフローの改善によりリターンを生み出すところにバイアウト・ファンドの本質があるのではないでしょうか。

Q 今後、日本のバイアウト・ファンドに期待したい点についてお聞かせ願います。

　日本では、第二次大戦以降1989年までは、株主が"ものをいわなくても"リターンがあがる時代でした。しかし、バブル崩壊以降は、黙っていればリターンがあがる状況ではありませんので、株主が適切なコーポレート・ガバナンスを効かせることが重要な時代になっています。究極のコーポレート・ガバナンスは、経営者に適時に交代を促すことであると思います。ただし、日本の多くの株主は、それに慣れていないのではないでしょうか。これが、日本のコーポレート・ガバナンスが弱いといわれるゆえんだと思います。一般の株主が、ガバナンスを効かせることがむずかしいなかで、バイアウト・ファンドが代替してその機能を担ってもらうということはあると思います。バイアウト・ファンドを活用して、企業がさらに活性化する機会があることを期待しております。

Profile

本田桂子氏
世界銀行グループ MIGA（多数国間投資保証機関）長官

ベイン・アンド・カンパニー、リーマン・ブラザーズ証券、一橋大学国際経営戦略科客員助教授、マッキンゼー・アンド・カンパニーのディレクター（シニアパートナー）を経て、2013年7月に世界銀行グループのMIGA（多数国間投資保証機関）長官に就任（現職）。MIGAは、政治リスクとクレジットエンヘンスメントを、プライベートインベスターに提供し、発展途上国への投資を促している。お茶の水女子大学卒業。米国ペンシルバニア大学ウォートンスクール（経営学大学院）修士課程修了（MBA）。主な著訳書に『企業価値評価』（ダイヤモンド社）、『事業再生―ターンアラウンドで企業価値を高める―』（ダイヤモンド社）、『合従連衡戦略』（東洋経済新報社）などがある。

第 7 章

プライベート・エクイティ・ファンド投資開始のハードル

二つのJカーブについての考え方の整理

東京海上アセットマネジメント株式会社
プライベートエクイティ運用部部長　**久村俊幸**

はじめに

　年金基金がプライベート・エクイティ・ファンドへの投資を開始するかどうかを検討するにあたって、リターンをすぐに期待できない点と資金管理・残高管理がむずかしい点がハードルとされることがある。本章では、これらの実態と開始にあたっての考え方の整理についてまとめることとする。まず、損益推移曲線のJカーブについて、その実態と投資家が初期のマイナスを受け入れている理由について検証する。次に、投資資金のJカーブについて、投資家のエクスポージャー管理、期待リターンの平準化の観点から、投資家として注意すべき点とその対処策について述べる。

1　損益推移曲線のJカーブ

(1)　損益推移曲線のJカーブとは

　図表7-1は、あるバイアウト・ファンドにUSD10Mを投資した際の損益と設定来の内部収益率（IRR）の四半期推移を示したものである。グラフをみるとアルファベットのJの形状に似ていることから、この損益推移曲線や内部収益率推移の形状をJカーブと呼んでいる。
　投資開始数年間は、ほとんどのプライベート・エクイティ・ファンドで損益がマイナスになり、2〜3年後からプラスのリターンを認識できることを意味している。

図表7-1 損益推移曲線

（出所） 東京海上アセットマネジメント作成

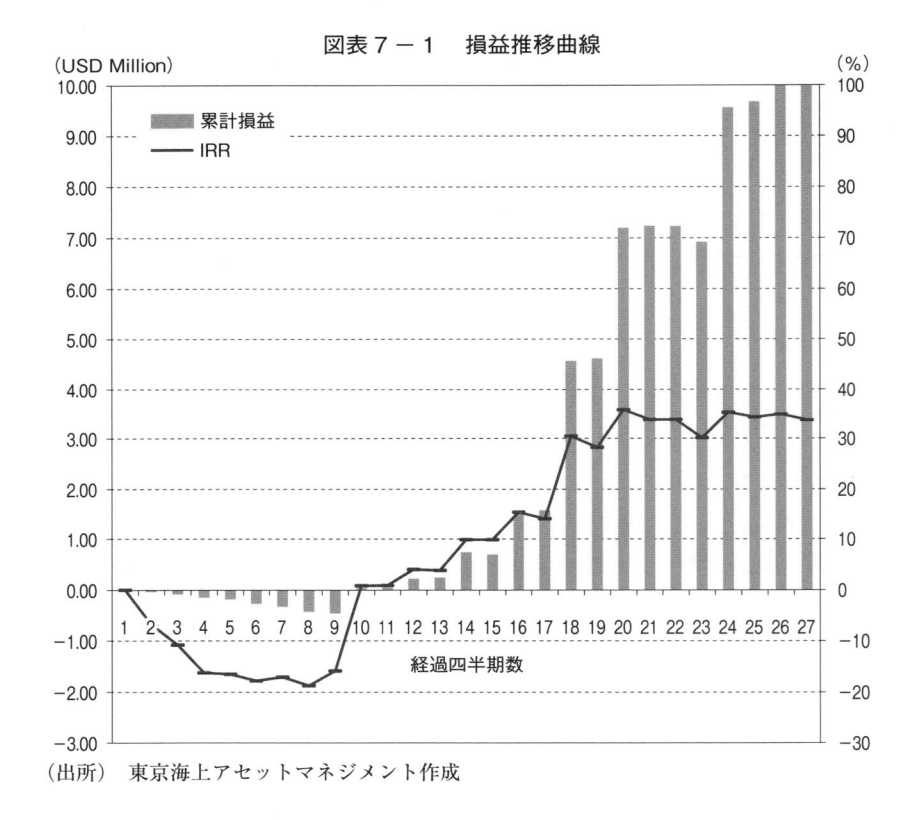

(2) プライベート・エクイティ・ファンドの損益が投資開始初期にマイナスになる理由

プライベート・エクイティ・ファンドのリターンが、初期の数年間マイナスとなる原因は以下の三つと考えられる。

①ポートフォリオの積み上げに時間を要すること
②損益認識できるようになるまで時間を要すること
③投資期間中の管理報酬は出資約束金額の2％程度かかること

数年間マイナスになる最大の理由は、リターンを生むために必要な投資の積み上げに時間を要することである。ファンドの投資先となる未上場企業の株式は、いつでもだれでも投資できるわけではなく、投資先候補の経営陣や売手となる株主との交渉など数カ月から数年間を要することもある。このためファンド設立後すぐには投資が積み上がらないこととなる。

　プライベート・エクイティ・ファンドの投資対象は、普通株式、優先株式、株主ローンなどであるが、上場していないことがほとんどであり、日々時価がついているわけではない。NAV（net asset value）評価は、米国会計基準や国際会計基準では公正価値で評価するよう定められている。実務的には、当該企業の業績、類似企業の評価指標（EBITDA倍率、PERなど）、第三者による増資時評価額などを使って評価される。これらの評価は、主として業績や事業計画の進展などによって変化するため、投資後１〜２年の間に大きく変化するケースは少ないといってよい。このため、投資初期に特別に大きく業績を伸ばしたり、短期で売却されたりしない限り、利益の計上まで時間を要することとなる。

　費用項目で最も大きいのは管理報酬と呼ばれる運用者報酬である。管理報酬の水準は、投資期間中は出資約束金額に対し2.0％、投資期間終了後は残高に対し1.5〜2.0％程度となっている。Ｊカーブのマイナス期間中の損失は、この管理報酬によるものがほとんどであり、マイナスといっても金額的には限定されたものとなる（図表７－１の例では、USD10Mの出資約束金額に対し累積損失の最大0.5M相当＝出資約束金額の５％）。

　上記を背景として、投資初期の段階ではリターンを生み出す投資案件が少ない一方、管理報酬の支払いにより経費はかかるため、単年度損益がマイナスになり、プライベート・エクイティ・ファンド投資でいわれる損益のＪカーブが発生することとなる。

(3)　投資家に受け入れられている理由

　欧米を中心とした投資家が、こうした投資初期にマイナスとなるような資産に投資を続けていることについては理由が存在する。端的にいうと、マイ

ナスといってもその額は限られている一方、最終的なリターンでは他の資産に比較して良好な結果が得られていることである。ここでは(2)に記載した損益がマイナスになる原因について一つずつ投資家が受け入れている理由について考察する。

❶投資積み上げ時間

ファンドが未上場企業に投資するためには、投資戦略に沿った対象事業・会社を探し出し、売手と経営陣に投資を受け入れてもらうための働きかけを行い、投資にあたってはデューデリジェンスの実施、売買条件の交渉、経営陣と中長期の事業戦略について合意することが必要であり、そのためには時間も人的資源も必要になる。こうしたプロセスは、良質な投資先の発掘、妥当な価格とストラクチャーでの投資、投資後の事業価値の向上には必要なものとして考えられている。拙速に投資するのではリスクが高まるだけだということを投資家は認識している。

また、ポートフォリオ構築に3～5年をかける点については、時間分散の観点から許容されている。プライベート・エクイティ・ファンドは、一度投資すると投資先の業績を中期的に伸ばしてリターンをあげていくことになることから、株式を中長期に保有する運用戦略となる。このため、ファンドのリターンは景気サイクルや、投資先企業が属する業界の需給サイクルなどの影響からは逃れられないため、ポートフォリオのリスクを軽減するために投資タイミングの分散が有用と考えられている。

こうした理由から、契約上では5～6年間の投資期間が設定され、通常の市場環境下では、3～5年程度をかけて投資先をみつけ徐々に積み上げていくことがよいとされている。

2000年前後のITバブルの際や2006年から2007年の景気がピークに向かう際に1～2年で投資を終了させたファンドも存在したが、それらのファンドの多くは集中投資リスクが顕在化し、期待されたリターンを達成できない状況になってしまった。こうした反省から、投資家の要望により1年間で投資できる上限金額をガイドラインに盛り込み、短期間に集中投資できないように規定されているファンドも存在する。

❷損益認識までの時間

　プライベート・エクイティ・ファンドの主たる手法であるバイアウト・ファンドやベンチャー・キャピタル・ファンドが、上場株式のリターンに対してアルファ（a）がとれる大きな理由の一つは、事業価値をあげるための事業戦略を投資時点で経営陣と合意し、経営陣をサポートしながら、目標達成のために株主としてガバナンスを効かせていくことにあると考えられている。この業績向上による収益を積極的にねらうことにプライベート・エクイティ・ファンド投資の妙味があり、そのために時間がかかることについて投資家は許容している。

❸管理報酬（マネジメント・フィー）

　投資家にとっては、コストが少ないに越したことはないが、リターンをあげるために必要なコストなのかどうかが問題となる。具体的には、プライベート・エクイティ・ファンドの管理報酬が、残高ではなく出資約束金額に対して課せられる点、また2％程度という率が適当なのかの二つが論点になるかと思われる。

　投資開始後1〜2年は残高が少額となるため、残高ベースで計算するのでは運用者の経費をまかなえないと考えられていることから、出資約束金額をベースにする点は投資家に広く受け入れられている。一方、率の部分については、率そのもの、運用者が投資先企業などから受け取る取締役報酬、モニタリング・フィー、シンジケーション・フィーなどと管理報酬の相殺など、手数料体系は常に投資家と運用者の間でせめぎ合い、交渉が行われている。交渉にあたっては、そのマネジャーのトラック・レコード、手法として期待されるリターンとの兼ね合い、募集金額、投資家の投資意欲などを背景として、その時々の市場が受け入れられる水準に決まっているのが現状である。

　Jカーブのマイナス期間がないに越したことはないが、プライベート・エクイティ・ファンドで期待される良好なリターンをあげるためには構造上やむをえないと投資家は考えている。プライベート・エクイティ・ファンドのポートフォリオを構築し始めて3〜4年でマイナスの期間は終了するが、その後はポートフォリオのリターンが、管理報酬を大きく上回ることになり、

その段階まで達すればポートフォリオとしてのＪカーブ問題はあまり意識されることはなくなるであろう。

(4) 時間加重平均と内部収益率

　プライベート・エクイティ・ファンドのリターン計測では、内部収益率（IRR）が用いられている。プライベート・エクイティ・ファンドでは、コミット額の範囲で運用会社がタイミングをコントロールすること、当初はフルインベストではなく徐々に金額が積み上がり、また徐々に回収が進んでいく形式のため、一定の金額を中長期に委託する運用とは異なる計測方法がとられている。

　一方、伝統的資産の運用で運用者の成績を評価する際には時間加重平均リターンが用いられている。これは資金の出し入れについては投資家が責任を負っているため金額加重の要素を含む内部収益率のようなリターンであると、投資家サイドが負っている資金の委託、引上げのタイミングリスクが含まれてしまうからである。

　もし、プライベート・エクイティ・ファンドを時間加重平均で評価すると、当初の２～３年は投資残高対比の管理報酬が大きくなるため、マイナスの率は大きくなる。これらを金額加重の要素を含まない時間加重平均で計測するとマイナス側に偏った結果が得られてしまい運用の成果を正しく示さなくなってしまう。資産を横串で評価するためにどうしても時間加重平均を使用しなければならないのであれば、分母は当初からコミット額にするのも一つの解決策である。

(5) プライベート・エクイティ・ファンド投資初期のパフォーマンス計測

　Ｊカーブは受け入れるとしても、投資を開始してから数年間、「Ｊカーブのマイナス期間中なのでリターンに意味はない」と片付けるのでは説明責任を果たしているとはいいにくい。

　初期の段階でどのような数値に着目してポートフォリオの状況を把握し、

報告することが可能であろうか。一つは、投資額の積み上げペースをモデル対比で評価することができる。そして、リターンを生む投資が順調に進んでいるかどうかをチェックする。

リターンについては、ビンテージ・イヤー別のくくりで集計すると、3年目頃にはポートフォリオ全体はマイナスであっても初年度のビンテージではプラスに転じているというようなことのフォローが可能である。さらに、投資先企業ベースまでデータを集計できる投資顧問会社などにポートフォリオ管理を委託していれば、投資先企業ベースで投資年ごとに集計し、2年目には順調に評価額を伸ばしているのかどうかもチェックできる。

② 資金管理上のJカーブ

(1) 資金フロー

図表7-2は、あるバイアウト・ファンドの毎年の資金フローとNAV推移を示している。この資金フローの形状もJカーブと呼ばれることがある。プライベート・エクイティ・ファンド投資では、伝統資産への投資と異なり以下の特徴があり、資金フローおよび残高の管理がむずかしいとされている。

　①払込みのタイミング、金額は運用者による案件開拓の進捗状況次第
　②回収も運用者による投資証券の売却次第
　③償還請求は不可

(2) モデルポートフォリオによる中長期予測

個々のファンドの資金フローを予測することは、個別性が高すぎて実務上は困難であるが、複数のプライベート・エクイティ・ファンドからなるポートフォリオであれば、個別性が相殺されるため、モデルを作成することにより数年先までの入出金、残高についてある程度意味のある予測が可能になる。例えば、毎年50億円を出資約束する場合、投資開始後6～7年目に、毎

図表7-2　プライベート・エクイティ・ファンドの単年度資金フローとNAV推移

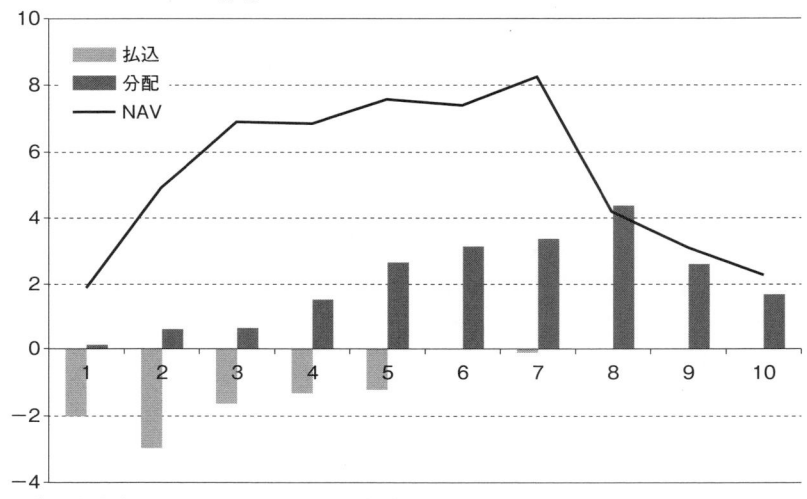

（出所）　東京海上アセットマネジメント作成

年の出資約束金額の4倍、約200億円の残高に達し、以降200億円前後の残高を維持するようなイメージとなる。

(3) 短期の予測

　今後1年間の予測については、中長期予測を基本として、市場動向の要因で調整することが現実的である。投資に関しては、M&A市場の活性度、ファイナンスの獲得しやすさなどが影響することとなる。一方、回収に関しては、投資先企業の育成の進展、回収を行う先である株式公開（IPO）市場の活況度、M&A市場におけるファンドや事業会社の買収意欲の活性度などによってその時期や金額は左右される。

　さらに3カ月先までであれば、運用者の意図を確認することも有用なことがある。ただし、運用者は確定していない投資・回収の時期や金額は開示しない方針のところもあるし、また、そもそも運用者の意図どおりに投資・回

収できるわけではないので、正確な予測はむずかしいことには留意が必要となる。

(4) ポートフォリオ構築にあたって投資家が注意すべきポイント

❶残高目標と毎年の出資約束金額

投資家のアロケーション目標の対象はNAVになることが多いと思われる。投資・回収のコントロールがむずかしいからといって、あまり保守的になって毎年のコミット額を抑えてしまうと、目標のNAVに到達しなくなってしまう可能性がある。残高目標額の4分の1程度の金額を毎年出資約束すると6～7年目に目標残高に到達するイメージをもてばよい。投資計画が進めば、実際の入出金額、NAV推移、市場動向を勘案して出資約束のペースを多少増減させることも必要になってこよう。

❷時間分散（ビンテージ分散）

残高100億円以上を目指すのであれば、極力毎年同じような額をコミットすることが理想とされている。これはプライベート・エクイティ・ファンド投資が基本的に株式のロング戦略であり、一度作成したポートフォリオの組み替えがむずかしいという制約があるなか、ファンドへの出資約束について時間分散を図ることが重要とされているからである。過去のビンテージ・イヤー別リターンの推移をみるとビンテージ・イヤーごとにリターンにばらつきがあり、時間分散させる意味があることがわかる。

また、個々のファンドは3～4年に一度しか募集されないため、ある年に出資約束を集中させてしまうと投資家自ら選択できるファンドユニバースを狭めることになるため、毎年出資約束の予算枠をもつことが重要になってくることも、毎年の出資約束継続が推奨される理由となっている。

もう少し少額のポートフォリオを組もうとする投資家の場合、毎年継続的な出資約束を行うのはむずかしくなる。その場合には、ファンドへの払込額が年によって大きくぶれないように3～4年間の合計出資約束金額を同額にするような管理方法も有効である。出資約束金額ではなく、毎年の払込額をなるべく平準化させることをねらいとしている。

なお、ファンド・オブ・ファンズを利用する投資家も多い。この場合、ファンド・オブ・ファンズ自体が2〜3年かけて出資約束をしていく構造になるため、投資家は時間分散のために毎年出資約束する必要はない。残高目標が小さい投資家はリスク分散のためにもファンド・オブ・ファンズの利用は有効である。

おわりに

　プライベート・エクイティ・ファンド投資に期待されるリターンの本質的な源泉は、投資している間の事業の成長・改善によるキャッシュフローの増加と投資時点と回収時点の評価倍率の差ととらえられる。プライベート・エクイティ・ファンドに投資をする投資家はこの点に着目し、ファンド選定をする際に、投資候補企業を発掘し、事業成長・改善をサポートできるスキルと経験をもち、評価倍率が割高となっているような市場環境下でも投資規律を保つことができるマネジャーを選ぶことによって期待されるリターンを獲得することができる。

　Jカーブの障害を正面から克服するためには、「プライベート・エクイティ投資においては、リターンをあげるための案件開拓には時間を要し、収益の主たる源泉である、事業の成長や改善には時間がかかる」ことについて組織内で理解を得られるかどうかがポイントになるであろう。

　プライベート・エクイティ投資を始めた後に陥る誤りがある。ファンド投資家が市場タイミングをとろうとして毎年のコミット額の増減や特定の投資手法に傾斜させようとすることである。プライベート・エクイティ・ファンド投資では、出資約束のタイミングは投資家が決められるものの、投資と回収のタイミングは運用者がコントロールする。このため投資家による市場タイミングのコントロールがむずかしいだけでなく、運用者のタイミングのとり方と重なると過度な集中が起きることもある。投資タイミングは市場動向をよく理解し投資規律をもった運用者に任せ、ファンド投資家はなるべく時間分散を図れるように出資約束金額をコントロールすることが中長期的に期待リターンを達成する方法である。

Interview

プライベート・エクイティ・ファンドの Jカーブに対する考え方

毎年継続してコンスタントに新規コミットを行うことが鍵

株式会社日本政策投資銀行
企業投資部
ファンド投資班 課長
白鹿博之氏

DBJアセットマネジメント
株式会社
投資運用部 部長
小森慶一氏

Q 日本政策投資銀行では、いつ頃からプライベート・エクイティ・ファンドへの投資を行っていますでしょうか。また、「Jカーブ」の長いあるいは深いファンドにも投資をしていますでしょうか。

白鹿 日本政策投資銀行には、さまざまな部署があり、不動産やプロジェクトファイナンスへの投融資などを手がける部署もあります。そのなかで、当部署では企業向けのプライベート・エクイティ・ファンドへの投資を手がけています。

2002年に再生ファンドへの投資から開始していますが、日本の投資案件が徐々に再生案件からバイアウト案件に変わっていくとともに、投資の対象もバイアウト・ファンドにシフトしてきました。2008年10月の民営化以降は、欧米・アジアを中心とする海外のプライベート・エクイティ・ファンドへの投資も開始しました。

現在保有しているプライベート・エクイティ・ファンドの資産は、バイアウト・ファンドやグロース・キャピタル・ファンドなど、Jカーブが深いファンドが中心です。ただし、経済環境の変化や市場動向によっては、メザニン・ファンド、ディストレスト・ファンド、セカンダリー・ファンドなど、Jカーブが浅いファンドにも投資を行っております。なお、ベンチャー・キャピタル・ファンドについては、他のセクションで対応しております。

組織体制については、これまで5～6名のフロント・メンバーでプライベート・エクイティ・ファンドへの投資を手がけてきました。2014年4月からは、銀行本体で行っていたプライベート・エクイティ・ファンドへの投資業務を、100％子会社のDBJアセットマネジメントに集約しております。

Q バイアウト・ファンド、グロース・キャピタル・ファンド、ベンチャー・キャピタル・ファンドに存在する「Jカーブ」についてはどのようにお考えでしょうか。

白鹿　弊行は、2002年から始めていますので、現在、Jカーブを克服しており、期間損益もプラスに転じております。過去の経験則からお話ししますと、アセットの積み上げのタイミングではJカーブが発生していましたが、現在は、地域別でも、日本・欧米・アジアのいずれもJカーブを克服しており、巡航速度に入っております。地域別にコミット時期に違いがありながらも、初期の頃にコミットした日本のプライベート・エクイティ・ファンドの回収・利益が、後から開始した海外のプライベート・エクイティ・ファンドのJカーブをカバーするかたちになっており、継続的にコミットしていれば、ある程度の時間が経過するとJカーブは気にならなくなります。

　注意点としては、例えば、新規のコミットを年間100億円→200億円→300億円と急激に増やしすぎるとJカーブが深くなりすぎてしまいますので、ある程度同じ金額のコミットを毎年コンスタントに継続していくということがJカーブを回避するには効果的と思います。また、金融危機などが起こった際に、しばらく投資を凍結・休止してしまうと、再開のタイミングでJカーブが発生してしまいますので、その意味でも継続的にコミットするという視点は大切です。

小森　Jカーブを回避したいという意向をおもちの投資家には、ビンテージ分散をお勧めします。また、アセットが限られている投資家は、Jカーブが浅いメザニン・ファンドなどのアセットから手がけることも効果的です。

　資金の余裕度でいうと、資産規模が大きな年金基金は、当初はJカーブが浅いものから開始し、一定程度のポートフォリオが積み上がって巡航速度に入ってきたら、バイアウトなどのJカーブが深いものも開始するという方法も一手段で

す。一方で、アセットも限られており、数年に一度しかコミットできないような資産規模が小さい年金基金にとっては、メザニン・ファンドやセカンダリー・ファンドなどは魅力的なものになるかと思います。また、リソースが限られている投資家にとっては、ファンド・オブ・ファンズへの投資も限られたリソースで分散効果を得る、一つの有効な手段になりうると思います。

Q プライベート・エクイティ・ファンドへの投資を継続するうえで、資金管理やリスク管理において留意すべき点はありますでしょうか。

小森　通常、プライベート・エクイティ・ファンドはキャピタル・コール方式で設計され、キャピタル・コールとディストリビューション（分配）が不定期に発生しますので、そのキャッシュフローの管理が非常に重要になってきます。

　株式の代替という位置づけでプライベート・エクイティ・ファンドへの投資を行っていますと、急なキャピタル・コールがあったときに、限られた日数のなかでどのように株式を現金化して資金を確保するのかについて、前もって柔軟性のある対応方法を決めておくというのが非常に大切になってきます。

　入出金をいかに効率的に行っていくかは肝要で、キャッシュフロー管理の巧拙がポートフォリオ全体のパフォーマンスに影響してきます。初めての投資家にとっては戸惑う可能性もありますので、信託銀行などのアドバイザーに助言を求めながら対応を行うとよいでしょう。

　プライベート・エクイティのリスクについては、入出金の事務が煩雑であり、投資のキャピタル・コール以外にも管理報酬（マネジメント・フィー）の支払いが期末に集中するなど、オペレーション・リスクが高いと考えられます。

　また、四半期に一度のパフォーマンス管理の際には、プライベート・エクイティ・ファンドはNAV（純資産価格）が出てくるのが遅いという特性もあり、統合的にリスク管理を行いたいという投資家にとっては、この点を事前によく理解しておく必要があります。

Q 今後、これから新たにプライベート・エクイティ・ファンドへの投資を検討する、日本の年金基金の方々へのメッセージをお願いします。

小森 伝統的資産を中心とするアセットクラスと比較すると、プライベート・エクイティ・ファンドは、バイアウト、メザニン、ディストレストなど、戦略の種類も非常に豊富です。また、Jカーブやリスク・リターンの特性が異なる商品設計があり、年金基金の財政状態に合った戦略プランを模索できる可能性も高いと思いますので、食わず嫌いになることなく、専門家などの意見も取り入れながらご検討いただければと思います。

白鹿 プライベート・エクイティの市場は経済状況やM&A市場の動向などにより左右されるので、継続的にビンテージ分散を行って運用していくという視点がとても大切だと思います。それがある程度実現できて、開始後一定期間を過ぎて巡航速度に入れば、Jカーブ問題もかなり小さくなるのではないでしょうか。

また、プライベート・エクイティ・ファンドは10年間という長期投資となり、その間のイベント・リスクは常にありますので、不況期にリターンを稼げるファンドなども含め、いろいろな戦略のファンドに分散して入れておくのもよいでしょう。さらに、一つのファンドや一つの投資先企業での勝ち負けの視点よりも、プライベート・エクイティ・ファンド向けポートフォリオ全体で負けないように、安定的なリターンを確保できるように、ポートフォリオを構築していくことが大切だと考えております。

Profile

白鹿博之氏
株式会社日本政策投資銀行 企業投資部 ファンド投資班 課長
1998年慶應義塾大学経済学部卒業。同年日本開発銀行（現株式会社日本政策投資銀行）入行。出融資部店、審査部、総務省出向などを経て、2007年より現職。国内外のプライベート・エクイティ投資に従事。

小森慶一氏
DBJアセットマネジメント株式会社 投資運用部 部長
ワトソンワイアット（現タワーズワトソン）において機関投資家向けの資産運用コンサルティング業務に従事した後、日本政策投資銀行（DBJ）入行。DBJで、海外企業およびファンドへの投資業務等を行った後、2013年より現職。東京大学工学部卒業、同大学院工学系研究科修了。ミシガン大学経営大学院修了（MBA）。

第 8 章

プライベート・エクイティ・ファンドの流動性とセカンダリー取引

ファンド持分の流動化の意義と譲渡プロセス

三井住友信託銀行株式会社
投資金融部 投資金融開発部長　**増田　徹**

はじめに

　セカンダリー取引とは、主としてプライベート・エクイティ・ファンドの持分の売買、または未公開会社への投資プールなどの市場外取引を通じて、投資家の売却、あるいは投資目的を充足させる取引である。2000年代初頭までは、プライベート・エクイティ・ファンドの持分取引はセカンダリー投資特化型ファンドなどのプロの投資家が主たる買手となる取引であり、セカンダリー投資を志向する投資家はこれらのプロの運用者が設定するファンドへの投資を通じ間接的にセカンダリー取引に参画していた。

　しかしながら、2008年のリーマン・ショック前後からは、プライベート・エクイティ・ファンド持分のセカンダリー市場は一般的な投資家も買手として参加する市場になりつつあり、本邦年金基金においても売手、または買手として当該市場に参加するケースが散見されるようになった。本章では、プライベート・エクイティ・ファンド投資におけるセカンダリー取引市場の活用について触れることとする。

1　プライベート・エクイティ・ファンドの流動化の概要

(1) プライベート・エクイティ・ファンドの流動性

　プライベート・エクイティ・ファンドは、未公開株式に対して中長期的な資本コミットメントを行うとともに、経営支援を通じて投資先企業の企業価

値を改善し、所定の期間の保有を経て投下資本の増殖と資金回収を行うことを基本的な投資行動としている。かかる保有期間中においては、プライベート・エクイティ・ファンドは期待される企業成長を確保するために不確定要素を逓減する目的で、他の株主からの干渉や配当要求を排除し、資金調達面でも安定的なコミットメントを行う。つまり、プライベート・エクイティ・ファンドは所定の経営目標を達成し、投下資本の回収を行うまでは配当の実施に関し消極的となる場合が多い。

　また、プライベート・エクイティ・ファンドでは、市場取引のない未公開企業への投資を行うことから、投資機会を随時、随意に選定し投資を行うことが困難であり、投資効率を改善するために投資機会を発掘するつど投資家からの出資履行を受け入れるキャピタル・コール方式での出資受入方法が一般的である。このようなキャピタル・コール方式をとるプライベート・エクイティ・ファンドの資金募集は、必要なタイミングでコールに応じることができる信用力をもつ投資家にのみアクセスを開放するクローズ型の資金募集を行うことが一般的であり、また募集後においても投資ポートフォリオの情報開示は投資家宛てに限定されている。

　このような募集、投資、資金回収形態をとるプライベート・エクイティ・ファンドは、通常未上場のクローズド・エンド型ファンドの形態をとることが多く、市場取引は困難である。また、情報開示が投資家以外には制約されていることから、資産価値を取得するためにはポートフォリオの情報入手から開始する必要があり、このためには、ファンド・マネジャーから情報取得に関する承諾を得たうえで分析を開始する必要がある。

　したがって、既存のプライベート・エクイティ・ファンドの売買は、時価情報の不在、ファンド・マネジャーからの事前承認などの譲渡制限、投資先ポートフォリオの情報開示における制約などの要因が存在し、不特定多数の参加者が売買に参加することがむずかしいものとなっている。このような背景を有することから、プライベート・エクイティ・ファンドの流動性は低いものとなっており、また売買時の取引価額に関しても純資産額対比でディスカウント取引となることも散見される。

図表8－1　プライベート・エクイティ特化上場投資信託の時価総額と時価総額／純資産額（2014年5月1日現在）

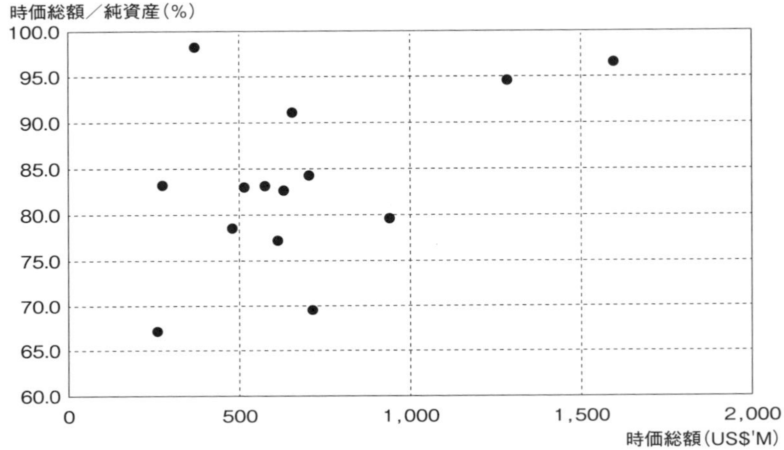
時価総額／純資産（%）
100.0
95.0
90.0
85.0
80.0
75.0
70.0
65.0
60.0
0
500
1,000
1,500
2,000
時価総額（US$'M）

（注）　記銘柄はLPEQ（Listed Private Equity）に加盟する上場プライベート・エクイティ・ファンドを筆者が抽出。時価総額／純資産額の数値は会社データなどに基づき算出。
（出所）　三井住友信託銀行作成

図表8－1は、欧州市場を中心に複数存在しているプライベート・エクイティ特化上場投資信託の時価総額と時価総額／純資産額を示したものであるが、上場するプライベート・エクイティ投信14銘柄すべてが純資産対比ディスカウントで取引されている。このような取引価額実勢は、流動性の低い原資産への投資を行う上場投資ビークルにおいても、限定的な情報開示状況や不確実性が存在するキャッシュフローを反映し、ディスカウントベースでの価格形成に至っているものと考えられる。

(2)　多様な流動化ニーズ

一般的には流動性が低いとされるプライベート・エクイティ・ファンドや未公開株式の譲渡がなぜ発生するのであろうか。以下は、売手の観点からみた場合のプライベート・エクイティ・ファンドの売却ニーズを列挙したものである。

❶運用方針の変更

　投資家が何らかの事由によりプライベート・エクイティ・ファンドへの投資に関する運用方針を変更し、ポートフォリオの縮小を行う事例は決して少なくはない。例えば、投資家の首脳陣の変更により、流動性の低い資産の縮小を行う場合や、外部への裁量に任せる投資資産を減少させることなどもある。この場合においては、かかる変更により生じるコストと変更の必然性を売手である投資家は検討したうえで譲渡を決定するものであり、決して売却ありきの意思決定とは限らない。また、これと似た事例として、投資家が他社と合併した場合に、プライベート・エクイティ・ファンドの売却を検討する場合がある。特に金融機関や事業法人などの場合には、新たな事業戦略の検討において資本コストが高率なプライベート・エクイティ・ファンド投資から撤退する場合もあり、本邦でもこのようなケースが一部みられている。

❷外的要因によるプライベート・エクイティ・ファンド売却

　外的要因によるプライベート・エクイティ・ファンドの売却の最も典型的な事例は、規制や法令の変更などに起因し、プライベート・エクイティ・ファンドの投資家が何らかのタイムラインで資産を売却する必要性が生じる場合であり、近時では金融業界に対する規制強化の結果として欧米金融機関を中心にプライベート・エクイティ・ファンドなどの資産を売却しているケースがこれに該当する事例と考えられる。この場合、売手は法規制などの施行までに資産売却を行う必要があるが、一方で、売却資産額が大きい場合には入札を通じて多数の買手候補とより有利な取引条件を引き出す努力を行う場合が多く、プロ投資家間での取引となっている。

　これと類似した事例としては、投資家が破綻にひんし資金繰りのために資産売却を余儀なくされる場合や、実際に破綻し資産処分が管財人などの手に渡る場合がある。この場合においては、単に売手となる投資家やその債権者だけではなく、キャピタル・コールの権利を有するジェネラル・パートナーも関係人として関与するものとなり、特にジェネラル・パートナーは、自ら出資履行の確実性の観点から新たな投資家を招聘し、当該投資家が参加している持分の取得を促すなどより積極的な行為をする場合もある。

❸プライベート・エクイティ・ファンド内におけるアクティブ・マネジメント

　運用方針の変更とやや類似したケースであるが、プライベート・エクイティ投資に積極的な米国の、大手公的年金基金の一部では、プライベート・エクイティ・ファンド・マネジャーの入替えをねらいセカンダリー取引を活用して実施している。この場合の事由としては、プライベート・エクイティ・ファンドへのアロケーションの比率は（年度により変動はあるが）一定の水準を維持するものの、新たなコミットメントを行うために既存ポートフォリオの一部を売却したり、過度な分散の結果パフォーマンスが低下しているものとの判断からマネジャーの集約を図ったりしているもようである。このような行為は、仮にディスカウントによる売却を行う場合にやや矛盾した行為にみえるが、ある判断と予想の下では合理性を有するものであり、次項において触れたいと思う。

(3) 持分流動化の意義

　前節において、米国の一部大手公的年金がセカンダリー取引を通じて、アクティブにポートフォリオ・マネジメントを行っていることに触れたが、そもそもこのようなことは可能であろうか。

　米国の場合、プライベート・エクイティ・ファンド持分の純資産額の計算にあたり、未公開株式を含めたファンドの資産を公正市場価値により評価する。仮に未公開株式などの市場性がない資産であっても、その評価額は類似業種比準方式、DCF方式などの評価手法を用いて評価替えを行うために、プライベート・エクイティ・ファンドの経営支援などの効果が業績の改善に寄与した場合には評価額が増加する。したがって、順調に投資先企業の付加価値創出に成功しているファンドの場合、プライベート・エクイティ・ファンドの評価損益を含めた累積リターンは分配金の効果を考慮しなくとも改善するものと考えられる。

　この場合の評価損益を含めた投資以来のパフォーマンス推移（IRR）は右のような形状となるものと考えられる。ある投資家が将来予想リターン推移

図表 8 − 2　ある時点で同一リターン水準にある複数のプライベート・エクイティ・
　　　　　　ファンドの将来リターン予想の概念図

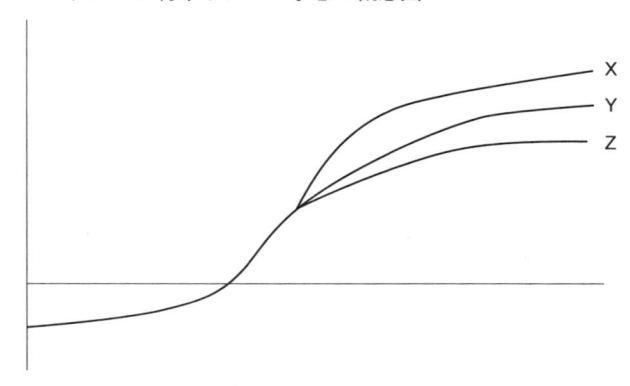

X：IRRは20％まで上昇
Y：IRRは15％まで上昇
Z：IRRは10％でフラット

（出所）　三井住友信託銀行作成

の異なるX、Y、Zの三つのファンドを保有しているとしよう。このなかでもファンドZは将来IRRがフラット（つまり今後のリターンは現時点の達成レベルから内部収益率の観点では改善しない）となる蓋然性が高いと考えられているものとする。

　バイアウト・ファンドを中心にしたプライベート・エクイティ・ファンドの目標リターンはネットベースで15％程度が一般的と考えられるが、上記ケースではX、Yの場合にはこの目標リターンと同等以上の最終リターンが期待できる。しかしながら、ファンドZではこれ以上のリターンの改善は期待できず、ファンドの存続期間の終了まで10％のリターン水準を受け入れるしかない状況にある。

　このような投資家が自らのポートフォリオのリターン改善を図る場合に資産の入替えを図ることは自然なことであり、売却価額が妥当であればファンドZを売却し、新たに期待リターンが目標リターンを超過する期待が高いファンドの組入れを行うほうが合理的と考えてもおかしくはない。

第 8 章　プライベート・エクイティ・ファンドの流動性とセカンダリー取引

一方で、期待リターンが将来的にも10%の水準しか維持できないファンドZについて買手は存在するのであろうか。すべてのプライベート・エクイティ・ファンドの投資家が同一目線の目標リターンを設定しており、かつ資本構成（資本コスト）が同一である場合には、買手となる投資家はファンドZの将来キャッシュフローを売手よりも強気にみている投資家に限られる。

　プライベート・エクイティ・ファンドの保有資産の将来キャッシュフローは個別投資案件の出口タイミング、売却時の取引水準など不確実な要素が存在しており、これを保守的に評価するか、楽観的に評価するかにより異なるキャッシュフローとなる。また、原資産が未公開企業であることから公開情報は限定的であり、個別資産の業況や出口戦略などの情報量の差によりその評価は変わってくる。セカンダリー取引の売買当事者は、より確実性の高い将来キャッシュフロー判断のための個別企業情報の確保、ならびに的確な判断が求められるものとなる。

　また、資本コストが異なる投資家が存在する場合には様相は異なってくる。例えば、セカンダリー特化型ファンドの場合、プライベート・エクイティ・ファンドのポートフォリオ買取りに一部外部借入金を用いてファイナンスを行っている場合があり、この場合には原資産の期待リターンが低くても、レバレッジを活用することで目標とするリターン確保をねらった投資活動を行うことも考えられる。

　以上は期待リターンの改善を目的とした、ポートフォリオ入替えにおけるセカンダリー取引の活用事例であるが、これ以外にもポートフォリオ・マネジメントの効率化、マネジャー選定戦略の変更を目的としたセカンダリー取引の活用もある。

　例えば、大規模なプライベート・エクイティ・ファンドのポートフォリオの運用を行う投資家の場合、モニタリングすべきプライベート・エクイティ・ファンド・マネジャーも多数存在している。市場環境が順調な場合にはモニタリング負担も大きくはないが、金融危機以降のプライベート・エクイティ業界の動向は巡航状態とは言いがたく、かかる管理負担軽減を目的にプライベート・エクイティ・ファンドのマネジャーの集約を図る動きがあっ

た。この際に用いうる方法としては、マネジャーの再評価、ポートフォリオの見直しを実施し、一部は管理専門に起用したゲートキーパーにモニタリングを委託するとともに、一部はセカンダリー取引を用いて売却を実施、当該売却を通じて回収した資本はコア・マネジャー群への今後の投資額を拡大し効率的にポートフォリオを再構築する戦略である。

　逆に、セカンダリー取引を通じてポートフォリオの構築をスタートする場合もある。本邦年金基金がプライベート・エクイティ投資にあたりその実施に踏み切れない事由としては、低流動性、長期の運用期間、Ｊカーブによる初期のマイナス・リターンなどがあげられる。これは、年金基金に限らず、金融機関においても、「なぜ投資後数年間マイナス・リターンとなる投資を行うか」に関する議論が内部で生じてもおかしくはない。

　プライベート・エクイティ投資を開始する投資家にとり、セカンダリー投資は長期の運用期間とＪカーブ効果の初期のマイナス・リターンの二つの課題を解決する方法となりえるうえに、低流動性に関しても自らプライベート・エクイティ・ファンドの買取りを実施する場合には買手がつけばプライベート・エクイティ・ファンドの流動化が可能であることを内部機関に提示することができる。

　具体的なプライマリーのプライベート・エクイティ・ファンド投資と仮に同じファンドを運用期間中にセカンダリーで取得したものと仮定した場合での比較を行ってみたい。図表8－3は、弊社にて2000年に実施したX社のバイアウト・ファンドのIRR推移であるが、プライマリー投資としてのリターンは1.86倍、IRR32.8％であり、一般的には成功ファンドといってもよい。ただし、投資初期の段階における投資損益はマイナス・スタートであり、投資後2年目にようやくプラス・リターンを達成していることからＪカーブが発生していることが認められる。

　一方、本ファンドの持分を、セカンダリー取引を通じて2004年に10％のプレミアムを支払い取得した場合、投資倍率は1.43倍でありプライマリー投資には劣るが、投資後半年以内にパフォーマンスはプラスに転じ、かつ期間満了時のIRRは43.9％を確保している。

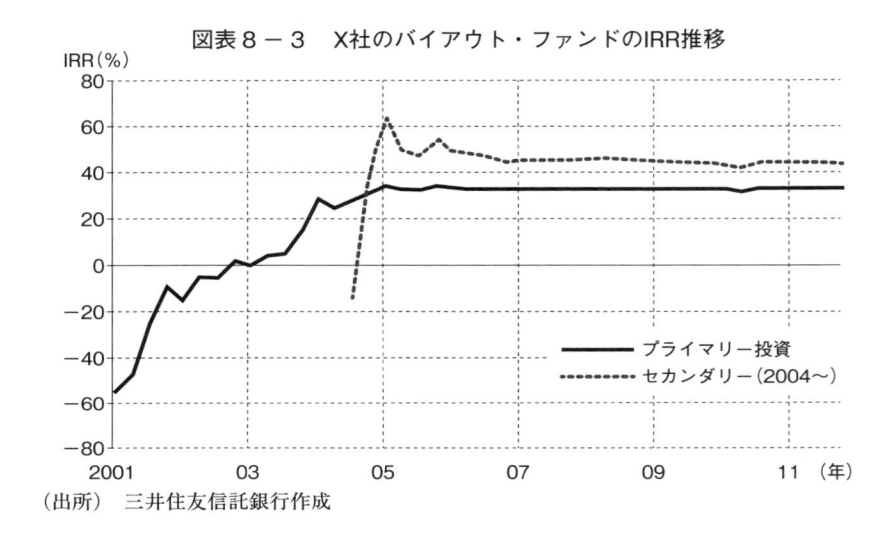

図表8－3　X社のバイアウト・ファンドのIRR推移

（出所）　三井住友信託銀行作成

　上記のようにセカンダリー投資の場合、早期の期間利益創出が期待できるほか、最終的な投資損益のブレもプライマリー投資と比較した場合に小さくなりやすいことから、プライベート・エクイティ投資を開始する投資家にとり選択肢の一つとなりうる。ただし、プライマリー・ファンド投資と比較し、セカンダリー投資は高いスキルや知識を要求されるために、単独でこれを行う場合には、専門的なアドバイザーや投資顧問会社、信託銀行などを活用するか、あるいはセカンダリー特化型ファンドへの投資を通じてセカンダリー投資を行う方法も検討すべきであろう。

2　セカンダリー取引における実務

(1)　プライベート・エクイティ・ファンド持分の譲渡プロセス

　図表8－4は、買手側からみた場合のセカンダリー取引の流れであるが、売手側においても同様のプロセスが存在しており、表裏一体の関係ともいえる。

　プライベート・エクイティ・ファンド持分の譲渡は、売手、買手、ならび

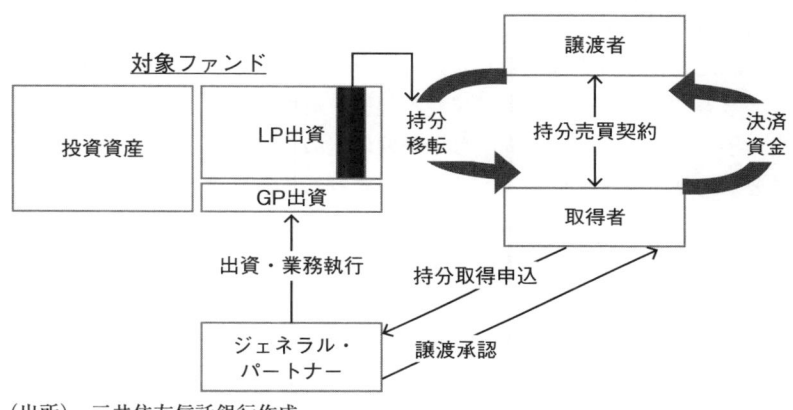

図表8－4　プライベート・エクイティ・ファンド持分の譲渡プロセス

```
対象ファンド
┌─────────┬─────────┐          譲渡者
│         │  LP出資  │──持分──┐  ↑↓
│ 投資資産 │─────────│  移転   持分売買契約  決済
│         │  GP出資  │          ↑↓     資金
└─────────┴─────────┘          取得者
        ↑出資・業務執行   ↑持分取得申込  ↑
     ジェネラル・      譲渡承認
     パートナー
```

（出所）　三井住友信託銀行作成

にジェネラル・パートナーの最低三者から構成される取引となる。ジェネラル・パートナーが取引に介在する第一の事由は、私募の取引であるプライベート・エクイティ・ファンドに新たに参加する買手を招聘した結果、当該ファンドが証券取引法、金融商品取引法などの各種法令に抵触する可能性がないかをチェックするためであるが、買手がジェネラル・パートナーの同業者である場合など一般通念的にふさわしくない場合においても取引がジェネラル・パートナーの意向により制限される場合があることは留意する必要がある事項といえる。

❶取引対象の特定

セカンダリー取引においてもプライマリー・ベースでのプライベート・エクイティ・ファンド選定と同様にファンド・マネジャーの評価・選定は非常に重要な事項である。これは、取得したプライベート・エクイティ・ファンドの投資後における投資先企業の育成、経営指導はマネジャーの力量によるところが大きく、また出口戦略についてもファンド・マネジャーの裁量に負うものであるからである。

❷対象ファンドの情報入手

　取引対象のファンドを確定し、かかるファンドのセカンダリー取得の機会が得られた場合、買手は売手に対し、出資約束金額などの取引規模の確認を行うとともに、売手との間で守秘義務契約を締結しファンド評価に必要な情報を入手する。この際に、売手は原契約に定められている守秘義務を遵守する必要もあり、ジェネラル・パートナーに対して持分譲渡を検討していることを通知し、買手に対して情報開示を行うことに関し承諾を得ることが、取引をスムーズに行うために重要であろう。

❸対象ファンドの評価

　セカンダリー投資を検討する、多くの投資家の場合には、取引対象となるプライベート・エクイティ・ファンドの保有する資産の想定出口価額、時期を推定し、個別資産の積上により将来キャッシュフローを試算する。また、対象ファンドの出資約束金額に対して未履行出資約束金額が存在する場合には、過去のマネジャーの投資実績などを勘案し将来キャッシュフローに加算する必要があるため、上記のマネジャーの運用実績を熟知していることは価格査定の際に重要な事項となる。

❹取引条件の交渉

　対象ファンドの評価額を算定後に買手は売手に対し取得希望価額、条件を提示する。なお、入札の場合には、かかる提示プロセスが、拘束性のない（non-binding）価格を提示し取得希望の強さを示し、その後複数者、または単独の取引条件交渉に入る。セカンダリー取引では、価格のみが取引条件として認識されやすいが、実際には、決済方法（例えば決済資金の繰延べ）、決済日なども取得後のパフォーマンスの変動要素となる重要な事項であることを忘れてはならない。

❺売買契約

　ファンドの持分移転は売手と買手が締結する売買契約（sales & purchase agreement）、ジェネラル・パートナーを含めた三者間の持分移転契約書（transfer agreement：ジェネラル・パートナーの同意文章を含む）、買手がジェネラル・パートナーに差し入れる出資申込書（subscription agreement）など

から構成される。なお、出資申込書は買手が当該ファンドに投資家として参加するための適格性、適法性を示す表明保証を兼ねるものであり、当該申込書（ないしは同等物）の差し入れなくジェネラル・パートナーからの承諾を得ることはできないことには留意する必要がある。

　上記の譲渡プロセスを売手の視点からみた場合、買手の要求する情報開示におけるジェネラル・パートナーとの調整、守秘義務契約書の交渉、価格交渉、売買契約書の締結、譲渡に関するジェネラル・パートナーへの通知、承認など、一般的な上場有価証券の売買とは異なるプロセスに対応する必要がある。反復継続的にプライベート・エクイティ・ファンドの譲渡を行うことのない年金基金がファンド持分の譲渡を行う場合には、これらの取引に通暁した専門機関の活用を視野に入れることをお勧めしたい。

(2)　取引価額決定時の留意点

　前節までに、セカンダリー取引を中心に、セカンダリー特化型ファンドの選定までに関し述べてみたが、セカンダリー取引においてより広いディスカウント取引を要求されるプライベート・エクイティ・ファンドはあるのであろうか。例えば、ベンチャー・キャピタル・ファンドの場合、そのポートフォリオはバイアウト投資と比較すると個別案件のリターンのばらつきが大きい場合が多く、将来キャッシュフローも期待値の幅が広くなる。また、ベンチャー投資は有望企業に対して追加投資（フォローオン投資）を行う傾向があることから、セカンダリー取引後の追加の出資履行額もバイアウト投資と比較し増加する可能性をもつ。このため買手は保守的な価格を提示する傾向が高く、価格面での合意の難易度がバイアウトと比較し概して高い。

　逆に、数十億ドル規模の大型ファンドでは、プライマリー投資とセカンダリー投資を併用する投資家が多数参加している場合が多いが、このようなファンドは、プロの買取ファンドを中心にしてポートフォリオの状況が常時モニタリングされている状況にあり、買手候補からの価格提示を受けること、あるいは入札方式にて取引価格の透明性を確保する蓋然性が高まるタイ

プのファンドといえる。

おわりに
　以上のとおり、セカンダリー取引について概要を記したが、過去において低流動性が大きな課題となっていたプライベート・エクイティ・ファンド投資は、セカンダリー市場の拡大を通じて金融商品としての重要なファクターである流動性を拡張しつつある。
　年金運用にかかわる識者への問いかけのなかでも、プライベート・エクイティ・ファンドの低流動性は投資を開始する障壁となっていることは間違いないが、皮肉なことに金融危機以降においてプライベート・エクイティ・ファンドを含めた低流動性商品の市場は拡大基調にあり、市場が巡航状態にある場合には、譲渡価格の問題に収斂しつつあるといっても過言ではないものと筆者は考えている。
　本章を通じて、セカンダリー取引の意義・方法をご理解いただき、プライベート・エクイティ・ファンドの運用、ポートフォリオ・マネジメントのご参考の一助となれば幸いである。

Interview
日本の年金基金がファンド持分を譲渡する理由
戦略的なポートフォリオの組み替えの可能性

アント・キャピタル・パートナーズ株式会社
セカンダリー投資担当
執行役員
マネージングパートナー
赤荻貴夫氏

アント・キャピタル・パートナーズ株式会社
セカンダリー投資グループ
マネージングパートナー
林　俊佐氏

Q 最初に、日本におけるプライベート・エクイティ・ファンドのセカンダリー取引の歴史的展開についてお話し願います。

赤荻　プライベート・エクイティ・ファンドには、流動性が低いという特性がありますが、年金基金を含む投資家が保有しているファンド持分をセカンダリーで購入するプレーヤーも増えてきていますので、資産の流動化という機能は高まってきているといえます。

　日本のプライベート・エクイティ・ファンドのセカンダリー取引が起こり始めたのは、2000年前後で、金融機関や事業会社が保有しているベンチャー・キャピタル・ファンドの持分を譲渡するという動きが出てきました。その後、2000年代半ば頃は、プライマリーのファンド募集の環境が良好で、多くの投資家がプライベート・エクイティ・ファンドへコミットしましたが、リーマン・ショック以降はリスク資産を削減する動きや規制などの影響も重なって、機関投資家がセカンダリー取引を活用して譲渡する動きが活発になりました。海外では、投資家からファンド持分を取得するセカンダリー・ファンドも規模を拡大させました。

Q プライベート・エクイティ・ファンドに投資をした投資家がファンド持分を譲渡するというのはどのような理由からでしょうか。

林　海外では、年金基金が一定量のプライベート・エクイティ資産を戦略ごと

に保有していますが、市場環境により評価の大きな変動があった際や、ポートフォリオ全体の比率に変動があった際に、リバランスでファンド持分の譲渡を行うということが頻繁に行われています。

　日本でも先ほど説明がありましたように、規制への対応ということで金融機関がファンド持分を譲渡する動きが出てきましたが、銀行のBIS規制や保険会社のソルベンシー・マージン比率規制の影響によりリスク資産を削減したいという動機でした。

赤荻　もう一つ日本でよく聞くのは、管理コストを削減したいというニーズからの譲渡です。残高が小さくなったファンドにいつまでも担当者を配置してモニタリングと管理を継続するのはコストがかかるとか、ファンドを購入した当時の担当者がいないのでよくわからないというような理由や、ある程度のリターンは確保したので譲渡したいという理由などもあります。

Q　日本の年金基金がファンド持分をセカンダリー取引により譲渡する理由としては、どのようなものがありますでしょうか。

赤荻　いままでは、日本の年金基金がプライベート・エクイティのポートフォリオの譲渡を行うということはそれほどありませんでした。一部では、AIJ問題以降にリスク性資産を減らすという方針により譲渡するということはあったと認識しています。今後も、厚生年金基金の特例解散などの動きが活発化してきますので、ファンド持分を現金化していく必要が生じる基金も出てくると予想されます。

林　今後は、日本の年金基金の場合においても、戦略的なポートフォリオ組替えの視点によりファンド持分を譲渡する動きが出てくる可能性があります。

赤荻　基金全体のアセット・アロケーション上の調整や、プライベート・エクイティ資産のなかでの投資戦略、地域、ビンテージ分散の観点から、より戦略的にセカンダリー取引を活用することは今後の年金基金の運用にとって必要な機能だと思います。

Q 今後、日本でもセカンダリー取引が活発化していくための課題についてはどのようにお考えでしょうか。

林 世界的には、セカンダリー取引のエージェントが急増しています。日本でファンド持分の流動化が活発化していくためには、仲介者やアドバイザーの存在も不可欠です。それによって、セカンダリー・ファンドの存在やセカンダリー取引実務の浸透、また情報の透明性確保にもつながってくるからです。セカンダリー取引が活発化すれば、価格形成にも厚みが出てくることになります。

プライベート・エクイティ・ファンドの価格算定は、かなり詳細かつ緻密なものであり、過去の取引価格情報を知ることは、大変大切な情報です。売手にとっては、売却の計画が立てやすくなり、買手にとっては、購入後の収益計画が立てやすくなる点で、いずれも意思決定を促進するものになります。

赤荻 今後、日本の年金基金がプライマリーのプライベート・エクイティ・ファンドに投資を検討する際には、セカンダリー市場の存在や仕組みを知っていれば、流動性の欠如の問題から投資ができないということはなくなるでしょうし、ある程度Jカーブのあるファンドにも投資しやすくなると考えられます。プライマリーの投資が増えれば、セカンダリーの取引も活性化しますので、市場全体に厚みが出てくるという好循環が生まれます。

さらに年金基金がセカンダリー・ファンドへ投資することで、より市場の厚みも増してくることが期待されます。セカンダリー・ファンドへの投資は、特にプライベート・エクイティ投資の経験が少ない年金基金やよりリスクを抑えた投資を志向する年金基金にとっては、早期の投資回収によってJカーブ効果を低減できること、リスクが分散されたポートフォリオをもてることからメリットは大きいと思います。

Profile

赤荻貴夫氏

アント・キャピタル・パートナーズ株式会社 セカンダリー投資担当執行役員 マネージングパートナー

慶應義塾大学法学部卒業。1988年住友生命保険相互会社入社。北京駐在、香港現地法人にて中国・アジア株式および東京本社にて日本株式のファンド・マネジャー、運用企画部門を経て、株式運用室長としてプライベート・エクイティ投資を含むエクイティ投資全般を担当。その後、運用リスク管理室長としてリスク管理業務に従事。2008年3月日興アントファクトリー株式会社（現アント・キャピタル・パートナーズ株式会社）入社。日本証券アナリスト協会検定会員。

林　俊佐氏

アント・キャピタル・パートナーズ株式会社 セカンダリー投資グループ マネージングパートナー

カリフォルニア大学バークレー校経営大学院修士課程修了。株式会社日本興業銀行（現株式会社みずほ銀行）にてシンガポール現地法人ディレクター、国際営業第二部調査役歴任。マッキンゼー・アンド・カンパニー・インク日本支社・台湾支社を経て、トレンドマイクロ新規事業担当、イーエムシージャパン ベンチャーリース部長。2001年より現職。

第 9 章

プライベート・エクイティ・ファンドのパフォーマンス評価とベンチマーキング

適切なパフォーマンス測定に向けて

エー・アイ・キャピタル株式会社
ディレクター　**廿日岩修二**

はじめに

　年金資産のように長期的な運用を目的とした資産の運用成果を定量的に評価するには、そのパフォーマンスを適切に測定することが不可欠である。しかしながら、長期性資産の一つであるプライベート・エクイティ・ファンドのパフォーマンス測定にあたっては、複数の指標（測定方法）が存在するため、それぞれのケースにおいて評価の対象や目的を明確にし、それらに合致した指標を用いることが重要である。

　プライベート・エクイティは、他のアセットクラスと比較してまだ若いアセットクラスであることから、パフォーマンスを測定する方法が複数並存する一方、統一されたベンチマークが確立されていない。その一つの要因として、不規則なキャッシュフローがあげられるが、その結果として、プライベート・エクイティ・ファンドのパフォーマンスの測定にあたっては、他のアセットクラスとは異なる手法が用いられている。他のアセットクラスと異なるパフォーマンス測定手法は、新たにプライベート・エクイティへの投資を始める投資家にとって、プライベート・エクイティ投資をわかりにくくさせている要因の一つとなっているが、基本的な考え方、概念は投資倍率、内部収益率の二つに集約される。本章では、現時点で最も利用されているプライベート・エクイティ・ファンドのパフォーマンスの測定法、ならびにそれらパフォーマンスのインデックスとなりうるベンチマークおよびベンチマーキング手法について考察する。

1 プライベート・エクイティ・ファンドのパフォーマンス評価

(1) 低流動性資産であるプライベート・エクイティ・ファンド

　市場と良好な流動性を確保している債券や株式とは異なり、一般的に、プライベート・エクイティは、長期間保有され、投資の時間プロファイルはそれぞれの投資機会によって異なっている。債券や株式投資において、投資家は、購入時に資金を拠出し、その後通常の配当やクーポンを受け取りながら、市場価格が時間の経過とともに上昇、下落した後に、初期購入価格より高いか低い価格で最終的な資金を回収するのに対し、プライベート・エクイティにおいては、プライベート・エクイティ・ファンドへのコミットメントがなされて以降、資金が何カ月または数年間かけて拠出され、予測不可能な間隔で、資金が投資家に還元される。このファンドと投資家の間でのキャッシュフローの不規則なタイミングが、同アセットクラスの一つの大きな特徴となっている。

　このような特徴を考慮すると、プライベート・エクイティ・ファンドのリターンを測定するにあたっては、債券や株式のような、伝統的なアセットクラスのパフォーマンスを測定するのとは別のアプローチが必要になる。業界で広く用いられている指標としては、投資倍率と内部収益率があるが、両者の手法には長所と短所があり、パフォーマンス測定の目的によって使い分け、または、適した指標を組み合わせて使用することが望ましい。

(2) 投資倍率

　投資倍率は、投資家がプライベート・エクイティ・ファンドに供給した払込出資金に対する比率を用いてパフォーマンスを測る指標で、比率測定の対象となる値によって、主に三つの指標がある。

❶実現倍率（DPI）

　実現倍率（DPI：distributions to paid in capital）は、投資家からファンドに供給された払込出資金の総額に対する、ファンドから投資家に支払われた累

積分配金（ディストリビューション）の比率として計算される。

　式：実現倍率＝累積分配金／払込出資金

　実現倍率は単に、投資家によって払い込まれた資金のうち、投資家に還元された累積金額の比率を表しており、実現倍率が「1」であれば、投資家が払い込んだ元本と同額の資金を回収している状態を表す。通常、ファンドの開始時にはゼロでスタートし、ファンドが成熟するにつれて徐々に上昇していく。

　この指標には、わかりやすいという長所がある一方で二つの短所があげられる。一点目は、すべての資金の収受が完了していないファンド期間中においては、売却していないポートフォリオ会社や金融資産等の未実現の資産価値がパフォーマンスに含まれないことである。二点目としては、ファンドの初期の段階では、ファンドによる投資の原資となるキャピタル・コールの金額の多寡や、投資回収の金額の多寡によっては、非常に上下幅が大きくなることがあげられる。

❷未実現倍率

　未実現倍率（RVPI：residual value to paid in capital）は、投資家からファンドに供給された払込出資金の総額に対する、未実現の資産価値、つまりファンドの残余価値の比率を表す。

　式：未実現倍率＝残余価値（純資産）／払込出資金

　この未実現または残余価値は、純資産価値とも呼ばれ、ファンドによってさまざまな手法を用いて計算（バリュエーション）されるが、ファンド・マネジャーによる主観性を排除することがむずかしく、絶対的なパフォーマンス指標として用いられることは多くない。また、未実現倍率には、これまでに還元された資金の価値評価が含まれないため、ファンド全体のパフォーマンス評価としては不完全なものとなる。

❸投資倍率（TVPI）

　投資倍率（TVPI：total value to paid in capital）は、投資家からファンドに

供給された払込出資金の総額に対する、投資家への累積分配額と残余価値の合計の比率を表したもので、プライベート・エクイティ・ファンドのパフォーマンスを測定するうえで、次節で紹介する内部収益率（IRR）とならんで、最も広範に用いられる指標である。

式：投資倍率＝評価総額（累積分配額＋残余価値）／払込出資金

投資倍率はファンド全体の価値を考慮した倍率法ではあるものの、未実現の資産が、パフォーマンス測定時点で計算された資産価値と同額で投資回収されることを前提としており、将来への不確実性、また未実現倍率と同様に、資産価値評価におけるファンド・マネジャーの主観性を排除することはできない。

なお、上述した三つの指標の関係を数式で表すと下記のとおりとなる。

式：投資倍率＝実現倍率＋未実現倍率

プライベート・エクイティのリターンの尺度としての投資倍率の主な利点は、理解するにあたり非常にシンプルであるということである。投資倍率は、個々の投資案件のリターンを表す際にも、ファンド・マネジャーによって頻繁に使用される。例えば、個別投資案件の投資倍率が1.5倍であった場合、ファンドが投資資金に対し50％の超過リターンを受け取ったことを意味する。また、ファンド全体、個別投資案件の投資倍率を表す場合に、ファンド・マネジャーに支払われる運用報酬、成功報酬等の諸費用控除前の分配額を基準にしたものをグロス投資倍率、それら費用控除後の分配額を基準にしたものをネット投資倍率という。

一方、投資倍率の最も大きな欠点は、投資プロセスにおいてのキャピタル・コールや分配（ディストリビューション）のタイミングを考慮していないため、貨幣の時間的価値が考慮されていないことである。10年間で1.5倍の投資倍率は、年率当りのリターンに換算した場合、必ずしも高いリターンを意味するものではなく、ファンド・マネジャーが個々の投資案件のリターン

の評価として倍率法を用いる場合には、投資家に対して、投資から投資回収までの期間の情報も同時に提供されるケースが多い。

(3) 内部収益率（IRR：internal rate of return）

プライベート・エクイティのパフォーマンスの尺度として、時間的価値を考慮した指標が内部収益率である。数学的には、投資プロセスで発生する払込・分配などのすべてのキャッシュフローをDCF（discounted cash flow）法を用い現在価値に割り引いた際に、現在価値の合計がゼロとなる割引率（％）である。運用期間中のファンドについては、直近のファンドの残余価値を時価評価し、便宜上これを直近時点の正のキャッシュフローに加える。

内部収益率は、ポートフォリオのキャッシュフローのタイミングの影響を反映しており、ファンド・マネジャーが、投資家からの資金の払込み（キャピタル・コール）、投資家への資産分配（ディストリビューション）を制御しているプライベート・エクイティ・ファンドにおいては、ファンドのパフォーマンスを示す非常に有効な指標である。内部収益率の r は次のように計算される。

$$O = \sum_{i=0}^{n} \frac{C_i}{(1+r)^{t_i}}$$

ここで、t_i は、開始からi番目の時点までのキャッシュフローの期間、C_i は、t_i 時点のキャッシュフロー総額（出資金、分配金、最終時点tnにおけるファンド資産の残余価値時価評価を t_n のキャッシュフローに足したもの）、r は内部収益率である。

プライベート・エクイティの投資形態は、独立した私募のファンドであることが多く、ファンドごとに投資コストベースをもつため、キャッシュフローの管理は容易にできる。また、ファンドは期限付きのクローズド・エンドであることが多いことから、投資リターンは比較的容易に計算しやすい。このように、キャッシュフロー構造が比較的単純であること、ファンドがクローズド・エンドであることから、IRRの計算において、複数の解、無限の解といった数学的な問題が生じるケースは少ない。また、ファンド・マネ

ジャーのパフォーマンス評価においては、ファンド・マネジャーが自身の裁量外の要因によって評価されないという点が重要であるが、プライベート・エクイティのパフォーマンス評価において内部収益率が望ましい理由の一つに、独立した期限付きのプライベート・エクイティ・ファンドでは、資金の取入れ（キャピタル・コール）、資産の分配（ディストリビューション）の決定は、ファンド・マネジャーの裁量により行われ、エバーグリーンやオープン・エンド・ファンドのように、ファンド・マネジャーの裁量外で、投資家の資金追加、新規投資家の追加、投資家の解約といった投資プールの増減が発生しにくい点があげられる。

　また、投資倍率と同様、ファンド・マネジャーの成功報酬、運用報酬、取引費用といった諸費用控除前の内部収益率をグロスIRR、同費用控除後の内部収益率をネットIRRという。投資対象ファンドの選定、モニタリングにあたり外部の投資アドバイザーを起用する年金基金については、それら投資アドバイザーのフィー、費用および成功報酬のすべてを控除したものをネットIRRとして管理することが望ましい。

　内部収益率に対し、時間加重収益率（TWR）は、資産運用業界で一般的に使用されているもう一つのパフォーマンス測定法であるが、これは外部キャッシュフロー（入出金）の発生のつど収益率を計算し、投資期間中の追加投資や解約による残高の変動を考慮しないで投資利回りを計算する手法で、投資家がいつでも加入、解約できるオープン・エンドの投資信託の場合や上場株式などの流動性の高い資産を対象に用いられることが多い。プライベート・エクイティのパフォーマンス測定において内部収益率が利用される理由としては、①ポートフォリオの時価がリアルタイムに判明しないこと、②払込みのタイミングと分配のタイミングがファンド・マネジャーの裁量でコントロールできることがあげられ、こちらのほうがファンド・マネジャーの実力を測るのに適していると考えられる。

2 プライベート・エクイティ・ファンドのベンチマーキング

　年金基金を含む機関投資家が、運用ポートフォリオ全体に対する資産配分を決定したり、ファンド・マネジャーへの報酬額の妥当性を判断するために必要となるのがベンチマークであるが、豊富なパフォーマンス指標やマーケット・インデックスが存在する伝統的資産とは異なり、プライベート・エクイティのような非伝統的資産の場合には、業界に統一されたパフォーマンス指標や投資可能なインデックスといったベンチマークが存在しない。これは、伝統的資産と比較し、投資期間が長い、流動性が低く価格づけされるタイミングが少ない、キャッシュフローが不規則である、Ｊカーブ効果がある、といったプライベート・エクイティのアセットクラスとしての特徴に起因しており、元来、プライベート・エクイティ・ファンドのベンチマーキングは伝統的資産に比べて困難なものとされてきた。

　しかしながら、プライベート・エクイティ・ファンドがオルタナティブ投資として重要な運用資産の一部を担うようになってきた昨今では、多様な実用的なベンチマーキング手法が存在している。一方、ベンチマーキング手法には各々その利点と欠点があるため、機関投資家は、パフォーマンス測定対象（ファンド・マネジャーかアセットクラスそのものか）、期間（短期か長期か）などの評価の目的・基準を明確にし、その目的に最も適したベンチマーキング手法を選択する必要がある。本節では、業界で実践的に用いられているベンチマーキングの代表的な手法をいくつか紹介するとともに、その利点と注意点について考察していく。

(1) 絶対リターン戦略

　プライベート・エクイティ・ファンドのベンチマーキングとして、機関投資家が、機関投資家の資本コスト、プライベート・エクイティ資産に期待する一定期間の目標リターン、経済指標の上昇率＋一定利率（例：CPI＋一定利率）といったものを運用目標値として設定し、それらとの比較を行う手法

がある。この手法は、概念的にわかりやすく、また投資資産の投資倍率や投資収益率といったパフォーマンス測定さえ行えば比較的容易に行えるという利点があるが、マーケット環境の変化が考慮されないこと、Jカーブ効果があるプライベート・エクイティ・ファンドとの間で短期的なベンチマーキングが行えないことを理由に、実践的に用いられているケースは限定的である。

(2) 上場株式インデックス

　プライベート・エクイティ・ファンドのベンチマーキングにおいても、他の資産に投資しなかったことによる機会費用として、最も類似する代替資産のパフォーマンスとの比較が有効であるが、多くの投資家の間で、プライベート・エクイティ・ファンドのベンチマークとして、上場株式のインデックスが実践的に用いられていれる。

　上場株式インデックスの代表的な例として、国内においては、TOPIX、JASDAQ、マザーズ、海外においては、S&P500、MSCIワールドインデックスやラッセル・グローバル・インデックスといった幅広い株式指数が用いられている。しかしながら、これら上場株式指数との比較においては、いくつかの限界も存在する。

　まず、プライベート・エクイティの代表的なパフォーマンス指標である内部収益率は金額加重リターンであるのに対し、上場株式指数は時間加重リターンであることから、あるファンドの内部収益率が一定期間に比較対象の上場株式指数を上回ったとしてもキャッシュフローのタイミングによっては、必ずしもパフォーマンスの優劣を正しく反映しないことがあげられる。

　また、本手法は、株式市場とプライベート・エクイティ資産の価値変動が連動していることを前提としているが、実際には株式市場とプライベート・エクイティの資産価値は一定レベル連動しているものの、その価値変動のタイミングには一定のタイムラグがあること、また、プライベート・エクイティ・ファンドの投資対象である未上場株式の価値評価の頻度は限定的であり、かつ投資回収時になるまでその本来の価値が反映されないといった課題

もある。

(3) ピアグループ・インデックス

　類似する代替資産との比較のためにもう一つ実践されているのが、プライベート・エクイティ業界のなかで類似した投資セグメントに区別されるファンドとの間で一定期間における投資倍率や内部収益率などのパフォーマンスを比較する手法である。具体的には、Thomson Reuters、Cambridge Associates、Preqin、Pitchbookなどが提供する年代別（ビンテージ別）のプライベート・エクイティ・ファンドのパフォーマンス・インデックスをベンチマークとして利用するケースが多い。これらベンチマークは提供会社によって比較的頻繁にデータ更新されること、ファンドの投資戦略（バイアウト、ディストレスト、ベンチャーなど）・地域・ファンド規模ごとに比較分析が行いやすいこと、同じくJカーブ効果の影響を受けているファンドとの比較ができることなどの理由から、昨今では多くの投資家に実践的に活用されている。

　一方で、これらインデックスは機関投資家によって活用しやすいベンチマークではあるが、すべてのデータ提供会社が同質・同量の情報量を保持しているわけではないこと、データ提供会社ごとにデータの収集・分析手法が異なっていること、パフォーマンスの良いファンド・マネジャーにデータ開示のインセンティブが働きやすいこと（"サバイバー（残存者）バイアス"とも呼ばれる）などの理由で、客観的なベンチマークを定義することがむずかしいという課題がある。また、同じビンテージのファンドであっても、ファンドが投資対象とする産業の違いによって、一定期間内のパフォーマンスに大きな差が生じうること、通常ファンドのビンテージは初回のキャピタル・コールのタイミングによって定義されるが、ファンドによる投資は複数年にわたり、また投資のタイミングもファンドによって異なることから、ビンテージが同じファンド間でも単純な比較がむずかしいという問題も残っている。

⑷　日本の機関投資家が使用するベンチマークの実態

　図表9－1は、プライベート・エクイティ投資を実施している日本の機関投資家が使用するベンチマークの実態を示したものである[1]。

　日本の機関投資家の間では、TOPIX、JASDAQ、マザーズなど、国内の上場株式指数が幅広く利用されている。これら上場株式指数と、プライベート・エクイティ・ファンドの内部収益率、または後述するPMEを比較し、投資のアルファが計測される。プライベート・エクイティのピアグループ・インデックスとしては、Thomson Reutersのベンチマークが日本の機関投資家に使用されているが、近年では同社に加え、Cambridge Associates、Preqinのベンチマークも充実しており、以前より多くの機関投資家が利用している。

⑸　パブリック・マーケット・エクイバレント（PME）

　プライベート・エクイティの代表的なパフォーマンス指数である内部収益率は金額加重であり、時間加重の上場株式指数と単純に比較することがむずかしいことは前述したが、この課題を解決しようとしたものがパブリック・マーケット・エクイバレント（PME：public market equivalent）という考え方である。

　PMEは、ベンチマークとなる上場株式インデックスに投資対象のプライベート・エクイティ・ファンドのキャッシュフローを考慮することにより、時間加重を金額加重に変換する手法である。具体的には、プライベート・エクイティ・ファンドのキャッシュフローが発生したタイミングとその金額で上場株式インデックスを売買（ファンドへの資金拠出時に買い、ファンドから

---

[1] 本調査は、日本の機関投資家によるプライベート・エクイティ投資の実態を明らかにすることを目的として、2006年下半期に日本の機関投資家1,584機関を対象に実施された調査である。1,584機関のうち171の機関投資家から回答が得られ（回答率10.8％）、そのうち無回答を除いた有効回答数は151であった。調査対象には、年金基金、保険会社、銀行、投資顧問会社、証券会社、その他機関投資家が含まれており、回答数ベースの内訳は、業界団体による年金基金（37.8％）、企業年金基金（18.5％）、銀行（8.6％）、生命保険会社（5.3％）、損害保険会社（4.6％）であった。

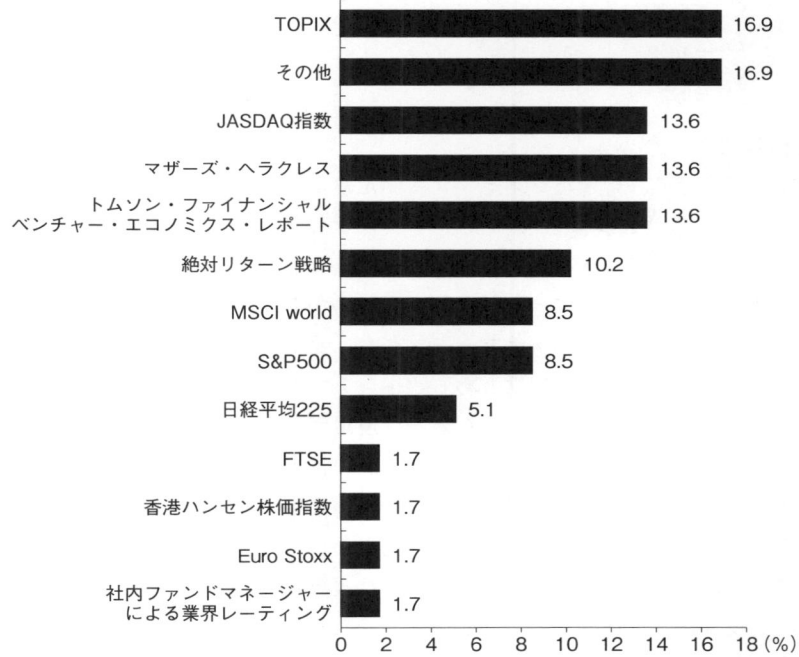

図表9-1　プライベート・エクイティ投資を実施している日本の機関投資家のベンチマークの利用実態

ベンチマーク	%
TOPIX	16.9
その他	16.9
JASDAQ指数	13.6
マザーズ・ヘラクレス	13.6
トムソン・ファイナンシャル ベンチャー・エコノミクス・レポート	13.6
絶対リターン戦略	10.2
MSCI world	8.5
S&P500	8.5
日経平均225	5.1
FTSE	1.7
香港ハンセン株価指数	1.7
Euro Stoxx	1.7
社内ファンドマネージャーによる業界レーティング	1.7

(注)　回答者全体のうちプライベート・エクイティ投資を実施している回答者のみの回答を用い、ベンチマーク利用の実態を示したもの。
(出所)　濱田康行・澤邉紀生・桐畑哲也・片川真実・宮宇地俊岳(2007)「機関投資家のプライベート・エクイティー投資—日本の実態と国際比較—」Kyoto University Working Paper, J-58.

の資金分配時に売り)したと仮定した場合の内部収益率を計算し、実際に投資したファンドとの内部収益率との比較を行う。

また、PMEは、比較する市場の収益率R_tを割引率とした場合の投資家への分配額D_tの現在価値の合計と、投資家からの投資額I_tの現在価値の合計の比率で表すこともでき(下記数式)、この場合、PMEが1を超えれば、比較する市場指数のパフォーマンスを上回っていると評価する。

$$PME = \frac{\sum_{t=1}^{T_D} \frac{D_t}{1+R_t}}{\sum_{t=1}^{T_I} \frac{I_t}{1+R_t}}$$

おわりに

　本章では、これまでパフォーマンス測定およびベンチマーキングがむずかしいとされてきたプライベート・エクイティ投資においても、数々のパフォーマンス指標とベンチマークが存在することを記してきた。しかしながら、それぞれのベンチマークには利点と限界があり、それらの理解が不十分であれば、本来有効なベンチマーキングも、元来意図しない意味合いをもった測定結果をもたらす可能性もある。ベンチマークを設定する際には、ファンド・マネジャーの力量を測るためか、運用ポートフォリオにおける一資産としてのパフォーマンスを測るためなのかの目的を明確にすると同時に、パフォーマンス測定の期間を定義づけることが重要であり、さらに運用環境や投資目的が複雑化するにつれ、複数の視点からの評価が必要となるため、定性的な指標と定量的な指標を組み合わせた複数のベンチマークを設定し、複合的な投資評価を行っていくことが肝要である。

参考文献

濱田康行・澤邉紀生・桐畑哲也・片川真実・宮宇地俊岳（2007）「機関投資家のプライベート・エクイティー投資—日本の実態と国際比較—」Kyoto University Working Paper, J-58.

Interview

プライベート・エクイティ・ファンドの
レポーティングにおけるパフォーマンス指標

組織内における公正な評価のために

大同生命保険株式会社 市場投資部
プライベート・エクイティ投資課 課長
西澤　整氏

Q プライベート・エクイティ・ファンドは、定例の運用報告により、パフォーマンスを開示します。プライベート・エクイティ・ファンドのパフォーマンス評価が、他の資産運用のパフォーマンス評価と比較して異なるのはどのような点でしょうか。

　主に、①頻度／タイミング、②時価評価の方法、③計測尺度という三つの違いがあると考えられます。
　頻度／タイミングは、伝統的な資産クラスが原則日々時価評価されるのに対して、プライベート・エクイティは四半期ごとであり、かつファンドの財務諸表が投資家に送付されるタイミングが各四半期末から60〜90日後となります。したがって、ある四半期において株式市場が大幅に上昇もしくは下落した場合、プライベート・エクイティの投資家が会計上その影響を取り込むのは次四半期となり、会計年度をまたぐ場合もあるということです。
　時価評価の方法は、伝統的な資産クラスが市場価格で評価されるのに対し、プライベート・エクイティは未上場企業が投資先に含まれるため、運用会社が類似業種比較法やDCF法などを用いて算定した株式価値がファンドの財務諸表に反映されるということです。特にDCF法では、投資先企業の将来の営業利益の予測が用いられるため、運用会社の恣意的な要素が入る余地があり、同じ投資先企業でもファンドによって評価が異なるということがありえます。
　また、時価評価の方法の違いなどにより、上場株式に比べてプライベート・エ

クイティの評価額のボラティリティは小さいという特徴があります。リーマン・ショックやギリシア危機により上場株式が大幅に下落した四半期は、当社においても、プライベート・エクイティの下落率が上場株式に比べ小さかったことが確認されています。

　最後に計測尺度は、伝統的な資産クラスのパフォーマンス評価では時間加重収益率を使用するのに対し、プライベート・エクイティでは金額加重収益率（IRR）を使用するということです。伝統的な資産クラスでは顧客の意向により投資・解約がなされることから、運用会社がキャッシュフローのタイミングをコントロールできないため、時間加重収益率を使用することでその影響を排除する必要があります。一方、プライベート・エクイティはキャピタル・コール方式のため運用会社が投資タイミングをコントロールしており、適切な投資タイミングを計ることが運用会社の付加価値の一部でもあるため、金額加重収益率が使用されます。

　また、プライベート・エクイティは一度に投資を行うのではなく、キャピタル・コール方式で徐々に投資され、エグジットされるつどに分配が実施されることから、投資額に対する累計分配金の倍率（DPI）や、投資額に対する累計分配金と残存時価の合計の倍率を示す投資倍率（マルチプル）もIRRと合わせて参考とされます。

Q 投資家の組織内でのレポーティングにおいても、投資をしているファンドのパフォーマンスの報告は重要ですが、大同生命保険ではどのような指標や手法を用いて報告を行っているのでしょうか。

　他の資産クラスと同じ尺度、すなわち会計上の実現損益、評価差額増減、時価利回りで報告しますが、プライベート・エクイティは長期投資であるため、単年度ではなく長期的な視点で説明するために、投資開始来のIRRや投資倍率（マルチプル）なども補完的に用いています。

　また、従来プライベート・エクイティは絶対リターンで評価していましたが、2008年に米国で導入された新会計基準である公正価値測定（FAS157）の影響により、プライベート・エクイティと上場株式の相関が高まったことが継続的に確認されたことや、2013年は上場株式のパフォーマンスが非常に好調であったこと

から、2013年末頃から上場株式との比較が求められるようになりました。

　米国の公的年金基金で、本格的にプライベート・エクイティ投資を実施しているカリフォルニア州職員退職年金基金（カルパース）やワシントン州投資委員会（WSIB）においても、プライベート・エクイティのベンチマークとして「上場株式インデックス＋流動性プレミアム」が使用されています。当社では、2014年度から上場株式インデックスであるMSCI Worldの現地通貨ベースに一定の流動性プレミアムを乗せたリターンと、当社の為替の変動を除いた現地通貨ベースのリターンを比較することでパフォーマンスを計測しています。

　なお、比較に際しては、プライベート・エクイティのパフォーマンスが四半期ラグしていることを調整する必要があります。また、時価評価の方法の違いにより、プライベート・エクイティのパフォーマンスのほうが上場株式に比べボラティリティが小さいことから、2013年のように上場株式が大幅に上昇した場合はプライベート・エクイティがアンダーパフォームする傾向があるため、ボラティリティの違いを考慮することが必要です。

Q　日本のプライベート・エクイティ・ファンドのベンチマークの実務はどのように行っていますでしょうか。

　欧米のプライベート・エクイティでは、トムソンロイターやCambridge Associatesなどが作成する、特定の年に設立されたファンドごとのリターンを集計した（ビンテージごとの）インデックスがあり、投資先のファンドが各ビンテージにおいて上位4分の1に入るか、中間値を上回るかどうかなどを分類することができます。

　一方、日本では、まだファンドの数が少なくそのような統計も整備されていないため、代替として投資先ファンドがキャピタル・コールを実施したタイミングで上場株式インデックスを購入し、分配を実施したタイミングで売却したと仮定した場合のIRRと比較し、上場株式インデックスに対するアルファを計測しています。

Q 今後、日本のプライベート・エクイティ・ファンドへの投資を検討する、年金基金の方々へのメッセージをお願いします。

当社では、2000年頃から日本の主要なプライベート・エクイティ・ファンドの第一号ファンドから投資を行い、運用会社との面談のなかで生の声を聞くことで「手触り感」を得ることができました。年金基金においては、資産運用委員会や代議員会での報告が求められるかと思いますが、説明責任を果たすうえで、ファンドの中身を十分に把握することが重要なのではないかと思います。

また、プライベート・エクイティ投資の開始当初は、ファンド・オブ・ファンズへの投資を中心とし、さまざまなファンドの存在を知り、十分に比較してから慎重に個別ファンドへの投資に移行していったことが成功の要因の一つであったと考えています。プライベート・エクイティ・ファンドは3〜5年に一度のサイクルで募集を行うため、募集中のファンドに即座に飛びつくのではなく、長期的なパイプラインに基づいて類似の戦略・セクター・地域のファンドと十分に比較してから投資をすることが重要です。当社では、現在も特定のセクターに特化したファンドへの投資を検討するに際しては、セクターに特化したファンド・オブ・ファンズに投資を行うことで、情報源として有効活用しています。

個別ファンドへの投資では、投資家に対してコンサルティング的な役割を果たすゲートキーパーの活用も重要です。当社では、幸いにも日本の投資家がアクセスすることがむずかしい海外の優良ファンドや、十分な投資実績はないものの、差別化された投資戦略や経験豊富な投資チームにより運用される第一号ファンドや第二号ファンドへ投資を行い、当社のポートフォリオの「コア」となる運用会社として関係を構築することができました。このような優良ファンドへのアクセス、あるいは将来有望なファンドの発掘は、運用会社に対して長年にわたり継続的にアプローチを行うことで可能となるため、定期的に人事異動のある日本の金融機関では限界があります。当社では、関連会社のエー・アイ・キャピタルをゲートキーパーとして活用することでこれらのハードルを乗り越え、長期的なプライベート・エクイティの投資プログラムを確立することができました。

最後になりますが、米国では長期的な資金を有する年金基金が主要な投資家と

なることでプライベート・エクイティの市場が拡大し、その結果、産業のダイナミズムが生まれ、経済の新陳代謝が高まるという社会的意義があったと考えられています。日本においても、年金基金が長期的な観点からスポンサーとしての役割を果たすことで市場が拡大し、ひいては日本経済が活性化することを期待しています。

Profile

西澤　整氏

大同生命保険株式会社 市場投資部 プライベート・エクイティ投資課 課長

1997年北海道大学経済学部卒業。同年大同生命保険相互会社（現大同生命保険株式会社）に入社。以後2002年まで特別勘定運用部、証券投資部で主に外国債券運用業務に5年あまり携わる。2002年からプライベート・エクイティ投資に従事し、2004年6月から2012年9月までの約8年間、三菱商事と大同生命保険の合弁として2002年に設立されたアドバイザリー会社であるエー・アイ・キャピタル株式会社に出向し、プライベート・エクイティのゲートキーピングビジネスおよびファンド・オブ・ファンズの組成・運営に携わる。2012年10月に大同生命保険に帰任し、プライベート・エクイティ投資に従事する。

第 III 部

日本の年金基金による
プライベート・エクイティ・ファンドへの
投資実務

第 10 章	・	156
第 11 章	・	170
第 12 章	・	184
第 13 章	・	199
第 14 章	・	219

第 10 章

年金基金がプライベート・エクイティ・ファンドへ投資する仕組み

信託銀行が受託者責任をもつ投資と投資顧問会社が受託者責任をもつ投資

西村あさひ法律事務所
パートナー 弁護士 **五十嵐誠**
アソシエイト 弁護士 **石田康平**

はじめに

　年金基金の投資対象としてのプライベート・エクイティ・ファンドの重要性が増しているが、プライベート・エクイティ・ファンドに投資するにあたって、同ファンドの基本構造および仕組み[1]ならびに同ファンドの投資家としての役割および義務を理解する必要がある。

　例えば、プライベート・エクイティ・ファンドの投資家つまり有限責任組合員（リミテッド・パートナー）として年金基金が（信託経由で）投資を行う場合、あらかじめ合意した一定のコミット枠（出資確約額）を上限として個別の案件ごとに行われる出資履行要請（キャピタル・コール）に応じて順次出資を行うこととなる。ファンドの組成当初に投資家が払い込む出資金は設立費用・管理料等の割合的負担に対応した限定的なものであるが、5年前後の投資期間にわたって投資案件へのファンドからの投資が実行されるごとに、あるいは期中費用や管理料などの弁済のため、期間中たびたびキャピタル・コールがなされ、そのつど、個別の出資金の払込みを行っていくかたちをとることが多い。したがって、投資家は当初投資実行時には出資金の全額につき資金を用意する必要はないものの、キャピタル・コールのつど出資を

---

1 プライベート・エクイティ・ファンドの基本構造および仕組みに関しては、本書第Ⅱ部第5章および五十嵐・藤井（2013）にて説明されていることから、本章では説明を割愛する。

行うことになることから、出資履行要請の期限までに必ず対応できるように一定の資金を確保しておく必要があるという特殊性をもつ。

また、多くのプライベート・エクイティ・ファンドは、リミテッド・パートナーの脱退およびそれに伴う出資金の返還を原則として認めないクローズド・エンドの仕組みを採用している。さらに、投資家のファンド持分は流動性に乏しく、プライベート・エクイティ・ファンドの出資持分につき分配およびファンド解散時の資金分配以外でのエグジットは通常想定されていない。

本章では、このようなプライベート・エクイティ・ファンドの特徴を前提に、年金基金がプライベート・エクイティ・ファンドへ（信託経由で）投資する仕組みにつき、受託者の責任や投資にあたっての留意点について説明する。

1 信託銀行が受託者責任をもつ投資

(1) 単独運用指定金銭信託（指定単）の仕組み

年金基金が信託を利用して資産運用を行う場合の構成として、大きく分けて単独運用指定金銭信託（指定単）と特定金銭信託（特金）とがある。

まず、単独運用指定金銭信託（指定単）とは、信託財産の信託契約ごとに単独で運用する指定金銭信託を意味し、指定金銭信託とは委託者から受託された金銭につき、あらかじめ信託契約にて定められた、一定の運用対象の範囲内で受託者たる信託銀行が自己の判断に従って資産運用を行う仕組みとなる。

つまり、運用対象について一定の制限はあるものの信託銀行が広い裁量をもつこととなり、年金基金の資産運用に関する投資判断は受託者である信託銀行が行い、委託者である年金基金は個別の投資につき投資判断は行わないこととなる。

この場合に締結される、年金基金と信託銀行との間の年金信託契約の構造および関係者の役割を図に示すと、次のとおりとなる。

図表10－1　単独運用指定金銭信託（指定単）の構造

```
┌─────────────────────────────────────────────────────┐
│      年金基金                                        │
│   （委託者兼受益者）                                 │
│         ↕                  ✗   指図はしない          │
│    年金信託契約                                      │
│  （運用対象につき範囲指定）                          │
│                                                      │
│      信託銀行      受託者による投資判断              │
│     （受託者）   ⇒  ┌─────────────────────────┐   │
│                     │ プライベート・エクイティ・ファンド │   │
│   資産運用／管理    ├─────────────────────────┤   │
│                     │ その他投資              │   │
│                     └─────────────────────────┘   │
└─────────────────────────────────────────────────────┘
```

（出所）　筆者作成

(2)　信託銀行の責任

❶善管注意義務

　受託者の責任として一般に善管注意義務、忠実義務、公平義務、分別管理義務等があり、また、信託銀行には信託法および信託業法において一定の行為規制が課されているが、単独運用指定金銭信託（指定単）によるプライベート・エクイティ・ファンドへの投資という場面では、信託銀行が資産運用につき裁量をもって判断を行うことから、その投資判断に関して善管注意義務[2]が特に問題となりうる。

　もっとも、定期預金や国債等のリスクが低い投資商品とは異なり、ミドルないしはハイリターンが期待される一方で相応のリスクがあるプライベート・エクイティ・ファンドに投資する場合において、どのような状況であれば受託者による投資判断が不適切であったのか、つまり善管注意義務違反となるのかにつき、その基準は必ずしも明らかではない。

2　信託法29条2項、信託業法28条2項参照。

例えば、年金基金の資産運用対象として、あるプライベート・エクイティ・ファンドに投資したところ元本が20％毀損する結果となった場合、その毀損の理由は不可抗力を含めてさまざまな要因が考えられ、結果としてかかる損害の発生があったからといって、必ずしも善管注意義務違反に該当するものではない。一方で、かかる損害の発生がほぼ確実に見込まれており、信託銀行がかかる状況を十分に認識していたにもかかわらず投資を行ったという場合は善管注意義務違反に問われる可能性が高くなる。

❷プルーデント・インベスター・ルール

　受託者の責任の判断基準に関する一つの考え方として米国におけるプルーデント・インベスター・ルール（prudent investors rule）が参考となる。個別の投資に注目して、思慮深い者であれば自己の財産について行うであろう投資のみを行うべきであるという考え方であるプルーデント・マン・ルール（prudent man rule）に、ポートフォリオ理論を加味した考え方であり、個々の投資ではなくポートフォリオ全体を考慮して思慮深い投資家であれば行うであろう健全な投資であればよいという整理となる。

　かかる整理を前提とする場合であっても、実際に善管注意義務違反が問題となる場合は、個別具体的な状況をふまえたうえでの判断となり、その認定および立証は容易ではないと思われるものの、受託者としては、少なくともプライベート・エクイティ・ファンドのリスクおよび留意点を理解したうえでの投資判断が必要といえる。

(3) リスクおよび留意点

❶年金基金による判断の対象

　プライベート・エクイティ・ファンドでは、投資家を募集する際には、ファンドの個別の投資案件は決まっておらず、事後的にファンド・マネジャーである無限責任組合員／業務執行組合員（ジェネラル・パートナー）の裁量[3]で個別の投資案件が決まる構造となっており、個別の投資案件についての意思決定に投資家は参加しない。つまり、年金基金による投資判断は、個別の投資案件に関しては行われず、プライベート・エクイティ・ファンド

への出資確約を行うか否かという当初の判断が大部分を占めることとなることから、当該基金の受託者としてはかかる当初の判断につき受託者責任としての善管注意義務を尽くしたかという点が特に問題となる。そして、上記プライベート・エクイティ・ファンドの仕組み上、個別具体的な投資案件ではなく、ファンド・マネジャーの実績や能力、ファンドの投資戦略、外部環境等を検討する必要があり、投資のリターンはファンド・マネジャー(およびそのアドバイザー)の投資判断能力および会社運営能力に大きく左右されることとなる。

❷期中管理

また、受託者は、ファンドの業務・財産状況を検査[4]して平時よりファンド運営をモニタリングするだけではなく、場合により、ファンド・マネジャーの解任権限などを通じてプライベート・エクイティ・ファンドの運営につき適切な管理を行う必要がある。特に、近年はファンド・マネジャーに何らかの不履行や違反などがない場合であっても投資家がファンド・マネジャーを解任できるノー・フォルト・ディボース(no fault divorce)条項と呼ばれる規定が珍しくなくなっており、運用成績が振るわないような場面で、ファンド・マネジャーの解任権限を適切に行使したのかという点においても善管注意義務は問題となりうる。また、年金基金の出資割合が大きな場合には、ファンドのアドバイザリー委員会にメンバーを派遣し、ファンド・マネジャーによる利益相反取引などを認めるか否かにつき一定の議決権を有する場合もありうる。その場合はアドバイザリー委員としての判断についても受託者責任の問題は生じうる。

❸キャピタル・コール方式

前述のとおり、プライベート・エクイティ・ファンドはキャピタル・コール方式が一般的な形態となるが、同方式の場合、投資家はコミット額全額につき契約締結時に出資金の払込みを行う必要はないものの、出資履行要請に

---

3 ただし、投資判断につきファンド契約に定められた投資ガイドラインやその他の一定の制約に服し、また、投資委員会の承認などが必要となる場合もある。

4 投資事業有限責任組合法第16条、民法第673条参照。

応じてそのつど払込みを行う必要があり、コールがなされる場合の払込期限は1週間から2週間前後で設定されることが多い。また、キャピタル・コールの要請に対して出資を拒否することはできず、キャピタル・コールに関して不履行があった場合は、出資持分の没収などの重いペナルティーが課されることも多い。したがって、受託者ないしは委託者（年金基金）は、期限までに出資履行要請に必ず対応できるように一定の資金を確保しておく必要がある。

❹低い流動性

さらに、前述のとおり、プライベート・エクイティ・ファンドは持分の払戻しが原則として認められない、いわゆるクローズド・エンドとなっていることが通常であり、また、持分の流動性も低く、期間満了前に譲渡処分することがむずかしいことについても留意が必要となる[5]。また、プライベート・エクイティ・ファンドには一定の条件下で期間延長が可能となっているものが多いことから、かかる期間延長の可能性も考慮したうえで投資対象および投資金額につき判断する必要がある。

❺有限責任性

プライベート・エクイティ・ファンドでは、通常は投資家であるリミテッド・パートナーの責任は出資履行額または出資確約額に限定される[6]。しかし、過去に行われたリミテッド・パートナーへの分配に関して、一定の条件下においてファンドへの返還義務を負う構成となっている場合もあり、リミテッド・パートナーの有限責任性がどこまで確保されているのか、また、最大リスクがどのように規定されているのかにつき十分に確認する必要がある。

---

[5] ただし、期間満了前にジェネラル・パートナーの承諾のもと、セカンダリー取引が投資家間で相対で行われる場合はあり、日本でもかかる取引は実践されつつある。

[6] 日本の投資事業有限責任組合契約では出資履行額が上限となっていることが一般的であるが、海外のファンドでは出資確約額またはそれ以上の額が上限となっていることが多い。

2 投資顧問会社が受託者責任をもつ投資

(1) 特定金銭信託の仕組み

　特定金銭信託とは、信託財産の運用方法が委託者によって特定される金銭信託であり、委託者が信託財産の運用方法につき直接具体的な指図を行うものを意味する。

　特定金銭信託において主として有価証券への運用を目的とする場合、金融商品取引法における投資運用業のライセンスを保有している投資顧問会社が委託者の代理人になることが多く、投資顧問会社と委託者との間で投資一任契約を締結し、投資顧問会社の投資判断に従って資産運用がなされることとなる。一方で、信託銀行は委託者の代理人としての投資顧問会社からの指図によって資産運用を行うこととなり、信託銀行の役割は資産管理が中心となり、おのずとその権限と裁量は限定される。

　この場合に年金基金と信託銀行との間で締結される年金特定金銭信託契約の構造および関係者の役割を図に示すと、以下のとおりとなる。

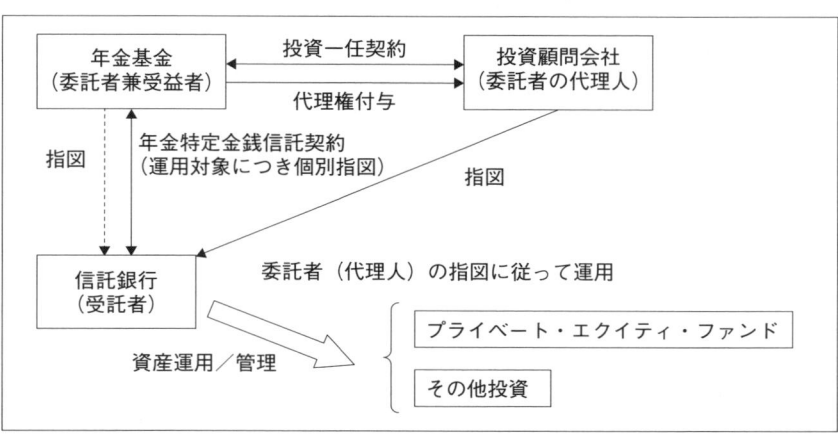

図表10－2　特定金銭信託の構造

(出所)　筆者作成

(2) 投資顧問会社の責任

　特定金銭信託において、投資顧問会社に投資判断が一任されている場合は、投資判断は投資顧問会社が行い、投資顧問会社の指示に従った、個別の投資に関する執行行為および信託財産の管理は信託銀行が行うこととなる。つまり、投資顧問会社の判断によって投資を行うこととなり、かかる投資判断につき投資顧問会社が善管注意義務[7]を負うこととなる[8]。

　かかる善管注意義務につき、上記１．(2)記載の指定単における信託銀行の善管注意義務と大きな差はないと考えられるが、ある投資顧問業者がプライベート・エクイティ・ファンド投資に特化した専門家であることが理由に委託されるような場合、信託銀行と比較して、より高度な注意義務が期待されるという議論もありうるものと思われる。

(3) 信託銀行の責任

　特定金銭信託においては、委託者またはその代理人の指図に従った投資の執行と資産管理が信託銀行の主な業務となり、信託銀行の権限と裁量は限られており、信託銀行は投資判断について原則として責任は負わない。

　しかし、投資判断につき明らかに不適切な指図を受けた場合においても、指図にさえ従っていれば信託銀行の責任はないといえるのかが問題となりうる。具体的には、不適切な指図に再考を促すことや、指図に従わないといった行動をとる必要がないのかといった点が論点となる。この点につき、実務上は年金特定金銭信託契約において、委託者またはその代理人の指図に従う限り信託銀行は免責される旨の規定が入っているケースが多いと思われるが、かかる免責規定の有効性には限界があり、信託の目的に反する指図や法令違反となる指図などの明らかに不適切な指図に関しては従うべきではないと考えられ、これに従った場合は信託銀行の責任が問われる可能性もあると考えられる。

---

[7] 金融商品取引法第42条第２項参照。
[8] その他、投資顧問会社は金融商品取引法に基づき、忠実義務、自己執行義務、分別管理義務などを負うとともに、各種行為規制が課されている。

(4) リスクおよび留意点

　特定金銭信託にてプライベート・エクイティ・ファンドに投資する場合、上記１．(3)記載の指定単の場合におけるリスクおよび留意点が同様に該当する。これらに加えて、特定金銭信託では投資顧問会社と信託銀行に業務が分かれることから、期中管理、モニタリングの場面[9]において信託受託者の管理業務として信託受託者の判断で行う業務と、投資顧問会社からの指図に基づき行う業務を区別する必要があり、責任および役割分担を明確にしておく必要があるものと思われる。

おわりに

　以上、年金基金がプライベート・エクイティ・ファンドに投資を行う場合に、代表的な二つの信託のスキームを例にあげて、投資判断を行う信託銀行あるいは投資顧問会社が留意すべきプライベート・エクイティ・ファンドの特性を概括した。もっとも、実際には信託契約や投資一任契約において各種特約事項がおかれているほか、案件ごとの特殊事情などがあり、また日本法の問題のみならず、米国ほか関連諸外国の法律との関係で、プライベート・エクイティ・ファンドの構造やファンド契約につきさまざまな規制が課されるなど、プライベート・エクイティ・ファンド投資を行うにあたって多くの検討要素がある。しかし、プライベート・エクイティ・ファンドにとって、年金基金からの投資の重要性は近時増しており、またプライベート・エクイティ・ファンドは魅力的な投資対象でもあることから、年金基金からの積極的な投資に期待したい。

参考文献

五十嵐誠・藤井毅（2013）「プライベート・エクイティ・ファンドの法的仕組み」

---

[9] 例えば、ファンド持分に関する投資の実行および処分にかかわらない、ファンドの運営に関する事項につき、ジェネラル・パートナーからリミテッド・パートナーとしての意思結集を求められた場合に自己の持分に応じた議決権をどのように行使するのかといった問題が考えられる。

日本バイアウト研究所編『機関投資家のためのプライベート・エクイティ』きんざい, pp.41-64.

小出卓哉（2008）『[逐条解説]信託業法』清文社.

能見善久（2004）『現代信託法』有斐閣.

三菱UFJ信託銀行編（2008）『信託の法務と実務（5訂版）』金融財政事情研究会.

Interview
プライベート・エクイティ・ファンドの投資実務

年金基金の資産規模と成熟度を勘案した
ポートフォリオ構築

元 帝京大学経済学部
教授
茂木敬司氏

Q これからプライベート・エクイティ・ファンドへの投資を検討している年金基金が最初に考えなければならないことは何でしょうか。

　年金基金の成熟度と資産規模によって採用できるプライベート・エクイティの戦略が異なります。給付が掛金収入を上回るなど成熟度が高まってきている年金基金では、Ｊカーブの浅いファンドがマッチしますし、資産規模が大きい年金基金では、プライベート・エクイティのなかでの分散投資が可能になります。資産規模や負債構造を勘案し、どれくらいのプライベート・エクイティ資産を保有できるかを最初に見極めることが大切です。

　例えば、資産規模300億円の年金基金がプライベート・エクイティに10％の配分を行うとなると30億円です。これを１年ですべてコミットしてしまうのではなく、数年かけてビンテージを分散させながらコミットしていくわけですが、５〜８本のファンドに入れることになろうかと思います。日本では、５億円程度の少額でも募集しているファンドがありますので戦略によっては30億円でも分散投資が可能となります。

　それから、シングル・ファンドに投資するのか、ファンド・オブ・ファンズに投資をするのかという選択肢があります。ファンド・オブ・ファンズは、分散効果が得られますし、ノウハウの蓄積にもつながります。また、ファンド・オブ・ファンズで経験を積んでからシングル・ファンドにも入れるというやり方もあります。シングル・ファンドも、バイアウト・ファンドやベンチャー・キャピタル・ファンドのようにＪカーブが深いものから、メザニン・ファンドやセカンダ

リー・ファンド・オブ・ファンズのようにＪカーブが浅いものまで多様な戦略のファンドがありますので、自らの年金運用にマッチする商品を選んでいく視点が重要です。

　できる限り分散効果を追求できるようなポートフォリオを構築すれば、資産規模が数百億円の年金基金でもプライベート・エクイティ投資は可能だと思います。最初は少額からでも実際に投資をすれば肌感覚がわかってきますので、経験を積みながら少しずつチャレンジしていくことがよいと考えられます。

Q　プライベート・エクイティ・ファンドは、マネジャー間のリターンの差が大きくなるという特性がありますが、マネジャー選択において求められる姿勢についてお話し願います。

　マネジャーをみる際のポイントは、「リターンの再現性」ですが、販売業者やコンサルタントから推奨があったから投資をするというのではなく、自ら基準を設けて検証することが大切です。来るものを選ぶのではなく、マネジャーと積極的に面談をし、本当に彼らのいうとおりなのかチェックすることが肝要です。業歴、投資担当者の経歴、投資実績、過去のリターンなどの観点でスコア化するのも一つの判断基準です。第一号ファンドなのか、第二号・第三号・第四号とラウンドを経たファンドなのかも重要な判断基準ですし、ほかにどのような投資家が入っているかをチェックすることも一つの根拠になります。

　それから、マネジャーとの面談のみではネガティブ情報が得られにくいため、レファレンス・チェックを行うことが効果的です。レファレンス・チェックとは、当該ファンドの関係先へヒアリングを行うことです。具体的なヒアリング先には、M&Aアドバイザリー、金融機関、既存の投資家、投資先企業などがあげられます。特に、横の連携が深い投資家へのレファレンスはきわめて効果的です。前号ファンドに続いてリアップ（再投資）している投資家が多いかどうかも判断材料になります。

　できるだけ多くのマネジャーに会うことが望ましいと思いますが、現実にはリソースも限られていることから、信託銀行や投資顧問会社の助言も参考にしながら、マネジャーの見極めを行っていくことになろうかと思います。

年金基金が意識されている受託者責任を果たすにもマネジャー選択と選択後のモニタリングは不可欠になります。

Q 最後に、これから新たにプライベート・エクイティ・ファンドへの投資を検討する、日本の年金基金の方々へのメッセージをお願いします。

　プライベート・エクイティ・ファンドにコミットした後には、四半期ごとに運用報告を受けます。年金基金がコミットした資金がどのように使われたのか確認を行いますが、当初の想定どおりの使われ方をしているかをチェックするのも重要なポイントです。また、保険会社などの金融機関の組織で役員への報告があるように、年金基金においても資産運用委員会や代議員会への報告がありますので、パフォーマンス指標などプライベート・エクイティ特有の項目についても理解しておく必要があります。

　それから、年次総会には必ず出席することを勧めます。マネジャーからの報告を聞くだけでなく、そのファンドに投資をしている他の投資家との情報交換ができる機会となります。また、投資先企業の経営者の話が聞けることもあり、重層的な情報収集ができます。

　日本の年金基金でも既にプライベート・エクイティ投資を始めているところがあります。プライベート・エクイティに取り組んでいる年金基金は新たに取り組もうとしている年金基金への情報提供や協力は惜しまないと思います。信託銀行や投資顧問会社も含め、積極的に情報収集を行いながら取り組んでいただければと思います。

Profile

茂木敬司氏
元 帝京大学経済学部 教授
1964年上智大学外国語学部卒業。株式会社三井銀行（現株式会社三井住友銀行）入行。ニューヨーク支店副支店長、ブラッセル支店長を経て、1992年株式会社さくら銀行取締役就任。1996年さくらカード株式会社代表取締役副社長就任。1997年ソニー生命保険株式会社執行役員専務に就任し、プライベート・エクイティ投資に関与。2006年BridgepointCapitalとVenCap Internationalのアドバイザーに就任（現任）。2007年帝京大学経済学部教授就任（2012年3月退任）。2010年株式会社東京大学エッジキャピタル取締役に就任（現任）。

第 11 章

個別のファンドへの投資とファンド・オブ・ファンズへの投資

ポートフォリオ構築手法の検討

キャピタル・ダイナミックスAG
マネージング・ディレクター **イヴァン・ヘルガー**
キャピタル・ダイナミックス株式会社
アソシエイト **大平愛子**

はじめに

　上場株式投資においては、「アセット・アロケーション」と「銘柄選択」が重要であるが、プライベート・エクイティ投資においても同様に適切な「アセット・アロケーション」を通じてポートフォリオ・レベルでのリスク管理を行うと同時に、個々のファンドの「銘柄選択」により個々の投資もファンドレベルでリスクを抑えつつリターンを極大化することが重要である。プライベート・エクイティへ投資するにあたり重要なのは、個々のファンドの選定に加えてポートフォリオをどのように構築するかという点である。本章では、リスク管理の観点をふまえながら、国内年金基金がプライベート・エクイティ投資を行う際のプライベート・エクイティ・ポートフォリオの構築方法を紹介することとする。

1 ポートフォリオの構築方法

(1) ポートフォリオ・リスク・マネジメント

　プライベート・エクイティは、個々の投資はリスクの高い性格を有し、ファンドを通してプライベート・エクイティへ投資を行う場合でも、通常はブラインド投資であり、また流動性もないため不確実性も高い。「卵は一つの籠に盛るな」という格言にあるように、プライベート・エクイティ投資の

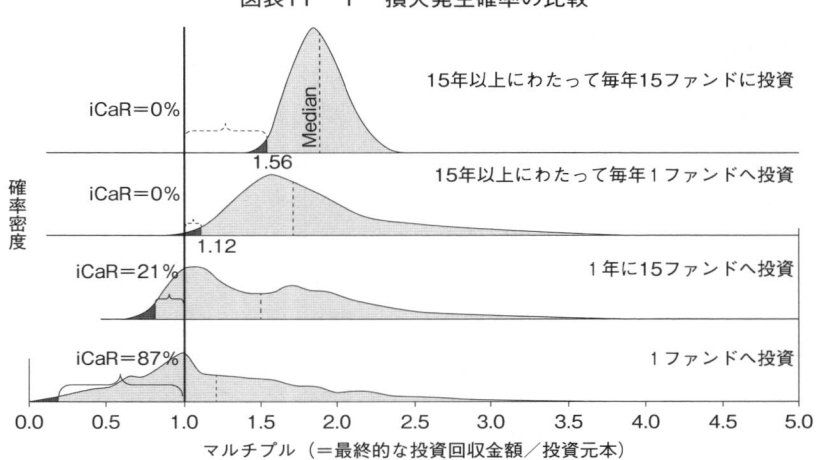

図表11-1　損失発生確率の比較

- 15年以上にわたって毎年15ファンドに投資　iCaR=0%　Median 1.56
- 15年以上にわたって毎年1ファンドへ投資　iCaR=0%　1.12
- 1年に15ファンドへ投資　iCaR=21%
- 1ファンドへ投資　iCaR=87%

横軸：マルチプル（＝最終的な投資回収金額／投資元本）
縦軸：確率密度

（注）　測定方法に関する詳細はWebサイト（www.capdyn.com）にて掲載のDiller & Herger（2009）を参照。
（出所）　キャピタル・ダイナミックスによる分析（Thomson One 2013年6月30日現在のデータ）

リスクを抑制するのに有効なのは分散投資である。一方、過度な分散は優良ファンド以外のファンドも組み入れることとなりリターンを下げる要因となるだけでなく、管理も煩雑になるため、適切なレベルでの分散がプライベート・エクイティ投資で効率的に高いリターンを享受する鍵となる。

筆者の所属するキャピタル・ダイナミックス（Capital Dynamics）では、バリュー・アット・リスク（Value at Risk、VaR）と類似する統計手法を用いて"invested Capital at Risk"（iCaR）と呼ばれる新しい革新的なリスク計測手法を開発し、それによってプライベート・エクイティ・ポートフォリオの元本毀損リスク（信頼水準99％での損失発生確率）を計測した。

その結果は図表11-1に示されるとおりである。下段からみていくと、1ファンドにしか投資しない場合、ホームランになる可能性もある一方で、最悪の場合最大で87％の元本を毀損することとなり、リスクは相当に高い。次に、15ファンドに投資する場合を二通りに分けて、組成年（ビンテージ・イ

ヤー）の分散が効果的であるかを検証する。1年間で15ファンドへ投資をする場合、同様の最大毀損割合は21%となり、1ファンドのみへ投資する場合より改善している。その一方で、時間軸で分散をかけ15年にわたり毎年1ファンドに投資すると、元本を毀損する可能性はなくなる結果となっている。プライベート・エクイティ・ファンドの存続期間である10年という長期投資でマクロ環境をとらえることはむずかしいため、毎年ある一定の割合をプライベート・エクイティへ配分することによりリスクを低減することがプライベート・エクイティ投資で失敗しない（元本を毀損しない）ポイントとなることが当分析からもいえるであろう。また、分散によりパフォーマンスのボラティリティが減少し、中央値が上昇していることもわかる。当分析は、リスクの観点からの考察のためデータはランダムに抽出しているが、より厳選したファンド選択を行うとさらにパフォーマンスが向上される。

(2) ポートフォリオの構築

次にプライベート・エクイティ投資を行う場合の選択肢を整理する。図表11－2に示されるとおり、プライベート・エクイティへの投資方法は三通りある。

①個別のプライベート・エクイティ・ファンドを通して未上場企業へ投資を行う
②プライベート・エクイティ・ファンドへ投資するファンド・オブ・ファンズを通じて投資を行う
③未上場企業へ直接投資を行う

プライベート・エクイティ投資は究極のアクティブ投資であり、良いリターンをあげるためには高度で専門的なスキルが必要とされるため、そのような専門的スキルを有するマネジャーが運営するファンドへ投資実務を委譲して投資を行う方法（図表11－2の①）が一般的である。
また、プライベート・エクイティ市場は300兆円規模まで成長しファンド

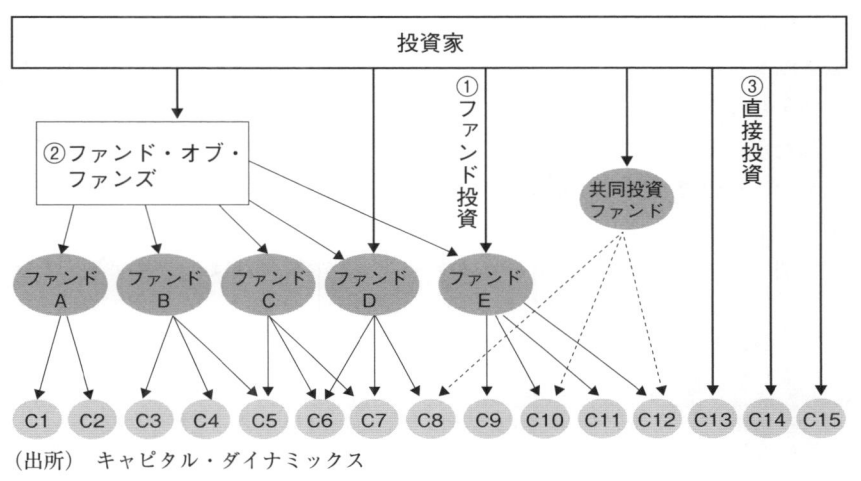

図表11-2　プライベート・エクイティ投資方法

投資家
① ファンド投資
② ファンド・オブ・ファンズ
③ 直接投資

共同投資ファンド

ファンドA／ファンドB／ファンドC／ファンドD／ファンドE

C1　C2　C3　C4　C5　C6　C7　C8　C9　C10　C11　C12　C13　C14　C15

（出所）　キャピタル・ダイナミックス

を運営するファンド・マネジャーも数千ほどあるなかで、パフォーマンスはスキルに大きく依存する属人的な投資であるため、投資候補を絞り投資対象ファンドを選定するのはそれなりの労力と経験などが必要である。そこで、投資家にかわって投資対象ファンドを選定してポートフォリオを構築するファンド・オブ・ファンズが存在する（図表11-2の②）。特に、初めてプライベート・エクイティ（またはプライベート・エクイティの特定セクター・地域）へ投資する投資家、人的資源が十分でない投資家、プライベート・エクイティへの配分額が限定的である投資家にとっては、ファンド・オブ・ファンズ経由の投資は管理報酬などが二重になるものの、次項で整理するその機能を活用でき、またファンド・オブ・ファンズの管理報酬も一般的には下がってきているので経済的にみても有効な手段であろう。

　逆に未上場企業へ直接投資を行う方法が図表11-2の③である。相当規模の資金をプライベート・エクイティへ配分している大手機関投資家などではプライベート・エクイティ投資チームを内製化し直接投資を行うケースが増加傾向にある。これによってプライベート・エクイティ・ファンドの管理報

酬（1.5～2.0%／年程度）や成功報酬（キャピタル・ゲインの20%程度）の外部流出を回避し、また投資先選定やそこからのエグジットのタイミングなどの投資戦略も自由に決められることとなるが、優秀な人材を抱えて他のファンドと競争しながらよい投資を行うことは容易ではない。

したがって、基本的には投資家は、個別ファンド投資かファンド・オブ・ファンズ経由での投資を選択することになる。これらの二つに焦点を当て、メリット・デメリットを整理すると図表11-3となる。

個別ファンド投資かファンド・オブ・ファンズ投資かは、アセット・アロ

図表11-3　個別ファンド投資とファンド・オブ・ファンズの対比表

	個別ファンド投資	ファンド・オブ・ファンズ（FOFs）
メリット	投資戦略を自ら策定し、自由にファンドを選定することができる	FOFsに投資することで、分散されたポートフォリオとなるため、効率的に投資ができる。 ファンド・オブ・ファンズのさまざまな戦略； ・シンプルなグローバル投資戦略、 ・セカンダリー、共同投資等包括的な戦略、 ・セクター、地域に特化した戦略
メリット	プライベート・エクイティの投資実績・ノウハウが社内に蓄積される	ファンド・オブ・ファンズの豊富なプライベート・エクイティ業界の情報量、豊富な人材より、プライベート・エクイティ投資のノウハウを習得できる
メリット	投資チームのコストはかかるが、FOFsへ払うフィーはない	煩雑なアドミ業務を軽減でき、また的確なリスク管理が行われる
デメリット	ファンド投資のスキル・ネットワークを有する人材の確保が必要	投資家の意思・投資戦略の反映には制約がある
デメリット	投資および投資先ファンドのモニタリングに手間がかかる	二重のフィーとなり、コストがかかる
デメリット	優良ファンドへのアクセス確立に時間がかかる	優良ファンドへのアクセスは限定的

（出所）　キャピタル・ダイナミックス作成

ケーション額、年間投資額、運用および管理の体制などによっても異なってくるであろう。国内の年金基金は一般的にプライベート・エクイティへの配分割合は限定的であったり、また少人数体制で全資産を運用していたりする場合が多いため、プライベート・エクイティへのエクスポージャーをもつのであれば効率的に分散されたポートフォリオを構築することができるファンド・オブ・ファンズが向いていると思われる。

2 ファンド・オブ・ファンズが提供する機能

(1) 分散されたポートフォリオの提供

プライベート・エクイティのポートフォリオを構築するには、ファンドを発掘し、精査し、投資を行うボトム・アップ・アプローチとマクロ経済から戦略的にアセット・アロケーションを設定し投資を行うトップ・ダウン・アプローチの混合アプローチとなる。ファンド・オブ・ファンズではあらかじめ定めたアセット・アロケーション、投資戦略に基づいて、ファンドを発掘・精査し優良ファンドへ投資を行い、分散されたポートフォリオを構築する。

(2) 優良ファンドへのアクセス

ファンド・マネジャーの質によるリターンのばらつきは上場株式のマネジャーより大きく、上位四分位に入る優秀なマネジャーの運営するファンドへ投資することによって高いリターン（アルファ）を享受できる。プライベート・エクイティ市場の公開情報は少なく、良いマネジャーの発掘には経験・ネットワークが必要で、また時間と労力もかかるが、ファンド・オブ・ファンズへの投資によってそのような課題が克服できる。

「良いワインは海を渡らない」といわれるとおり、優良ファンドは既存投資家などから容易に資金調達が可能なため、積極的に募集活動をしない。また、そのようなファンドにコミットの機会を得たとしても、超過募集になった場合は割り当てられたコミットメント額を減額（カット・バック）される

ケースもある。投資家としては、ファンド・オブ・ファンズを通じて投資を行うことによって優良ファンドのエクスポージャーを確保しつつそのようなマネジャーとの接点をつくり、関係を生かして個別ファンドへ投資することも有効な手法である。

　リーマン・ショック以前のブームの時期は、アクセスがむずかしい優良ファンドが多く、そこにアクセスを有するファンド・オブ・ファンズの価値は高かった。リーマン・ショック後、そのようなファンドは相対的には減っているが、一方、投資環境の変化に従って優良ファンド自体も変わってきているので、単に過去の実績やブランド・ネームに頼って再投資を続けるのではなく、従来以上にファンド・マネジャーの力量の見極めとその結果としてのファンド・マネジャーとのリレーションシップの継続的な見直しが重要になってきている。

(3)　投資後のモニタリング

　プライベート・エクイティ・ファンドへの投資は、基本的に中途解約ができないが、四半期・年次報告書を通じてポートフォリオの状況をモニタリングし、投資先企業の異常が検出された際にはファンド・マネジャーに追加情報を求め状況を把握する。また、ポートフォリオの分散・集中分析を行いながらポートフォリオの妥当性を確認しリスク管理を行う。

　さらに、投資先ファンドのリミテッド・パートナーシップ契約上の投資制限を超える投資、投資期間・ファンド期間の延長などでは投資家の承諾が必要になり、そのような場合、投資家は適切な対応を行わなければならない。承諾の内容によっては、ファンド運営に投資家の意向を反映するために投資家同士で意見交換・調整を行うこともしばしばある。

　ファンド・オブ・ファンズはこのようなさまざまなモニタリング業務を経験と独自のプラットホームを活用し効率よくかつ的確に行い、その投資家としてはモニタリングに割く時間と労力を大幅に削減し効率的なモニタリングが可能となる。

(4) キャッシュフロー管理、会計・税務への対応

ファンド・オブ・ファンズでは組入れファンドからのキャピタル・コールおよび分配を管理・予測することによって、投資家へのキャピタル・コール、分配（ディストリビューション）を四半期ごとに一度程度にまとめて行い、キャピタル・コール方式による煩雑なキャッシュフロー管理の簡略化を図っている。仮に15のファンドに直接投資を行った場合、ピーク時の資金の出し入れは年間50件以上となるが、これをファンド・オブ・ファンズ経由とした場合、10件以下に抑えることが可能となる。

また、海外籍のファンドへ投資を行う場合、投資したヴィークル（箱）によって会計・税務の取扱いが異なるため、その対応が煩雑となるが、間に本邦投資家に適したヴィークルをもつファンド・オブ・ファンズを挟むことによって国内投資家がそのような問題の大半を回避できる。

(5) ポートフォリオ構築の応用編

ポートフォリオ構築に際しては、「個別のファンド投資」か「ファンド・オブ・ファンズ」かの二者択一ではなく、投資家の戦略に照らしてうまく両者を組み合わせることも検討すべきである。

プライベート・エクイティ投資を開始するにあたり、初期段階ではファンド・オブ・ファンズを活用しながら、少しずつ次のようなかたちで変化させる手法もある。

① ファンド・オブ・ファンズをコアとしてポートフォリオを構築し、個別ファンドをサテライト的に加える（例えば、サテライトとしてスペシャル・シチュエーション戦略のファンドを加えてディストレスの投資機会をカバーする、など）。

② 個別ファンドでコアのポートフォリオを構築し、ファンド・オブ・ファンズをサテライト的に加える（例えば、日本のプライベート・エクイティのエクスポージャーをとるために日本フォーカスのファンド・オブ・ファンズを加える、など）。

③　ファンド・オブ・ファンズ投資後、ファンド・オブ・ファンズと個別ファンドの中間の「セパレート・アカウント」の仕組みに移行し、アセット・アロケーションに柔軟性を確保しつつ、運用コストを抑制する。

　また、ファンド・オブ・ファンズではプライマリー・ファンドへの投資だけではなく、セカンダリー投資や共同投資を手がけるものもあるので、これらをうまく活用することも重要である。

おわりに

　プライベート・エクイティ市場の規模は、グローバルな上場株式市場の約１割弱に成長している。また、過去のトラック・レコードをみても相対的に高いリターンを享受できる資産であり、年金基金のポートフォリオに組み入れる意義は高い。その一方で、プライベート・エクイティ投資は独特で手間のかかる投資であるため、日本の年金基金が効率的にプライベート・エクイティへ投資するために、個別ファンドへの投資とファンド・オブ・ファンズへの投資をうまく組み合わせていくべきと考える。

参考文献

小林和成（2013）「プライベート・エクイティ・ファンドの特徴―機関投資家の視点から―」日本バイアウト研究所編『機関投資家のためのプライベート・エクイティ』きんざい，pp.2-35.

小林和成・萩康春訳（2013）『プライベート・エクイティの投資実務―Ｊカーブを越えて―』きんざい．（Thomas Meyer and Pierre-Yves Mathonet（2005）*Beyond the J Curve: Managing a Portfolio of Venture Capital and Private Equity Funds,* Wiley Finance.）

日本バイアウト研究所編（2013）『機関投資家のためのプライベート・エクイティ』きんざい．

Christian Diller and Ivan Herger（2009）"Assessing the risk of private equity fund investments" Oliver Gottschalg (Eds.) *Private Equity Mathematics,* Private Equity International, pp.29-41.

Reiner Braun, Tim Jenkinson and Ingo Stoff (2013) "How Persistent is Private Equity Performance? Evidence from Deal-Level Data" Working Paper, Oxford University.

参考資料

Eli Talmor and Florin Vasvari (2014) "The Extent and Evolution of Pension Funds' Private Equity Allocations," Coller Institute of Private Equity at London Business School.

Sacha Ghai, Conor Kohoe and Gary Pinkus (2014) "Private equity: Changing perceptions and new realities," McKinsey & Company.

Interview

ファンド・オブ・ファンズへの投資の優位性

分散投資効果、優秀なマネジャーへのコンタクト

富士通企業年金基金
DC運営管理部長 兼 資産運用部長
濱中昇一郎氏

Q 富士通企業年金基金では、いつ頃からどのような背景があり、資産運用の対象としてプライベート・エクイティ投資を開始しましたでしょうか。

　当基金では、2001年よりプライベート・エクイティ投資を開始していますが、安定性を求めるためには上場株式だけでは限界があるとの考えがありました。また、日本企業のうち上場企業は1％未満であり、残りの約99％は未上場企業ですので、そこに多数の投資機会があると考えております。上場か未上場かに関係なく株式に投資するという意味合いでプライベート・エクイティを開始しました。全体の資産における位置づけについても、あらためてプライベート・エクイティという区分を設けるのではなく、管理上は株式の延長線で考えております。

　シングル・ファンドかファンド・オブ・ファンズについては、ファンド・オブ・ファンズから開始し、いまもファンド・オブ・ファンズを中核とした戦略を採用しております。リレーションのあるファンド・オブ・ファンズのリアップ（再投資）を中心にコミットを継続しています。

Q バイアウト・ファンドやベンチャー・キャピタル・ファンドに投資を行うファンド・オブ・ファンズが日本でも複数活動しています。年金基金を含む投資家がファンド・オブ・ファンズへ投資する優位点にはどのような点がありますでしょうか。

　まずは、情報が得られるという点があります。プライベート・エクイティ・

ファンドへの投資を行う際には、どのファンドが良いかも含めて情報収集を行う必要がありますが、ファンド・オブ・ファンズは情報をたくさんもっていますので、プライベート・エクイティのコンサルタントの役割として活用することもできます。

　もう一つは、分散投資効果です。ファンド・オブ・ファンズへ投資することによって十分に分散されたポートフォリオを構築することができます。日本の年金基金の場合は、多数のシングル・ファンドに分散投資するために多くの人員を割くことができないケースもありますので、ファンド・オブ・ファンズへ投資するのは効率的です。

　その他にも、投資報告書のダブルチェックが可能な点もメリットです。シングル・ファンドのジェネラル・パートナーが投資状況をファンド・オブ・ファンズに報告しますが、ファンド・オブ・ファンズ自身でも独自にジェネラル・パートナーの報告を精査しますので、ダブルチェックがかかっていると考えられるからです。

Q ファンド・オブ・ファンズのデメリットやコストについてはどのようにお考えでしょうか。

　デメリットがあるとしたら、終了までの期間が長いという点です。ファンド・オブ・ファンズの投資期間が数年あるうえに、その先のファンドの投資期間が10年と設定されていますので、終了までに15年程度かかることもあります。当基金がコミットしたファンド・オブ・ファンズでも運用が終了したものはまだありません。

　コストがかかるという点については、コストを払ってでも得られるメリットのほうが大きいと考えています。仮に、投資先のファンドに何か問題があった場合でも、ファンド・オブ・ファンズのマネジャーが解決してくれますので、投資家としてはモニタリングに対する時間と労力を効率化することができます。

Q これからプライベート・エクイティ・ファンドへの投資を検討している、日本の年金基金の方々へのメッセージをお願いします。

プライベート・エクイティのファンド・オブ・ファンズは、日本の年金基金にとっても十分魅力的な資産になると思います。当基金がファンド・オブ・ファンズへの投資を開始してから10年以上たっていますが、いまもその思いは変わりません。

昔は、ファンド・オブ・ファンズはフィーが高いという印象もありましたが、いまはマネジャー側の工夫もあり、リーズナブルになってきています。戦略も近年は多様になってきており、加えて優秀なマネジャーにアクセスできるということで、シングル・ファンドを自分たちで選定して仕立てる必要性が低くなってきているとも思えます。

プライベート・エクイティの情報収集については、他の年金基金の方々に聞くのがよいと思います。ファンド・オブ・ファンズに投資するにしても、他の年金基金がどのような見方で投資をしているかという情報は非常に大きいです。販売者に聞いても意味がありません。年金基金ですと、資産運用委員会などで「なぜやるのか」という説明をする局面も出てくると思いますが、その際に他の年金基金がどのような視点で投資をしているかという説明をするのは効果的です。年金基金向けのプライベート・エクイティのセミナーに積極的に参加するのもよいと思います。セミナーでは講演を聞く意味もありますが、他の年金基金の方々との情報交換や交流という意味合いも大きいと考えられます。

実際にプライベート・エクイティ投資を開始する際には、最初のうちはＪカーブ効果といわれているようにIRR（内部収益率）がマイナスになりますので、その意味をよく理解しておくことが必要です。それから、タイミングをとろうとしないことが重要です。過度に市場が活況な際に流行に乗ったり、特定の戦略に傾斜したりしないことが長期投資であるプライベート・エクイティにとって重要だと感じたからです。

Profile

濱中昇一郎氏
富士通企業年金基金 DC運営管理部長 兼 資産運用部長
HOYA株式会社入社後、1993年より同社厚生年金基金にて制度および運用管理を担当。その後、確定拠出年金制度移行に伴う年金基金解散のメンバーとして従事。同社確定拠出年金運営管理機関を経て、2005年より現職。社会保険労務士。日本証券アナリスト協会検定会員。公認内部監査人。

第 12 章

日本のプライベート・エクイティ市場におけるプレースメント・エージェントの役割

投資家と運用会社の情報の非対称性の緩和

アーク東短オルタナティブ株式会社
取締役　**古屋武人**

はじめに

　プレースメント・エージェントとは、運用機関と投資家とを結びつける媒介業者である。日本のプライベート・エクイティ市場は20年近く前から存在している。しかし、その市場規模は、経済規模から比較すると欧米のそれよりはるかに小規模であり、まだアセットクラスとして幅広く認識されていない。プライベート・エクイティの最大の市場である北米をみるとその歴史は50年以上前にさかのぼる。そして、その市場の成長には、プレースメント・エージェントの活動が密接にかかわっている。今後の国内プライベート・エクイティ市場の発展を促進させるためには、特に投資家の理解が進むこと、強いては投資家が投資しやすい投資環境をつくることが必要不可欠であると考える。このためにプレースメント・エージェントがどのようなことをしていくべきかあげることとする。

1　プレースメント・エージェントとは

(1)　プレースメント・エージェントの業務内容

　冒頭に申し上げたとおり、プレースメント・エージェントとは、運用会社と投資家とを結びつける媒介業者である。立ち位置としては、運用会社より募集委託契約に基づきファンド募集プロジェクトを受託しているため、運用会社のエージェントとなる。募集成功した金額に対し、一定率の成功報酬を

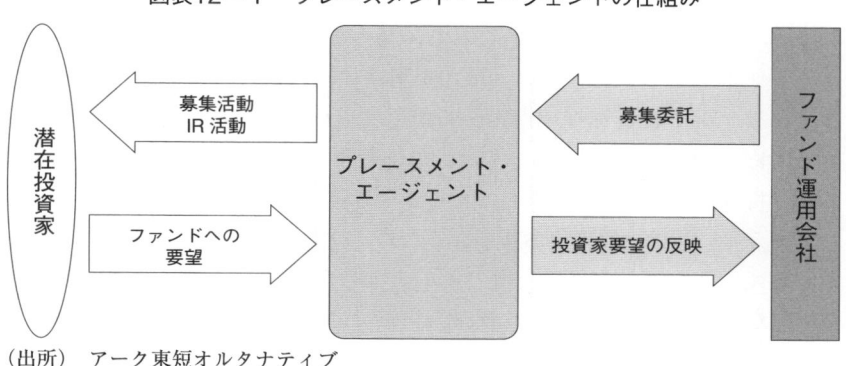

図表12−1　プレースメント・エージェントの仕組み

```
潜在投資家  ←[募集活動 IR活動]―  プレースメント・エージェント  ←[募集委託]―  ファンド運用会社
         ―[ファンドへの要望]→                        ―[投資家要望の反映]→
```

（出所）　アーク東短オルタナティブ

対価として支払われる。これがプレースメント・エージェントのビジネスである（図表12−1）。

以下、ファンド募集を成功するためにプレースメント・エージェントはどのような活動を行っているのか紹介していきたい。

❶投資家サイドのニーズ調査と商品設計

まず、投資家サイドのニーズ調査から始まる。市場には、金融機関、年金基金、個人富裕層、財団とさまざまな潜在投資家が存在する。プライベート・エクイティ・ファンドには、バイアウト、ベンチャー・キャピタル、グロース・キャピタル、メザニン、ディストレスト、インフラストラクチャー、セカンダリーなど多様な投資戦略が存在するが、潜在投資家がそれぞれどのような投資戦略を探しているのか把握しなくてはならない。またこれら投資戦略に対し、どのような投資条件であれば投資検討するのかも確認が必要である。プライベート・エクイティ・ファンドには、ファンド期間、ファンド規模、目標リターン、管理報酬率、成功報酬率、ジェネラル・パートナーのコミット額（運用会社自らの資金をもってファンド投資すること）など、多岐にわたる条件項目が存在する。プレースメント・エージェントは、投資家サイドのニーズを把握し、ファンドへの投資を幅広い投資家層に検討してもらうために、どのような商品設計を検討するべきかを運用会社にアド

バイスしている。

　なお、多くの運用会社は自らこれらの調査を行うことはない。通常プライベート・エクイティ・ファンドは10年満期（5年投資、5年回収）のものが多く、ファンド投資進捗率が70～80％程度を超えると次号ファンド（後継ファンド）の募集を開始する。すなわち、運用会社がファンド募集を実施するのは投資が完了するサイクルである3～5年に一度ということになる。この3～5年の間は投資に専念しているため、投資家のニーズ調査は手薄となる。また、この3～5年に一度のイベントのために、ファンド募集専属スタッフを抱えることはリソース配分上得策ではないと考えることが多い。したがって、常時、さまざまな潜在投資家とのコミュニケーションを図り、最新の投資家状況を把握しているプレースメント・エージェントを雇うことが効率的と考える。

❷ファンド設立趣意書（PPM）の作成

　商品設計が決まると、資料作成に移行する。潜在投資家からファンド概要の理解を得るためにはさまざまな資料が必要となる。ファンド設立趣意書（PPM＝プライベート・プレースメント・メモランダム）、プレゼンテーション資料、問答集（FAQ）などはその一部である。これら資料に何をどのように掲載するかで、潜在投資家のファンドに対する印象や理解度に差が生じる。例えば、国内投資家と海外投資家では言語のみならず、デューデリジェンス（ファンド審査）ポイントが変わってくる。潜在投資家の知りたいことが何なのか、的を射る情報提供を行わなければ、投資検討の俎上にあがることすらないであろう。ファンド設立趣意書が複数バージョン存在することはないが、その抜粋となるプレゼンテーション資料を投資家タイプに応じて複数用意することは、投資家ミーティングにおいて建設的な議論を展開するうえで役立つと思われる。

❸ファンド募集の開始

　ファンド説明資料の準備が整うと、いよいよ募集開始である。潜在投資家とミーティングをセットし、投資検討していただくべく情報インプットを開始する。一度のミーティングで投資決定する投資家はまずいない。プライ

ベート・エクイティは伝統的資産のように、解約可能なファンド設計にはなってはおらず、大抵はいったん投資約束すれば10年の付き合いになるので、潜在投資家は慎重に投資検討を進めるであろうことは容易に想像できる。

　例えば、日本の年金基金であれば、投資決定していただくまでに平均10回近いミーティングを実施することもある。着実にファンドに対する興味や理解を深めてもらうべく毎回テーマをもってミーティングに臨んでおり、一回目のミーティングを終える際には二回目のミーティングにつなげ、二回目のミーティングを終える際には三回目のミーティングにつなげる。そして基本ではあるが、相手の理解度に合わせてミーティングを進めることが大切である。潜在投資家のなかにはプライベート・エクイティ・ファンドへの投資経験にたけている人、そうでない人がいる。また、投資経験があったとしても、それのみを担当しているケースは限定的である。相手の理解度に合わせ、場合によっては専門用語の使用は避け、投資事例の説明には要点を絞るなどの配慮も必要である。

❹ファンドのクロージング

　そしてクロージングである。投資家がファンド投資を決定した際には、その意思を表明するために加入申込書（サブスクリプション・ドキュメント）の記入を行う。なかには投資家属性に関する詳細な質問事項が数十ページにわたって続くこともあるため、そこでプロセスが止まってしまわないようにサポートが必須である。

(2)　プレースメント・エージェントの歴史

　プレースメント・エージェントの歴史についても触れておきたい。近代的なプライベート・エクイティ投資が始まったのは1946年の米国にさかのぼるが、プライベート・エクイティ・ファンドが市場に現われ始めたのは1960年代後半から1970年代前半にかけてのことである。その後1980年代前半にレバレッジド・バイアウト（LBO）が活発化し、プライベート・エクイティ・ファンドの第一次ブームが到来した。プレースメント・エージェントが市場

に現れ始めたのもこの頃である。Eaton Partners（1983年設立の米独立系大手）や、Credit Suisse Fund Placement Group（1994年設立の米投資銀行系）などはその頃からプライベート・エクイティ・ファンド市場の発展にかかわってきたプレースメント・エージェントである。

　そして、2000年代に入ると、金利低下やレバレッジド・バイアウトの再来に伴い、2004～2008年には市場が急拡大した。米国では200億ドル規模のメガ・ファンドまで現れ、日本においても、1,000億円を超えるファンドが複数組成された。この頃には、世界の主要プライベート・エクイティ・ファンドの資金募集の半数近くでプレースメント・エージェントが関与しており、ファンドの資金募集や市場の発展において重要な役割を担った。

　なお、プライベート・エクイティ・ファンドの平均募集期間については、募集が活況を呈していたリーマン・ショック前には1～1年半程度で完結していたものが、近年は2年程度となっている。特に、リーマン・ショック後の2009年以降は、非流動性資産に対する投資に消極的な姿勢をみせる投資家が増えてきており、また従来のプライベート・エクイティ・ファンド投資家のデューデリジェンス目線もよりいっそう厳しくなってきていることもあり、ファンド募集期間は長期化している。日本では、募集期間が2年を超えることもあった。このようにファンド募集が昔ほどスムーズに進まない状況のなかで、今後ますますプレースメント・エージェントに対する期待は高まり、その存在は重要になっていくことが予想される。

2　日本で活動するプレースメント・エージェントに求められる役割

(1)　日本版プレースメント・エージェントのあるべき姿

　日本のプライベート・エクイティ市場は欧米のそれと比べると、まだ歴史は浅く、規模も小さい。日本のプライベート・エクイティ市場が誕生したのは1997年頃であり、プライベート・エクイティ市場／GDP比で比較すると、米国の10分の1にも達していないといわれる。日本におけるプレースメ

ント・エージェントは、今後の日本のプライベート・エクイティ市場発展のために、投資家と運用会社の架け橋となるために何をするべきか考えていかなければならない。単に投資家と運用会社の仲介のみをしているのであれば発展は見込まれないであろう。

❶年金基金のプライベート・エクイティの認知度の向上

　まず、投資家にプライベート・エクイティを認知してもらうことから始めなくてはならない。金融機関によるプライベート・エクイティ・ファンドへの投資については、この十数年の間で浸透してきたといえるが、さまざまな業界規制が施行されていくなかで、今後、中心的な資金の出し手ではなくなる可能性があるという見方もある。一方、日本の年金基金からの投資はまだこれからであり、250兆円近くあるといわれる、日本の年金資金の参加が今後のプライベート・エクイティ市場の発展の鍵になると思われる。

　弊社では、2010年10月の設立以来、一貫して年金投資家の方々にプライベート・エクイティを理解していただくために、さまざまな取り組みを行ってきている。個別ミーティングに始まり、プライベート・エクイティ・ファンド投資セミナー、専門紙におけるプライベート・エクイティ・ファンド投資の案内、プライベート・エクイティ・ファンド投資に取り組みやすい環境を整えるためのサービス提供、と多岐にわたる。これらの活動のなかで、「プライベート・エクイティ・ファンド＝ベンチャー・キャピタル・ファンド」という偏った知識しかもっていない投資家には正しい理解を促し、低金利に起因する運用難で苦戦を強いられている投資家にプライベート・エクイティという新しい資産クラスを紹介し、その投資意義について説明している。そして、「プライベート・エクイティ・ファンドは一度投資したら10年間解約できない」と思い、そのために投資検討すらしてこなかった投資家にはファンド流動化プロセスを用いた投資持分の譲渡（地位の譲渡）が可能であることも紹介している。また、実際にプライベート・エクイティを投資対象資産とみたときに何がファンド評価ポイントになるのかについて説明している。

❷関係者へのインプット

　年金投資家サイドからみればこれまで全く取り組んでこなかった資産クラスであるため、接触開始から実際の投資に至るまでに数年かかることも十分ありうる。また、年金基金のみではなく、彼らのフィデューシャリー・マネジャーとなる信託銀行や投資一任会社、コンサルティング会社、資産管理信託銀行などの関係者にもインプットが必要である。これらの方々も一部を除き、プライベート・エクイティ投資を主要業務としている人はほとんどいない。

　プライベート・エクイティ運用会社に対しても、年金投資家をはじめとした投資家サイドの運用状況と問題意識、ニーズと投資クライテリアなどを理解してもらうべくさまざまなアドバイスをさせていただいている。例えば、多くの年金基金の場合、定期的なインカム収入が期待されるファンド、短いJカーブを想定するファンド、一桁後半から二桁前半のIRR（内部収益率）を目指す、目標リターン設計のファンドのほうが取り組みやすいと考える。また、弊社はグローバルのプライベート・エクイティ・ファンドの運用会社と頻繁に意見交換させていただいているため、世界で認められる優良な運用会社の特徴、同業者比較、投資条件などについてアドバイスすることも多い。例えば、最近では、多くのグローバル・トップの運用会社は運用方針にESG（環境、社会、コーポーレート・ガバナンス）に準拠した運用を心がけることを盛り込んでおり、それを投資家サイドも基本要件として期待していること、などはその一例である。

❸プレースメント・エージェントとセカンダリー取引

　既に述べたように、プライベート・エクイティ・ファンドに投資した場合、10年間は持分を解約できないと考えている人が多い。この認識は正しいのだが、「解約＝流動化」と置き換えるのであれば、必ずしもそうではない。運用会社に対し解約請求を行うことはできないが、他の投資家に持分を転売することでファンドを流動化することは可能である。このファンド流動化プロセスをセカンダリー取引と呼んでいる。

　欧米のプライベート・エクイティ市場において、セカンダリー取引は頻繁

に行われており、毎年募集される金額の約5％近くはセカンダリー取引の対象となっている。この取引はセカンダリー専門業者もしくはプレースメント・エージェントによって仲介されるのが一般的である。

　通常、最後まで持ち切るはずのファンドを何らかの事情で流動化せざるをえない売手持分は、ファンドの純資産価値（NAV）に対し、ディスカウントで売買されることが多いが、その買手の提示価格の妥当性に関しては個別の判断が必要になる。セカンダリー業者は、売手から相談を受けると、複数の買手候補に打診し、オークションを経て最良価格を探る。そして最も高い価格提示をした候補者に独占交渉期間を与え、そこで最終価格の調整が行われる。ここで大切なのは業者が売手の匿名性を守ることである。独占交渉期間に入る前に売手属性が知られると、買手サイドから余分なディスカウントをかけられることもあり、それは避けなければならない。また、セカンダリー業者は1社専属で進めることが大切である。複数の業者に依頼すると売り玉の情報がそれだけ拡散しやすい状況をつくり、混乱を招きかねず、これも売却価格に不利に働く可能性につながる。

　このように流動化できる機能を知っていれば、初めてプライベート・エクイティ・ファンド投資を検討する投資家にとっても精神的に取り組みやすくなるであろう。日本のプライベート・エクイティ・ファンド市場のさらなる発展を促進させるうえでセカンダリー市場の整備は急務であり、プレースメント・エージェントを含めた仲介業者の参入が待たれる。

(2) プレースメント・エージェントによるファンド選定の考え方

　これまでプレースメント・エージェントのあるべき姿について触れてきたが、そもそもどのように募集委託を受けるファンドを選定しているのかについても触れておきたい。運用会社のファンド募集代行業者であるプレースメント・エージェントが「ファンド選定」というと偉そうに聞こえて恐縮ではあるが、これは重要なことである。初めてプライベート・エクイティ・ファンドへの投資を検討する投資家の場合、一つの成功体験が今後のプライベート・エクイティ投資に対するスタンスを大きく左右する可能性が高いと考え

る。また、投資家に対して優良ファンドを提供し続けなければプレースメント・エージェントとしての信用力低下にもつながり、そもそも投資検討の対象にすらあげてもらえない。

　弊社において優良ファンドとは、一定の定性評価をクリアしたうえで、常にパフォーマンスが上位25％に入ることが期待されるファンドのことを指している。プレースメント・エージェントのファンド選定は投資家の一次スクリーニングの役割を兼ねていると言っても過言ではないであろう。したがって、プレースメント・エージェントにとって、デューデリジェンスは非常に重要なプロセスなのである。

　筆者が創業メンバーとして立ち上げたアーク社においては、デューデリジェンスには大きく分けて三つのステップがある（図表12－2）。ステップ1はスクリーニング・プロセスである。反社会的勢力チェックや「マーケタビリティー」を議論し、そのファンドをデューデリジェンスに進めるべきか確認を行っている。「マーケタビリティー」とは、ニーズのある投資戦略か、募集を成功させるために情報開示などを含む協力的な姿勢を期待できるかなどを含む。

　ステップ2は、定量および定性チェックである。定量チェックでは、既存資料やデータを通じて、投資経験、チームの安定性、過去パフォーマンス、主な特徴、ファンド条件、ファンドを取り巻くマクロ環境などをみている。定性チェックでは、インタビューを通じて、資料からは読み取れない側面をあぶり出し、資料に記述されている内容と実態の整合性を確認しにいく。インタビューの対象となるのは、投資担当者、バックオフィス、社長、株主、既存投資家、市場関係者（ファイナンシャル・アドバイザーやアセット・マネジメントなど）、投資先企業、元従業員などである。

　そして、ステップ3では、これまで学んだファンドに関する内容に加え、投資に係る主なリスク、競合環境をふまえて、総じて過去の優良な運用成績を再現できる要素がそろっているか議論する。そのうえで取扱いの妥当性を判断している。プレースメント・エージェントは運用会社のエージェントであるが、投資家目線でこれらデューデリジェンスを実施することは重要なこ

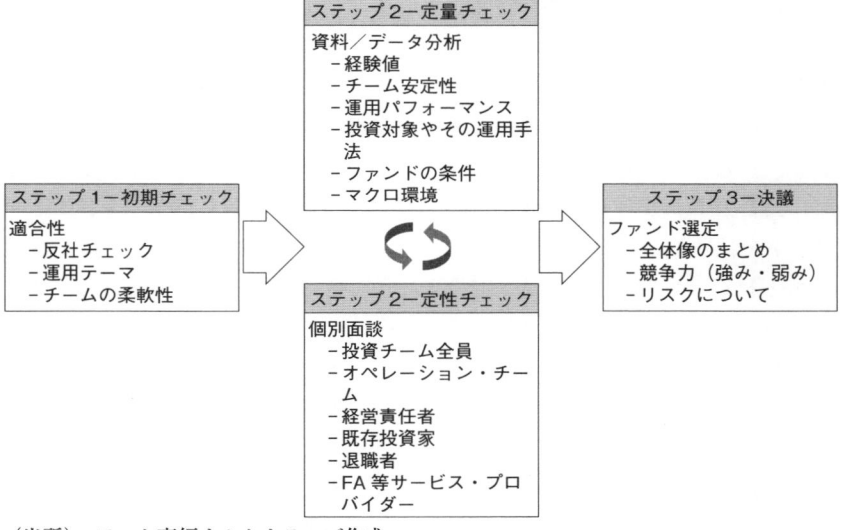

図表12-2　プライベート・エクイティ・ファンドを選別する際のガイドライン

ステップ1－初期チェック
適合性
　－反社チェック
　－運用テーマ
　－チームの柔軟性

ステップ2－定量チェック
資料／データ分析
　－経験値
　－チーム安定性
　－運用パフォーマンス
　－投資対象やその運用手法
　－ファンドの条件
　－マクロ環境

ステップ2－定性チェック
個別面談
　－投資チーム全員
　－オペレーション・チーム
　－経営責任者
　－既存投資家
　－退職者
　－FA等サービス・プロバイダー

ステップ3－決議
ファンド選定
　－全体像のまとめ
　－競争力（強み・弱み）
　－リスクについて

（出所）　アーク東短オルタナティブ作成

とである。

　そして大切なのは、この過程において運用会社と良好な関係を構築していくことである。相互理解が進むことで、より的確に運用会社とそのファンドを投資家に説明することができ、また投資家サイドのニーズ、疑問、不安に対応する際の連携もスムーズになる。これらを電話会議や電子メールのみならず、時には現地訪問を重ねながら進めるのが有効である。プライベート・エクイティ・ファンドは一度投資すると通常10年の付き合いとなる。運用会社の選定には慎重になりすぎることはない。個別性が高いといわれるプライベート・エクイティ・ファンドの特徴を勘案すると、しっかりと運用担当者の性格や投資哲学を理解しておきたく、そのためには海外の運用会社であっても現地を訪問して面談を行うことが必要不可欠である。弊社においては、デューデリジェンス・プロセスのなかに現地訪問を義務づけており、これまで取扱いをさせていただいたファンドは国内外にかかわらずすべてオフィス

訪問を実施している。ファンドの運用が複数の拠点にまたがる場合には、原則としてすべてのオフィスを訪問している。

おわりに

　プレースメント・エージェントとは、運用会社と投資家を結ぶ媒介業者であり、立ち位置は運用会社のエージェントであることを冒頭に申し上げたが、投資家および運用会社の距離を少しでも近づけるべく両サイドにインプットを続けることが必要である。プレースメント・エージェントは、プライベート・エクイティ・ファンド投資に係る情報の非対称性を緩和し、プライベート・エクイティ業界全体の透明性の改善に日々努めている。投資家の皆様がプレースメント・エージェントを利用する際には費用はかからないので、プライベート・エクイティに対する理解を深めるリソースとして積極的に活用いただきたいと思う。

　アーク社においては、投資家様のニーズに応え、これまでファンド募集業務に始まり、ファンド流動化サービス、デューデリジェンス代行サービスなどを提供してきた。その過程において、運用会社および投資家サイドの状況を把握するべく市場調査を行い、随時、運用会社、投資家、信託銀行／投資顧問業者、年金コンサルティングとの接触を図っている（弊社における2013年度の接触回数は1,380を超えた）。日本のプライベート・エクイティ・ファンド市場の発展を願う者として、今後プレースメント・エージェント業務を担うプレーヤーが増えていくことに期待したい。

Interview

プライベート・エクイティ・ファンドの情報収集

多様な運用戦略の導入に向けて

西日本電設資材卸業厚生年金基金
常務理事
橋爪孝雄氏

Q この十数年の間に日本の年金運用を取り巻く環境は激変しましたが、資産運用の考え方はどのように変化してきましたでしょうか。

　これまで13年間、当基金の運用執行理事として関与してきましたが、最初はセミナーに出たり本を読んだりして知識を蓄えながら、いろいろな運用戦略があるということを勉強しました。シャープ博士の論文なども読み、分散投資の意義についても学びました。当初の3年間は伝統的資産を中心としていましたが、多様な運用戦略を導入したほうがよいとの考え方に基づき、2007年にオルタナティブ運用管理規程を策定しました。

　そして、いままでの伝統的資産のみで分散を図るのでは十分な分散効果が得られないということで、さらなる効果を追求するためにオルタナティブ投資を開始しました。一足飛びに入っていくのではなく、最初は手近なところから一つひとつ商品を検討していきました。その過程でプライベート・エクイティも含めて組み立てていき、現在のかたちになりました。現在は、総資産を保全資産と収益追求資産というかたちで区分しており、プライベート・エクイティは後者に含まれております。経済環境の変化に対応できるよう柔軟に取り組んできました。

Q 近年、オルタナティブ投資の三領域であるヘッジ・ファンド、プライベート・エクイティ、不動産のうち、プライベート・エクイティが日本の年金基金の間でも注目されるようになってきました。貴基金では、理事会などでプライベート・エクイティの特性についてどのように説明していますでしょうか。

プライベート・エクイティは、非上場株式ですから、株式の一部分の分散投資という位置づけで考えていけば、年金基金としても理解しやすいのではないかと思います。流動性が低いことにより年金基金の皆さんは敬遠してしまいますが、返上や解散という前提がなければ、良いマネジャーを選定することにより、株式の一つとしての有力な分散投資手段になると考えられます。

収益性の観点では、10年で1.7倍程度のイメージでとらえていますので、これを絶対収益とみれば6～7％が目安になります。この収益性は、委員会で理事の方々に説明する際にもわかりやすいのです。「プライベート・エクイティ・ファンドには10社以上の投資先があり、投資におけるリスクについて一つや二つはデフォルトする可能性もありますが、一方で大化けする案件もありますので、平均するとこれくらいのリターン水準になります」と説明すれば理解が得られやすいです。

Q プライベート・エクイティに関する情報収集を行うにあたり、日頃から心がけていることはありますでしょうか。また、マネジャーの選定はどのように行っていますでしょうか。

プライベート・エクイティは人脈の世界であるということができます。例えば、後継者問題を抱えるオーナー経営者が株式の譲渡を検討する際に、「このファンドのこの人であれば案件をお願いしても大丈夫ですよ」という情報を参考にします。それと同じで、逆に投資家サイドでみた場合にも、「良いファンドがありますよ」という情報が入ってくるようにパイプを広げておくことが大切です。いろいろなセミナーに積極的に参加し、とにかく情報収集は足で稼ぎます。不要な情報であったとしても集めて自ら排除していきます。雑談のなかでも情報を引き出

していきます。

　いろいろなプライベート・エクイティ・ファンドがありますが、「人」の要素が強いものですので、ただ単に高いパフォーマンスを求めるという視点だけでなく、「マネジャー」と「投資家」との信頼関係が重要です。

　実際にマネジャーを採用する際には、ルールを設けています。コンサルティングの推奨なしには絶対に採用しません。まず私がヒアリングをして、次にコンサルティング同席でヒアリングをしますが、運用委員会、理事会、代議員会で通らなければ採用できません。また、当基金では、金融環境の変化に対応できるように、セカンド・マネジャー・システムを導入しています。

　マネジャーの選定は、冷静にみなければなりません。上げ相場になる局面では、みんな流行に乗っていきがちになりますが、マネジャーの選定にあたっては、経済環境などを十分に勘案したうえで検討していく必要があります。「これだけのリターンが出ます」というマネジャーのうたい文句に踊らされないことが重要です。

Q 日本のプライベート・エクイティ市場が発展するためには、年金基金とプライベート・エクイティ・ファンドの橋渡しを行うプレースメント・エージェントやアセット・マネジメントなどの役割が増してくると思われます。これらのプロフェッショナルに期待したい点は何でしょうか。

　一般的かどうかわかりませんが、これまでお付き合いしたプレースメント・エージェントからは、第三者的な立場から、一歩下がった視点でものをみながらご提案をいただいたように感じます。一方、アセット・マネジメントは、収益を意識しており、売らないといけないという心理が働いており、本来の役割を果たしていないケースも散見されました。自分で本当にそのファンドに投資するかという視点で考えているアセット・マネジメントが日本に本当にいるでしょうか。市場がこれだけ発展してきているにもかかわらず、受け入れてくれる側がそこまで取り組めていないというのが現状ではないかと思っております。そこを見抜くには、投資家側が資質を向上するしかないと思っています。年金基金の立場に

立ったプロフェッショナルの増加が期待されます。

Q 今後、プライベート・エクイティ・ファンドへの投資を検討する、年金基金の方々へのメッセージをお願いします。

　政策アセットミックスのなかでプライベート・エクイティに何を求めるのかという意味を明確化することが重要です。それが、整理できていないとプライベート・エクイティの領域には入っていけません。それができて初めて規模・戦略・地域という観点での選定基準がみえてきます。当基金がプライベート・エクイティを開始したときには、オルタナティブ投資は20％を目処に投資すると決めており、そのなかで分散ポートフォリオを構築するという明確な方針がありました。そして、まず国内のプライベート・エクイティ・ファンドに入れて、その後は海外にも目を向けていく明確な方針がありました。長期的な視点で方針を明確化して取り組むことが重要であると考えております。

　投資した後にいちばん気をつけるべきことは、進捗状況の確認です。プライベート・エクイティ・ファンドにコミットすると、途中で退場するわけにはいきませんので、本当に当初のとおりに進んでいるのか、あるいは進んでいない場合にどのように促すのかが重要になってきます。当基金が組み入れたマネジャーについては、おおむね順調に投資が進んでいますのでその点の懸念は少ないのですが、他の多くのマネジャーをみた場合に、なかなか投資が進まないということをよく聞きます。

Profile

橋爪孝雄氏
西日本電設資材卸業厚生年金基金 常務理事
大阪経済大学経営学部卒業。1967年大阪府民生部保険課に入職。大阪府市岡・吹田社会保険事務所長、大阪社会保険事務局保険医療課長を経て、2001年西日本電設資材卸業厚生年金基金常務理事・運用執行理事に就任し現在に至る。

第 13 章

年金基金によるプライベート・エクイティ投資のモニタリング

実務的なアプローチを中心として

株式会社りそな銀行
アセットマネジメント部　オルタナティブ運用室
グループリーダー　**田中章博**

はじめに

　投資家がプライベート・エクイティ・ファンドに対してコミットメントを行った後、ファンドの投資活動がスタートする。プライベート・エクイティ・ファンドは、いわゆるブラインド・プール型のファンド投資であり、最初から投資先企業は決まっておらず、当初4～5年間の投資期間を経て、順次、投資先企業を組み入れ、ポートフォリオが構築されていく。ファンド・オブ・ファンズ（FOF）の場合も、順次、投資先プライベート・エクイティ・ファンドを組み入れ、ポートフォリオが構築されていく。

　通常、年金基金は、信託銀行や投資顧問会社との一任契約を通じて、プライベート・エクイティ・ファンドへの投資を行っており、投資開始後のモニタリングの実務は信託銀行や投資顧問会社が行うこととなるが、年金基金サイドのポートフォリオ管理においても、組み入れたプライベート・エクイティ・ファンドにおいて運用ガイドラインに沿った運用が行われているか、信託銀行や投資顧問会社から状況説明を受けて、把握することとなる。プライベート・エクイティ・ファンドは、長期非流動性の資産クラスであり、プライベート・エクイティ・ファンドやマネジャーに関するネガティブな情報により、即座に流動化することはむずかしい。したがって、年金基金サイドも積極的に情報を入手して、運用状況を把握することが有益である。こうした観点をふまえ、本章では、信託銀行や投資顧問会社が行っている、一般的なモニタリングの手法について、実務的な立場から述べることとする。

1 ファンドに対するモニタリング

(1) 定例報告

　プライベート・エクイティ・ファンドへの投資における最大の情報源は、ジェネラル・パートナー（GP）やファンド・マネジャー（以下、「マネジャー」という）から定期的に送付されてくる定例報告書である。プライベート・エクイティ・ファンドの設立根拠となる投資事業有限責任組合契約やリミテッド・パートナーシップ契約において、定例報告書の種類、内容、頻度、提出期限などがあらかじめ定められている。通常、運用報告書（investment reports、四半期ごとあるいは半期ごと）、財務報告書（financial reports、年1回の監査済報告書、それ以外の四半期ごとあるいは半期ごとの未監査報告書）が主なものである。

　運用報告書は、プライベート・エクイティ・ファンドから投資を行う投資先企業の概要や投資後の業績推移が記載されており、組み入れられた個別の投資先企業やポートフォリオ全体が、マネジャーの投資方針に合致するものであるかを確認すると同時に、年金基金サイドの運用ガイドラインに沿ったものであるかを確認する。

　財務報告書は、プライベート・エクイティ・ファンドの貸借対照表（B/S）、損益計算書（P/L）、キャッシュフロー計算書（C/F）、投資先企業の評価額などで構成される。監査済報告書を受領した場合、監査人の適正意見が付されていることを確認し、限定意見や注記がないことを確認する。財務諸表においては、投資先企業の時価評価額（fair value）が最も重要なポイントである。海外ファンドの場合、投資後1年間は投資コストで評価されているが、その後は時価評価がなされる（評価増も評価減もある）。

　時価評価で用いられる主な手法は、バイアウト・ファンドの場合、比較可能な公開会社株価の倍率（EBITDA倍率など）を適用する方法、ディスカウント・キャッシュフロー（DCF）法、資産価値を適用する方法、あるいはそれらの手法を掛け合わせるものが一般的であり、ベンチャー・キャピタル・

ファンドの場合、第三者からの直近の資金調達（ファイナンス・ラウンド）の際に前提とした企業価値（EV）を参照とする方法も採用される。財務諸表においては、それぞれの投資先企業の時価評価がどの手法に基づき算出されているかが記載されていない場合もあり、運用説明を受ける際に聞き取りを行う。時価評価額が大きく変化した場合、その原因が投資先企業に起因するものか（業績など）、それとも外部要因に起因するものか（比較可能な公開会社株価の倍率の変化など）をチェックする。一方、日本のファンドの場合、保有期間中は原則、投資コストで評価され、業績が大きく悪化した場合には評価減がなされる。評価減がなされた場合、その理由をチェックする。

ファンド・オブ・ファンズ（FOF）へ投資している場合には、投資先が個別のプライベート・エクイティ・ファンドとなる。この場合も、組み入れられた個別のプライベート・エクイティ・ファンドやポートフォリオ全体が、マネジャーの投資方針に合致するものであるかを確認すると同時に、年金基金サイドの運用ガイドラインに沿ったものであるかを確認する。また、投資先プライベート・エクイティ・ファンドの時価評価額が大きく変化した場合には、その理由をチェックする。

セカンダリーFOFへ投資している場合、セカンダリー取引の手法や形態が、FOFマネジャーの投資方針（例えば、オークション以外での独占的取引で割安に購入するなど）に合致したものであるかを確認する。個別のプライベート・エクイティ・ファンドの購入価格はセンシティブな情報であり、マネジャーから一律に開示を受けることはむずかしいが、特定期間（例えば四半期）に実行したセカンダリー取引の平均購入価格（あるいは平均ディスカウント率）の開示を求め、入手可能な市場データ（セカンダリー仲介専門会社のCogent Partnersが定期的に発行しているものなど）と比較して、妥当な水準であるかをチェックし、乖離が大きい場合は、その理由を検証する。

定例報告の内容や形式は、マネジャーごとに異なる。年金基金のニーズに合致した情報を得るためにも、デューデリジェンスの段階で過去ファンドの定例報告書サンプルを入手して、投資後のモニタリングに十分な内容や形式であるかをあらかじめ検討する。

(2) キャッシュフロー

プライベート・エクイティ・ファンドからキャピタル・コールを受領した場合、資金使途（新規投資、既存投資先への追加投資、管理報酬や経費など）、要請された支払額が未使用コミットメント額の範囲内であるかをチェックする。

キャピタル・コールが新規投資に使用される場合、当該新規投資の概要が添付されていることが多い。新規投資先企業は、ファンドの投資方針に合致したものであるかを確認する。既存投資先企業への追加投資であれば、追加投資の合理性を確認し、1企業当りの投資上限（通常、契約によりコミットメント総額の15～20％以内に制限されている）を超過していないかをチェックする。

プライベート・エクイティ・ファンドから分配通知を受領した場合、分配金の内容（投資先企業のエグジットからの代金、投資先企業からの利息・配当など）をチェックする。投資先企業のエグジットからの代金であれば、エグジットに至る経緯およびリターン（回収倍率（マルチプル）や内部収益率（IRR））を確認する。欧米のプライベート・エクイティ・ファンドの場合、投資先企業に対する借入れ（レバレッジ）を増やし、配当などで回収してプライベート・エクイティ・ファンドの投資家に対して返還する、いわゆるリキャピタリゼーション（recapitalization）で分配を行う場合もあるが、当該リキャピタリゼーションの内容が妥当か（借入水準が過度ではないか、借入条件が合理的かなど）を確認する。

プライベート・エクイティ・ファンドから分配金を受ける場合、その全部もしくは一部が未使用コミットメント額に戻入れされて、将来のキャピタル・コールにもう一度使用されることもあるが（いわゆるリサイクル）、当該リサイクルの妥当性を契約の規定と照らしてチェックする。

(3) パフォーマンス分析

プライベート・エクイティ・ファンドへの投資は、基本的には絶対収益追求型の投資形態であり、上場株式や債券への投資のように、市場ベンチマー

クに比較した超過収益が一般的なリターン測定の手法ではない。欧米を中心として、プライベート・エクイティ・ファンドのベンチマークを確立する動きもあるが、幅広く参照とされているものが存在する段階ではない。

しかしながら、新規投資先候補としてマネジャーの過去実績を調査する場合、既存投資先のプライベート・エクイティ・ファンドの実績を検証する場合などに、代表的な手法として、ユニバース比較（ピアグループ比較ともいう）によるパフォーマンス分析がある。プライベート・エクイティ・ファンドのユニバース比較とは、組成年（ビンテージ・イヤー）、投資戦略、ファンド規模などが同類であるプライベート・エクイティ・ファンドのパフォーマンス（投資倍率、内部収益率（IRR）、払込累計額に対する分配累計（DPI）など）を四分位（上位25％以内、上位25％～メジアン、メジアン～下位25％、下位25％以内）で分類して、検討対象のプライベート・エクイティ・ファンドがどの四分位に位置しているかを確認し、競合するプライベート・エクイティ・ファンドとの優劣を比較することである。

一般的な情報ベンダーとして、Preqin、Cambridge Associates、Thomson Reutersがユニバース比較のデータを提供している。これらを利用しているマネジャーに聞くところによると、各ベンダーのユニバース比較は、それぞれに特徴があり、同じプライベート・エクイティ・ファンドでも異なってランク付けされる場合があるとのことである。各ベンダーが得意とする情報源（主にマネジャーからの情報収集か、投資家からの情報収集か）、組成年の定義（ファンド設立時期か、投資開始時期か）などが異なるためである。この点を考慮しつつも、調査対象のプライベート・エクイティ・ファンドのおおむねのランク付けを知ることは可能である。

別途のパフォーマンス分析の計測手法として、プライベート・エクイティ・ファンドと株式インデックスを比較するものがある。プライベート・エクイティ・ファンドへの投資に関するキャッシュフロー（キャピタル・コールや分配）と同じタイミングおよび金額で、比較対象の株式インデックス商品を購入・解約したと仮定して、当該インデックス商品の投資倍率や内部収益率（IRR）を算出して、プライベート・エクイティ・ファンドと当該

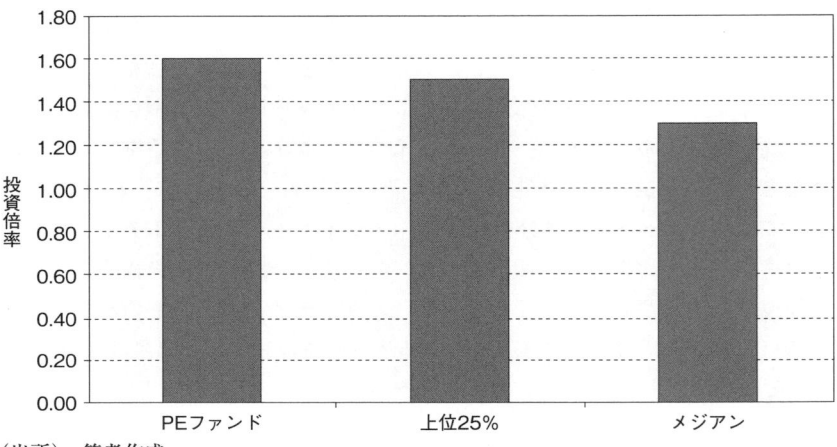

図表13－1　ユニバース比較（イメージ）

	投資倍率
PEファンド	1.60
上位25%	1.50
メジアン	1.30

（出所）　筆者作成

　インデックスとの比較を行うものである。プライベート・エクイティ・ファンドの特性に応じて、比較を行うインデックスの種類（地域、業種、会社規模など）を判断する。

　一方、パフォーマンスの要因分析の手法として、投資コストと実際の回収額、あるいは現在の時価評価額を比較して、その差額の要因をEBITDA増加、デット削減、時価評価で参照とするEBITDA倍率の増加などの寄与度で分解するものがある。一般的に、EBITDAの増加による寄与度が高ければ、投資先企業の内部成長（organic growth）で企業価値が向上した証である。マネジャーが投資先企業に対して創出する企業価値向上策との兼ね合いから、解釈することが有益である。

　これらのパフォーマンス分析や要因分析は、通常はマネジャーが作成するデューデリジェンス用資料や運用説明資料に含まれていることが多いが、計測手法の特徴や前提の置き方などに留意して、正しく理解することが重要である。

図表13－２　企業価値向上の寄与度の分析（イメージ）

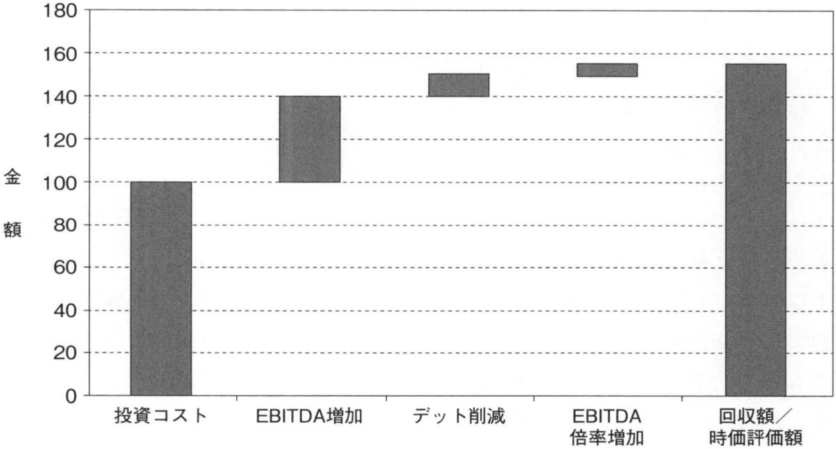
180
160
140
120
100
80
60
40
20
0
金額
投資コスト
EBITDA増加
デット削減
EBITDA
倍率増加
回収額／
時価評価額

（出所）　筆者作成

2 マネジャーに対するモニタリング

⑴　投資方針・投資戦略

プライベート・エクイティ・ファンドに投資する場合、事前にデューデリジェンスを行っているが、デューデリジェンスの際に特定されたマネジャーの投資方針や投資戦略が、実際に投資が開始されて以降も一貫して適用され、有効に機能しているかを常時モニタリングする。

投資方針では、プライベート・エクイティ・ファンドに組み入れられた投資先企業の業種（セクター）、規模（中小企業～大企業。通常は企業価値（EV）や売上げの大きさで測られる）、特性（ベンチャー・ファンドの場合は、アーリー・ステージ、ミドル・ステージ、レイター・ステージなど、バイアウト・ファンドの場合は、グロース投資、バイ・アンド・ビルド投資、ディストレス投資など）、地域（地域特定、グローバル）が投資方針に合致したものであるかを確認する。また、投資案件発掘の手法（複数の買手候補が存在するオーク

ションか、売手との独占的な交渉か)、購入価格や借入額(直近EBITDAの何倍であるかで示されることが多い)もある程度は市場環境に左右されるとはいえ、マネジャーの従来の方針の範囲内であることを確認する。

　投資戦略は、投資先企業をプライベート・エクイティ・ファンドに組み入れて以降、マネジャーが投資先企業に対してどのような付加価値を創出して企業価値を高め、エグジットにまでもっていくかである。この点はプライベート・エクイティ・ファンド運用におけるバリューチェーンのなかで最も重要なプロセスである。例えば、バイアウト・ファンドの場合は、多くのマネジャーがハンズオン手法を採用しており、投資先企業に人員を配して、経営の重要な意思決定プロセスに関与することで、マネジャーのコントロールのもとで投資戦略を有効に適用して、付加価値の創出を実現しようと試みる。このハンズオン手法については、マネジャーによって関与の度合いに幅があり、マネジャーの投資担当者が投資先企業の常勤取締役や経営幹部に就任して、日常的な業務に関与する場合もあれば、投資先企業の社外取締役や社外監査役に就任して、投資先企業の経営方針の策定およびその後の進捗管理のみに関与する場合もある。当初のデューデリジェンスにおいて、このような投資手法を理解することのみならず、投資開始後にマネジャーが当該投資手法を適正に踏襲しているかをモニタリングする。

　もちろん、市場や環境の変化に応じて、当初の投資方針や投資戦略の適用がむずかしくなり、修正された、あるいは、従来とは異なる投資方針や投資戦略に基づく投資案件が組み込まれることも出てくる。弊社のこれまでの経験でも、マネジャーが得意とする業種や地域での案件獲得競争が激しくなり(つまり購入価格があがる)、従来の業種とは異なる周辺業種や関連業種を投資対象としたり、従来の対象地域とは異なる周辺国に進出したりすることもみられた。それらの事例が成功する場合、事前にリサーチを行い、マネジャー内のリソースを構築し、マネジャーの従来のスキルや能力が十分に発揮されているケースが多い。マネジャーが従来の投資方針や投資戦略と異なる投資を行う場合には、その合理性を検証することが重要であり、場合によっては、マネジャーに対して軌道修正を要請することも行うべきである。

(2) 組織・体制・人員

2．(1)で述べた投資方針や投資戦略が有効に機能し続けるか否かは、マネジャーの組織・体制・人員に依存するところが大きい。事前のデューデリジェンスにおいて、組織・体制・人員を綿密に調査して、満足のいく水準であると判断した場合にプライベート・エクイティ・ファンドに投資を行うわけであるが、投資開始後にそれらに変化が現れて、投資に影響を与える場合が多い。

組織や体制にとって最も大きなイベントの一つは、オーナーシップの変更である。プライベート・エクイティ・ファンドの運用チームが大手金融機関（銀行、保険、証券、運用会社など）に属している場合、当該チームが他社に売却されたり、当該チームの経営陣がマネジメント・バイアウト（MBO）により独立したりすることである。独立系マネジャーの場合、反対に大手金融機関により買収されたり、株式公開を行い上場企業になったりすることである。オーナーシップの変更により、会社としての運営方針が変更となり、それがプライベート・エクイティ・ファンドの運用に対して影響を与えることも少なくない。オーナーシップの変更の場合には、従来の運用チームの組織や体制が継続されるものであるかに細心の注意を払う必要がある。

オーナーシップの変更以外にも、組織の過度な拡大（投資担当者数、拠点数）、新規運用業務への進出も、リソースの適正配分や利益相反防止の観点から、組織や体制を注意深くモニタリングする必要がある。

人員については、投資事業有限責任組合契約やリミテッド・パートナーシップ契約において、主要な投資担当者を「キーマン」と位置づけて、当該「キーマン」が運用から離脱した場合や「キーマン」の数が一定数以下となった場合、投資期間（新規投資を行うことのできる期間）が停止する「キーマン条項」を設定している場合が多い。「キーマン」が退職した場合、その理由や背景を調査し、組織や体制に問題点がないかを検証する。離脱した「キーマン」の担当業務がどのように引き継がれるのか、代わりとなる「代替キーマン」の能力やスキルは十分なものかなどを検討する。

「キーマン」以外の中堅の投資担当者の退職にも注意を払い、それが組織

や体制の問題に起因するものではないかをチェックする。組織の持続可能性という観点から、マネジャーの投資方針や投資戦略を社内で学んだ中堅の投資担当者のなかから、次世代のリーダーが出てくることが一般的には望ましく、そのような体制が維持されているかをモニタリングする。

　弊社のこれまでの経験では、投資担当者が退職する場合の主な理由は、①組織の運営方針に関して意見が相違した場合、②成功報酬の獲得が困難となった場合、③次号ファンド組成の可能性が低く、新規投資活動ができなくなった場合、などである。特に②および③の原因については、プライベート・エクイティ・ファンドのパフォーマンスが低迷する場合に発生することが多い。

　マネジャーの創業者やトップの投資担当者がある一定の年齢に達し、引退する場合や第一線を退く場合、世代交代（サクセッション、トランジション）が発生する。世代交代に成功しているマネジャーをみると、長年にわたるプランを策定し、次世代のトップを早くから特定して、順次権限委譲を行っている場合が多い。マネジャーの世代交代プランを確認するとともに、次世代のトップと特定された人物の組織運営能力をモニタリングする。

(3)　オンサイト・モニタリング
　プライベート・エクイティ・ファンドのマネジャーの多くは、年次総会を開催して、投資家に対して運用状況や組織体制の状況を説明する。年次総会においては、マネジャーの投資担当者による運用説明に加えて、投資先企業の経営者がプレゼンテーションを行うことも多く、投資先企業の事業内容や事業計画について理解を深めると同時に、マネジャーの投資先企業に対する付加価値向上策がどのように進展しているかをチェックする。また、年次総会には他の投資家も参加していることから、情報交換を積極的に行い、彼らの見解を参考とすることも有益である。特に、海外ファンドの場合、海外投資家（特にFOFマネジャー）が広範な情報を持ち合わせていることが多く、彼らとリレーションを構築して継続的に情報交換を行うことも非常に参考となる。

また、年次総会では、マネジャーのあらゆる階層の投資担当者やアドミニストレーション担当者と接触することができる貴重な機会でもある。日頃接しているマネジャーのIR担当者やシニア投資担当者から得られる情報以外の情報を率直に聞けることもあり、興味深い。
　年次総会以外にも、年に一度程度はマネジャーのオフィスを訪問して、投資担当者から運用説明を受けることも有益である。新規投資先企業を組み入れた場合は、案件発掘の経緯や今後の付加価値向上策を聞き取りする。既存投資先企業については、付加価値向上策の進展状況、業績不振に陥っている場合には回復策の進展状況、エグジットが近い場合にはエグジットの進展状況などを確認する。同時に、マーケットの状況（新規投資の環境、エグジットの環境、レバレッジ調達の環境など）の説明を受ける。

(4) パフォーマンス悪化時の対応

　プライベート・エクイティ・ファンドのマネジャーは、いずれの投資先企業への投資についても、当初想定する付加価値向上策を適用することにより企業価値を向上させて、一定期間内にエグジットを行い、投資コストをはるかに上回るリターンを得ることを目標とする。しかしながら、外部環境の変化、投資先企業内部の問題、マネジャーの投資戦略の適用ミスなどにより、業績が不振に陥る投資先企業が発生する。
　2008年から2009年にかけて発生した金融危機は、プライベート・エクイティ・ファンドの投資先企業において、借入過多、売上げや収益の激減、銀行ローンの財務制限条項（コベナンツ）への抵触など、数多くの問題を生み出し、大口の投資先企業が破綻する事例や、レンダーに支配権を握られる事例が数多く発生した。
　業績不振に陥った投資先企業に関しては、マネジャーの再生策（ターンアラウンド）の進捗および効果を注意深くモニタリングする。再生策が功を奏さず、残念ながら償却に至った投資先企業については、償却に至った経緯を確認する。
　ここで重要なポイントは、投資の失敗を経験として、マネジャーがどのよ

うな教訓を学び、今後の投資方針や投資戦略に修正を加えていくかである。弊社で取扱いのある米国のバイアウト・ファンドのマネジャーのなかに、2000年代初頭のITバブル崩壊の影響を受けて、投資の失敗を経験したことから、投資方針の再構築を図り、投資対象は景気後退期でも生き残る可能性の高い業界のリーダー的企業、顧客や営業拠点が分散化されている企業などに限定するなど、厳格な基準を設けた先がある。2008年から2009年の金融危機を経て、彼らの運用するバイアウト・ファンドの投資先企業から、損失を出した投資先企業が1社も発生していないことは、注目に値する。

おわりに

　年金基金からのオルタナティブ投資は、2000年代初頭のファンド・オブ・ヘッジファンズに始まり、2000年代半ばの不動産ファンド、2000年代後半のインカム型ファンド（インフラストラクチャー・ファンド、デット・ファンドなど）と、時代や投資家のニーズを反映して、その主流が変遷してきたが、残念ながらプライベート・エクイティ投資が年金基金の投資対象として表舞台に出たことはなかったように思われる。その背景には、プライベート・エクイティ投資が長期クローズド・エンド型であること、流動性がきわめて低いこと、キャピタル・コール方式であり残高が一定ではないことなどのマイナスの点が指摘されてきた。しかしながら、プライベート・エクイティ投資の付加価値の源泉は、企業活動のダイナミズムに起因するものであり、具体的には、企業の成長、新しいビジネス・モデルの創出、不振企業の再生、他社買収（M&A）による規模拡大、業界の再編（コンソリデーション）などである。この点は、株式投資の分野と類似しており、また、企業年金の場合、母体企業の企業活動を考慮すれば、意外に理解が容易なものかもしれない。

　従前に比べると、プライベート・エクイティ投資に関する情報は数多く提供されており、市場参加者（国内外の運用会社、受託金融機関、コンサルタント、既に投資経験のある年金基金）から話を聞く機会も多く存在する。このような情報を整理・理解して、年金基金のリスク・リターン特性に適合するプライベート・エクイティ投資を検討することが可能である。年金基金のポー

トフォリオ構築において、一定割合の長期投資が許容されるのであれば、それに見合うリターンを達成するために、プライベート・エクイティ投資を組み入れることも意義のあることと考える。

Interview

大阪ガス企業年金の プライベート・エクイティ投資プログラム

14年間のポートフォリオの総括

大阪ガス株式会社 財務部
ファイナンスチーム（企業年金資産運用担当）
インベストメント・オフィサー
石田英和氏

Q まず、プライベート・エクイティ投資を開始した時期と背景についてお聞かせ願います。また、プライベート・エクイティの資産配分についてご説明願います。

2000年に退職給付会計が導入された当時は、リスク性資産が8割という配分でした。低金利環境下でリターンを向上させようと思うと、株式のリスクをとらざるをえませんでした。そこで、伝統的資産を超えてさらなるリスク分散を進めるため、プライベート・エクイティ、ヘッジ・ファンド、不動産というオルタナティブ投資への取り組みを開始しました。年金のような機関投資家の場合、各資産クラスにリスク・リターンの前提値をもたせ、平均分散最適化法というやり方で、所与の運用目標に対して最もリスクの少ないポートフォリオを算出します。過去当社の運用目標は4％内外でしたから、資産の組み合わせによって資産全体のリスクが8～10％に抑えられるように、資産配分を決めていました。ただ、プライベート・エクイティは積み上げに時間がかかりますので、5年程度の中期計画を立てて積み上げていくことにしました。プライベート・エクイティの前提値については、リスクは株式より高め（会計上のリスク低減効果は入れない）、リターンは株式＋3％のプレミアムと置きました。これは、欧米の機関投資家のなかでは標準的な方法だと思われるものをコンサルタントなどと相談のうえでとったものです。

　実際の資産積み上げは予想どおりにはいきませんでした。投資開始後すぐにIT

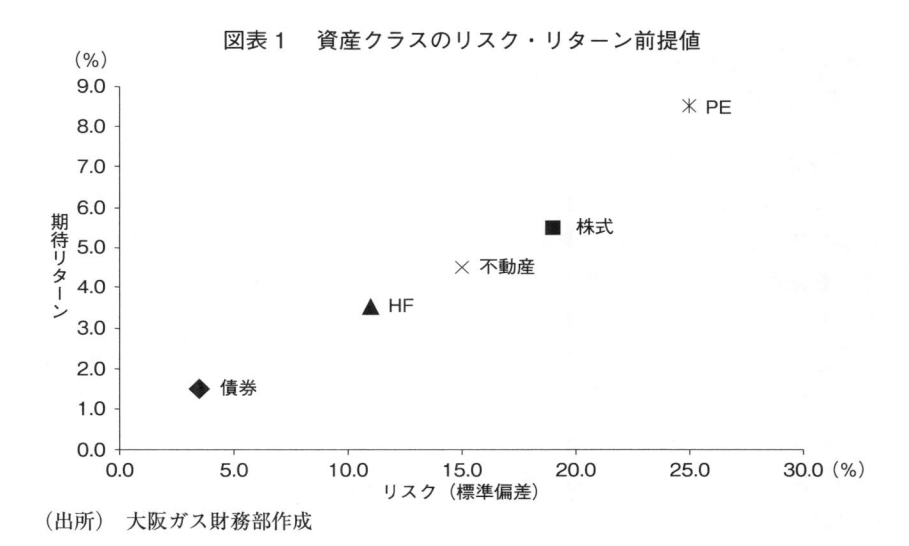

図表1　資産クラスのリスク・リターン前提値

（出所）　大阪ガス財務部作成

　バブルが崩壊し、プライベート・エクイティ市場も冷え込んだからです。しかし、年金受託機関の投資能力が高まってきたこともあり、市場の回復した2005年から2007年頃までに、外国株式をリバランスで回収した資金を投入するかたちで、プライベート・エクイティの残高を増やしていきました。この時期にはセカンダリー取引で購入したこともありました。

　現在のプライベート・エクイティ投資プログラムの総額は808億円（残高589億円および残コミットメント219億円）。コミットしているファンド運営会社は26社で、約100の組合契約を管理しています。投資戦略別の内訳は、ベンチャーが48％、バイアウトが47％、その他が5％となっており、地域別の内訳は、欧米が71％、日本・アジアが20％、その他が9％となっています。また、ファンドの種類別の内訳については、ファンド・オブ・プライベート・エクイティ（以下、「FOPE」という）が39％、海外バイアウトが30％、海外ベンチャーが22％、国内バイアウトが4％、国内ベンチャーが3％、その他が2％となっています。

Q この14年間のプライベート・エクイティ・ポートフォリオの総括をお願いします。

　図表2は、投資開始以来の14年間の実績を、図表3は、プライベート・エクイティが本格化した過去10年の実績を外国株式との対比で示しています。14年間の実績を年率で示しますと、時間加重収益率が3.7％、金額加重収益率が7.5％、累積収益金額が267億円となっています。投資開始から14年もかかってしまいましたが、リスクに見合った収益をあげることができたと考えています。年金で用いられることの多い時間加重収益率（残高に左右されないので上場証券の運用機関評価に適する）での実績が低いですが、これは、プライベート・エクイティ特有のJカーブ効果が関係しています。プライベート・エクイティは投資初期の残高が小さい時にパフォーマンスが見かけ上悪くなるのですが、当社の場合でも当初の4年間がこの時期に当たっています。ただ、年金にとって最終的に大事なのは金額での収益なので、特に気にすることはないと思います。

　次にプライベート・エクイティが本格化した10年間をみると、プライベート・

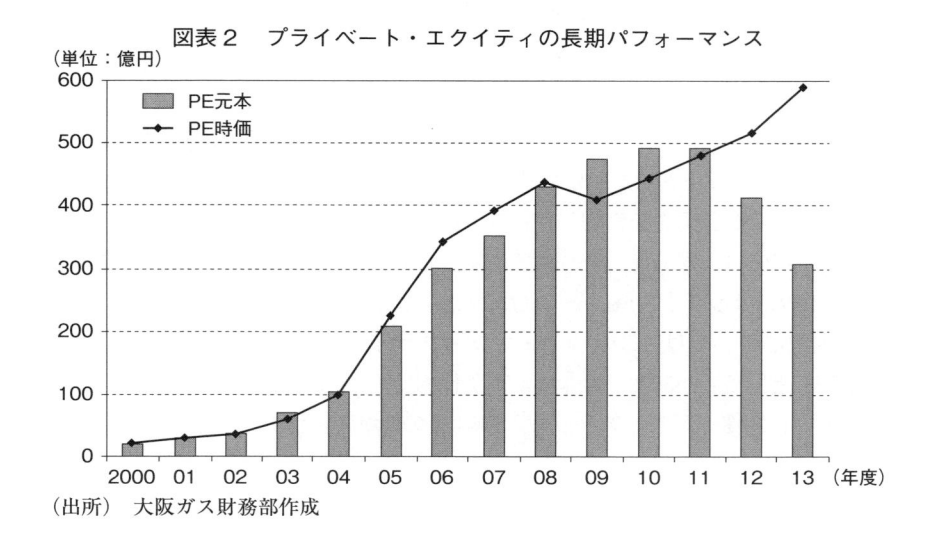

図表2　プライベート・エクイティの長期パフォーマンス

(出所)　大阪ガス財務部作成

エクイティは時間加重収益率で7.5%、金額加重収益率で8.0%の年率リターンをあげています。これは当初想定していたリターンをほぼ達成できたレベルです。ただし、同時期の外国株式（当社実績）もほぼ同じリターンを確保しています。絶対リターンで7.0〜8.0%というリターンを達成できたのは当初の目論見どおりでしたが、同期間の外国株式のリターンが良かったため、プライベート・エクイティのリスクプレミアムは実現できていないのが実情です。ここでの分析のパフォーマンスはファンドレベルの報酬はネットしていますが、受託機関レベルの報酬はネットしていません。上場株式では報酬の安いパッシブ・ファンドが利用できることを考えると、プライベート・エクイティはさらに不利になります。

プライベート・エクイティのリスクプレミアムは実現できていませんが、ポートフォリオ全体にとっての意義は小さくありません。プライベート・エクイティ

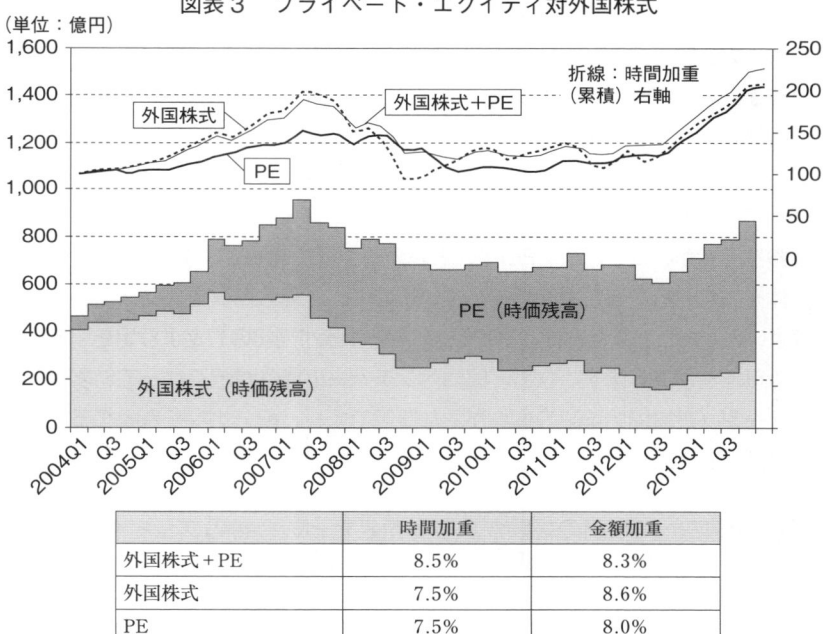

図表3　プライベート・エクイティ対外国株式

	時間加重	金額加重
外国株式＋PE	8.5%	8.3%
外国株式	7.5%	8.6%
PE	7.5%	8.0%

（出所）　大阪ガス財務部作成

を導入した分、外国株式のリスクをとらずにすんでいるからです。当社の場合、前述のように資産積み上げ期に外国株式を売却してその一部をプライベート・エクイティに投入していました。外国株式とプライベート・エクイティを合わせたリターンをみてみると、時間加重収益率が8.5％と、両資産（7.5％）単体でみた場合よりも高くなります。したがって、ポートフォリオ全体としては、プライベート・エクイティを入れた当初の目的を達成できたのではないかと考えております。

　一方リスクをみますと、年1回しか信託帳票に反映していなかったこともあり、2010年頃まではスムージング効果により変動率が外国株式ほど高くありません。つまり2005年〜2007年にかけては外国株式ほど上がらないし、2008年〜2009年は外国株式ほど下がらないという特性がみられます。ところが、2011年〜2013年の3年間をみますと、外国株式とプライベート・エクイティの収益のパターンは非常に似ており、相関が高くなっていることがうかがえます。これには公正価値会計がグローバル・スタンダードとなり、プライベート・エクイティの保有する非公開株式も時価評価されていることが少なからず影響していると考えられますが、この時期急激に進んだ円安などほかにも理由があるかもしれません。信託帳票への反映も四半期ごとが主流になってきていますし、プライベート・エクイティのスムージング効果は低下していくものと思われます。

　プライベート・エクイティの種類別パフォーマンスについては、図表4に記載のとおりですが、コアとなるFOPEの倍率がやや低くなっています。FOPEには市場全体を広くとらえることを期待しているので、一種のインデックスとして考えればよいのかもしれませんが、FOPEレベルの報酬が当初の想定より足を引っ張っている可能性があります。なお、国内ベンチャーの収益が低くなっていますが、ビンテージ（投資開始年）の偏りが主な原因ですし、配分比率を考慮すると全体への影響は限定的です。

Q 最後に、14年間の経験から学んだことと、今後のプライベート・エクイティ実務への示唆についてお話し願います。

　リーマン・ショック前後の好況期と不況期の波を経験していくつか感じたことがあります。まず、比率よりも金額で計画したほうがよいという点です。上場株

図表4　プライベート・エクイティの種類別パフォーマンス

区分	投資倍率（倍）	時価（億円）
ファンド・オブ・プライベート・エクイティ（FOPE）	1.24	213
国内ベンチャー	0.59	23
国内バイアウト	1.44	23
海外ベンチャー	1.31	132
海外バイアウト	1.41	177
その他	1.67	5

（出所）　大阪ガス財務部作成

式が好調なときは全資産の分母が大きくなりますので、プライベート・エクイティの比率をある程度維持しようとすると、十分な金額を購入しているつもりでも追いつかなくなります。実際に目標比率には未達でした。いま振り返ってみると、上場株式が好調なときは、プライベート・エクイティのビンテージとしては不作の年でした。株式市場が好調なときには比率ベースで考えるとアクセルを踏み続けることになるので、金額ベースで考えてスピード出しすぎにならないようにすればよかったと思います。もちろん当時はヒートアップした市場をできるだけ避けて投資するようにはしていましたが、そんな戦術的な動きより全体のスピード管理のほうが重要でした。

　一方、金融危機のような時期を通じて、毎年一定の金額をコンスタントに維持するというのは非常に困難です。株式市場が好調な時期は各ファンドのパフォーマンスも非常によくみえますので、ファンドレイズも盛んですし、どの投資家も強気になります。一方、低調な時期には増やそうとしても、ファンド募集が少なく、人気のあるマネジャーは奪い合いになります。市場が低迷している時期はプライベート・エクイティを仕込むのには最適なのですが、上場株式のように簡単にできるものではありません。周りがブレーキをかけているときに巡航速度を維持するためには、プライベート・エクイティの受託機関との信頼関係を構築し、お互い励まし合いながらポートフォリオを構築することが必要です。これから始めようとする投資家様にとっては良くない話かもしれませんが、プライベート・

エクイティ投資を始める時期はたいていビンテージとしては最悪です。当社はITバブルの頂点でスタートしました。大事なことは必ずやってくる下げ局面でも、投げ出さないでコンスタントに投資を続けることです。最初の損を取り返すまでやめない根性をもつこととそれを支えてくれる受託機関を選ぶことだと思います。

　プライベート・エクイティの業務というと、どのようなファンドを選んだらよいかという議論になりがちなのですが、ビンテージやポートフォリオ全体での分散を地道にやっていくことのほうが大切です。悪いビンテージはどのファンドもパフォーマンスが悪くなります。良いビンテージのファンドを十分に仕込んで借りを返すしかないのです。投資家は、マネジャー選択に過度に固執する傾向にあるのですが、十分に分散されたポートフォリオを構築していって、そのなかでどの部分をコアとするのか、あるいはスタイルの分散をどうするのかというメリハリの効かせ方のほうが大切です。とかくコアの巨大ファンドばかりが良さげにみえますが、期待を上回るリターンが出ることはまれです。コアだけではなくオポチュニスティックなファンドも入れて、一つのファンドの損失（残念ながら必ず起きます）が他のファンドのリターンで埋め合わせることができるように分散投資することが重要です。多くの受託機関は見栄えのよいファンドを推奨することに熱心ですが、こういう（厳しいけれど）親身な助言をしてくれるアドバイザーこそ価値があります。最近ではプライベート・エクイティでの経験を積んだ専業の助言会社も出てきましたが、今後もそのような会社が増えていくことに期待したいと思います。

Profile

石田英和氏
大阪ガス株式会社　財務部　ファイナンスチーム（企業年金資産運用担当）インベストメント・オフィサー
1990年東京大学法学部卒業。同年大阪ガス株式会社入社。都市エネルギー営業部を経て、1995年スタンフォード大学MBAプログラム修了。同年より経理部財務室にて、資金調達、リスク管理、インベスター・リレーションズ、年金資産運用などに携わる。2000年より適格年金資産運用担当。日本証券アナリスト協会検定会員。共訳書に次世代年金実務家ネットワーク訳（2003）『勝者のポートフォリオ運用―投資政策からオルタナティブ投資まで―』金融財政事情研究会がある。

第 14 章

年金基金によるプライベート・エクイティ・ファンドのポートフォリオ戦略

サブ・アセットクラスを活用した
キャッシュフローおよびリスク・コントロール

みずほグローバルオルタナティブインベストメンツ株式会社
運用第三部 部長　**佐村礼二郎**
運用第三部 シニアファンドマネージャー　**齋藤大彰**

はじめに

　昨今、プライベート・エクイティ・ファンドの戦略は多様化が進んでおり、そのサブ・アセットクラスとしてメザニン、プライベート・デット、セカンダリー、ディストレスト、インフラストラクチャーなども大きな注目を浴びるようになっている。まずは、プライベート・エクイティ・ファンドのポートフォリオの構築にあたってのさまざまな分散手法（ビンテージ、投資戦略、キャッシュフロー、地域、マネジャーなど）を用いた、伝統的な分散投資戦略についての基本的な解説を行い、これらサブ・アセットクラスについて概略を解説する。次に、リスク・リターンのコントロールをしながら、Jカーブを軽減する手法として上記のサブ・アセットクラスの活用を提案する。これらをふまえ、年金負債とのマッチングも勘案しながら、キャッシュフローおよびリスク・コントロールを意識した、最適なポートフォリオ構築の手法について論じたい。

1　プライベート・エクイティの分散投資戦略とサブ・アセットクラス

(1)　基本的な分散投資戦略

　プライベート・エクイティのポートフォリオを構築する際には、ボトム・

アップでの良質のファンドの選定はいうまでもないが、トップ・ダウンでの分散投資戦略によりリスク・コントロールすることが必要である。すなわち、ビンテージ、投資戦略、キャッシュフロー、地域、マネジャーの分散であり、以下に簡単に解説する。

❶ビンテージ分散

プライベート・エクイティ・ファンドの特徴として、景気低迷期に設立されたファンドのパフォーマンスが景気過熱期に設立されたファンドのパフォーマンスを上回る傾向があることは、過去の歴史が裏付けている。したがって、景気サイクルの影響を抑え、安定的なパフォーマンスを達成するためには継続的に投資をするビンテージ分散が必要であるというのが一般的な考え方である。しかしながら、景気過熱期のビンテージを回避するなどタイミングによって投資の強弱をつける、フォーカスする投資戦略の濃淡をつける（例：景気低迷期にディストレストのウェイトを高める）、セカンダリー取得によってビンテージを調整するなど、マクロ経済環境や個々の年金基金の財政状況に鑑みた修正ビンテージ分散戦略を施す必要があると考える。

❷投資戦略の分散

海外の大手年金などの実績をみてもわかるとおり、市場規模の観点からも、バイアウト戦略をポートフォリオの中心とする例が多い。プライベート・エクイティへの投資目的が株式市場に対する超過リターン追求であるならば、バイアウト戦略を中心に据えるべきであろう。バイアウト戦略を補完するものとして、ベンチャー・キャピタル、グロース・キャピタル、プライベート・デット、メザニン、セカンダリー、ディストレスト、インフラストラクチャーなどの戦略を、❶で記載のとおり景気サイクルに応じて組み合わせていくのが一般的な投資戦略の分散手法である。また、昨今ではバイアウト戦略も多様化してきており、案件サイズ、業界、タイプ（コーポレート・カーブアウト、事業承継、企業再生など）によって各ファンドが差別化された投資戦略を標榜していることからも、バイアウト戦略のなかでもリスク分散を図ることができる。

しかしながら、個々の年金基金によっては「既に株式リスクは上場株式で

とっている」、「Jカーブは受け入れがたい」などの意見からバイアウト戦略を中心とできない状況もあろう。その場合は後述するプライベート・エクイティのサブ・アセットクラスを導入しつつ、長期的にバイアウトをポートフォリオに加えていく手法も考えられる。

❸キャッシュフローの分散

　プライベート・エクイティは流動性に制約があり、またキャッシュフローが不規則なため、これをコントロールすることは困難である。平準化したキャッシュフローを生み出すには、ビンテージ分散を図りつつ、それぞれキャッシュフロー特性の異なる投資戦略ごとの、ファンドの個別将来キャッシュフローを予測したうえで、計画的に配分していく必要がある。

　これからプライベート・エクイティの投資プログラムを開始する年金基金にとっては、当初数年間はキャピタル・コールによるキャッシュアウトが先行してしまうのはやむをえないが、投資回収のタイミングが早いプライベート・デットやセカンダリーなどのサブ・アセットクラスをポートフォリオに組み込むことで、ディストリビューションも確保しつつネットでの払込額を抑える効果が期待できる。

❹地域およびマネジャーの分散

　プライベート・エクイティ・ファンドの特徴として、マネジャー間のパフォーマンス格差が大きいこと、例えば同じバイアウトでも戦略の違いによってパフォーマンスの相関関係が異なることなどからもマネジャー分散は必要といえる。地域分散については、市場規模の観点からは欧米中心と考えるのが一般的であるが、昨今はアジアを含むエマージング諸国でもプライベート・エクイティが活発になっており、また日本へのホーム・カントリー・バイアスや為替リスクの観点など、論じる点が多い。例えば、プライベート・エクイティではキャッシュフローのコントロールができないことから為替ヘッジに限界があり、そういう意味では円リターンを獲得できる国内ファンドへの期待は大きいのではないかと考えられる。

　以上が伝統的な分散投資戦略だが、結局は個々の年金基金のプライベート・エクイティ投資の目的や財政状況に応じて遂行する必要があり、骨の折

れる作業である。こうした作業をゲートキーパーやファンド・オブ・ファンズの採用を通じてアウトソースする方法に加えて、受託者である投資一任業者、信託銀行や年金コンサルタントなどによるハイレベルなアドバイスが必要であり、受託者サイドも意識を高めるべきと考える。

(2) プライベート・エクイティのサブ・アセットクラスについて

　昨今、ファイナンス技法の進化、企業の資金調達ニーズの多様化、金融機関をめぐる各種規制の強化などを背景に、プライベート市場での資金調達が脚光を浴びつつある。その結果、伝統的なプライベート・エクイティであるベンチャー・キャピタルやバイアウト以外のサブ・アセットクラスのニーズも高まっており、年金基金をはじめとした投資側のニーズとも相まって、注目を集めている。以下に、各サブ・アセットクラスについて簡単に解説する。

　メザニンについては、章後のインタビューならびに松野（2013）に説明を譲るとして、シニア・ローンも含めたプライベート・デット・ファンドが投資家の注目を集めている。銀行に対する各種規制、検査などにより、企業向けのファイナンス（買収ファイナンス含む）に需給ギャップが生じていることから、銀行に代わる新たな資金の出し手としてファンドの存在意義が高まってきた。日本では依然として間接金融が強いことから、本格的なプライベート・デット・ファンドはほとんど存在しておらず、選択肢は少ない。

　ディストレストについては、欧米で盛んな不良債権のトレーディングを行うヘッジ・ファンド・タイプの「イベント・ドリブン戦略」に属するもの、担保付債権を取得して担保価値に依拠した回収を行うもの、マネジャーが企業再生に深く関与するプライベート・エクイティに近いものと多様な戦略が存在する。

　セカンダリーについては、第8章ならびに佐村（2013）に詳細説明を譲るが、昨今市場は急拡大している。日本国内での取引が活発になり、プライベート・エクイティ投資の制約の一つとなっている流動性の問題の解決への一助になることを期待している。

図表14－1　プライベート・エクイティの主なサブ・アセットクラスについて

種類	投資戦略	期待リターン	回収期間など
メザニン	シニア・ローンとエクイティの中間に位置する資金調達手法の総称。バイアウト・メザニンとコーポレート・メザニン（バイアウト・ファンドが参加せず、成長資金や資本再構築などで活用される）の2種類がある。キャッシュ・クーポンおよびPIKに加えて、ワラントなどを保有する場合もある	10～15％程度	2～5年程度（中途でリファイナンスにより期限前返済されることも多い）だが、定期的なインカム収入あり
プライベート・デット（シニア・ローン）	主として中堅・中小企業向けに銀行が融資困難な先（必ずしも問題先ではない）などにローンを供給するもの	5～7％	5～6年程度（同上）だが定期的なインカム収入あり
ディストレスト	債権トレーディング型、不良債権を取得し担保資産の売却による回収を行うものから、経営をコントロールし、企業再生を図るものまでさまざまな戦略あり	10～20％以上（企業再生タイプのファンドが期待リターン高い）	1年弱～5年（債権トレーディング型、不良債権取得型は短い）
セカンダリー	プライベート・エクイティ・ファンドの存続期間中に既存投資家から持分を中途で取得する。通常はNAVからのディスカウントでの取得が可能	20％程度	3～7年程度（取得するプライベート・エクイティ・ファンドの経過期間によって異なる）
インフラストラクチャー	政府などとの長期契約に基づくコア（公共施設など）、資産価値の増加をねらうコア・プラス（電力など）やオポチュニスティックと呼ばれるプライベート・エクイティ型のインフラ投資などがある	5～15％程度	10年超（ただし、コア・インフラやコア・プラスは定期的なインカム収入あり）

（出所）　筆者作成

また、安定的なキャッシュフローを生み出し、かつインフレ・ヘッジにもなる資産としてインフラストラクチャーが注目されている。規制に基づいた独占運営を背景にした低リスクの「コア戦略」（例：公共施設など）、契約に基づいた安定キャッシュフローが望め、かつ資産価値の増大が望める「コア・プラス戦略」ないしは「バリュー・アッド戦略」に加えて、さらにリスク・テークの度合いが高い「オポチュニスティック戦略」に分類される。リスクが高まるほど、プライベート・エクイティ的なアプローチ、すなわちマネジャーが価値創造を行うことが重要になる。

　上記以外にも広い定義の「プライベート・インベストメンツ」はますます多様化してきている。例えば、投資対象として一般的な不動産のほかにも森林、農地、エネルギー資源（採掘権など）、飛行機や船舶などの実物資産や、医薬品特許（ロイヤリティ）、トレード・クレーム（企業間の商業債権）、フィルム・ファイナンス（映画関連の資産）なども含まれる。いずれのアセットも流動性に制限はあるものの、インカム収益が期待でき、かつ低流動性プレミアム[1]を享受できるという特徴がある。

2 プライベート・エクイティの最適ポートフォリオ構築に向けて

(1) 年金負債とのマッチングを勘案したポートフォリオ戦略

　年金負債のデュレーションを勘案すると、長期資産であるプライベート・エクイティは親和性が高いともいえるが、予定利率の引き下げや流動性を放棄することへの抵抗感が強いことなどの原因[2]によってプライベート・エクイティ投資は進んでいない。成熟度によっては既に給付超、あるいは今後近いうちに同様の状況になる確定給付型の基金も増加すると予想される。それ

1　低流動性プレミアムとは低流動性資産の性質を活用した各投資戦略により得られる超過リターンと筆者は定義づけている。
2　プライベート・エクイティへの取り組みが進まない理由の説明については、鳴戸（2013）に詳しい。

ゆえ長期的な年金資産・負債のキャッシュフロー管理の重要性が増しており、運用資産の流動性に注意が向く理由となっている。もちろん、超低金利により国債ポートフォリオでは予定利率に到底満たないことから、期待利回りの高いプライベート・エクイティを組み入れることは理にかなっている。しかしながら、Ｊカーブが深いプライベート・エクイティには二の足を踏む投資家が多いことも事実である。

　さて、本章で示したようなプライベート・デットないしはセカンダリーやディストレストのようにＪカーブが浅いサブ・アセットクラスは、年金負債のキャッシュフロー構造と親和性は高い。こうしたサブ・アセットクラスに伝統的なプライベート・エクイティを組み合わせることで、収益追求をねらいつつ、年金負債のキャッシュフローに一部をマッチングさせることが可能になる。プライベート・デットやメザニン（場合によってはインフラストラクチャーも）については債券投資の延長でとらえることも可能であり、Ｊカーブが浅くリスクを抑えたセカンダリーを外国株式や国内株式のカテゴリーと認識することなど、投資家の求めるリスク・リターン、運用方針などを勘案して柔軟に定義することも一考かと思われる。アセット・クラスの多様化に対し、従来型のアセット・アロケーションの考え方のみでは整理がむずかしくなっており、本稿とは論点がずれるが、目標とするポートフォリオを伝統的なアセット・ミックスによるのではなく、時間軸（短期、長期等）やテーマ軸（成長、安定等）で組み直すなどの発想も必要であろう。

(2) プライベート・エクイティ・ポートフォリオ構築の実践

　ここまで論じてきた分散投資戦略、サブ・アセットクラスの活用、年金負債とのマッチングなどの考え方を通じて、プライベート・エクイティのポートフォリオ構築の具体的なアイデアを検討する。

　プライベート・エクイティをサブ・アセットクラスも含めたプライベート・インベストメンツとして定義づけ、大まかに三つのカテゴリーに分類したのが図表14-2（横軸にＪカーブ（もしくはリスク）、縦軸に期待リターンをとる）である。インカムゲイン系については、安定したインカムゲインを得

図表14-2 プライベート・インベストメンツの分類

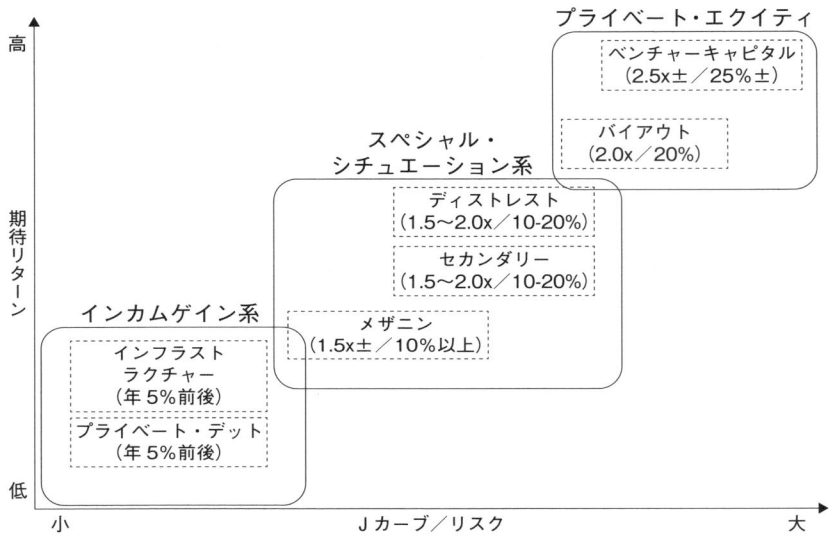

```
高 ↑
   |                                    プライベート・エクイティ
期  |                              ┌──────────────────────┐
待  |                              | ┌──────────────────┐ |
リ  |                              | | ベンチャーキャピタル | |
タ  |           スペシャル・          | | (2.5x±／25%±)   | |
ー  |           シチュエーション系     | └──────────────────┘ |
ン  |         ┌──────────────────┐ | ┌──────────────────┐ |
   |         |                  | | | バイアウト        | |
   |         |  ┌────────────┐  | | | (2.0x／20%)      | |
   |         |  | ディストレス  |  | | └──────────────────┘ |
   |         |  | (1.5〜2.0x／10-20%) | └──────────────────────┘
   |         |  └────────────┘  |
   |         |  ┌────────────┐  |
   |  インカムゲイン系 | セカンダリー  |  |
   |  ┌─────┤  | (1.5〜2.0x／10-20%) |
   |  |     |  └────────────┘  |
   |  |     |  ┌────────────┐  |
   |  |     |  | メザニン     |  |
   |  |  ┌──┤  | (1.5x±／10%以上) |
   |  |  | |  └────────────┘  |
   |  |  | └──────────────────┘
   |  |  | インフラストラクチャー
   |  |  | (年5%前後)
   |  |  | プライベート・デット
   |  |  | (年5%前後)
低  └──┴──┴──────────────────────────────→
   小              Jカーブ／リスク              大
```

(注) 各戦略のカッコ内：左側はネット投資倍率、右側はネットIRRの水準を表す。
(出所) みずほグローバルオルタナティブインベストメンツ作成

るアセットであり、例えばプライベート・デット、インフラストラクチャーなどが含まれる。一方で、スペシャル・シチュエーション系は、ディストレスト、メザニン、セカンダリーなど幅広い投資機会が該当する。

インカムゲイン系のうち、プライベート・デット戦略については、欧米では昨今活発なユニ・トランチェ（シニア・メザニンなどを含めたデットをすべて一つのローンとして引き受ける形態によりレバレッジド・ローンで活用される）、第二抵当権ローンなどが注目を浴びている。しかしながら、日本では既に述べたとおり、プライベート・デットのファンドも少なく、また社債市場もきわめて限定的であることから、投資家にとっての選択肢が少ないことは事実である。

従来、プライベート・エクイティのポートフォリオ構築については、Jカーブを許容しつつ、長期的なリターンを追求するという観点からバイアウ

ト・ファンドやベンチャー・キャピタル・ファンドを主な投資対象として考えるのが一般的であった。ところが昨今の年金基金の平均的な予定利率は2～3％程度であり、また給付のためのキャッシュフローを一定程度確保するなどの制約を考慮すると、サブ・アセットクラスをプライベート・エクイティの一部として取り扱うことで、期待リスク・リターンを下げつつ、Jカーブを緩和するポートフォリオ構築を行うことが可能になるのではないか。

サブ・アセットクラスの活用による具体的なキャッシュフロー分散については、紙面の関係もあり割愛せざるをえないが、読者にイメージをつかんでいただくために単純なモデル・ポートフォリオとして図表14−3を設定した。初年度は大半をサブ・アセットクラスにコミットを行い、期間損益やキャッシュフローが安定してくるに従って伝統的なプライベート・エクイティの割合を増やしていくというモデルである。全額を伝統的なプライベート・エクイティに投資する場合に比べて、早期黒字化および残高の早期積み上がり[3]が期待できる（図表14−3参照）。

おわりに

紙幅の限りもあり、具体的なポートフォリオ構築の手法の詳細説明まで至らなかったことは残念であるが、これまで日本の投資家になじみの少ないサブ・アセットクラスの紹介はできたと思う。アセット・アロケーションのさらに深い論点については別の機会に詳しく述べたい。

信託銀行、投資顧問会社、年金コンサルティングや弊社のようなゲートキーパーの役割は重要度を増してきている。すなわち、優良ファンドの紹介のみならず、それぞれの投資家の特性にあったポートフォリオ構築の提案を行うということである。

また、初めてプライベート・エクイティをポートフォリオに組み込むこと

---

[3] 一般的にプライベート・デットやセカンダリーなどの投資戦略では伝統的なプライベート・エクイティと比較すると投資進捗のスピードが速い傾向にあるが、必ずしもそうではない場合もある。

図表14-3　サブ・アセットクラスを活用したプライベート・エクイティ・モデル・ポートフォリオ

サブ・アセットクラスを組み合わせないケース
（単位：億円）

	1	2	3	4	5	6	7	8	9	10
プライベート・エクイティ	100	100	100	100	100	100	100	100	100	100
サブ・アセットクラス										
メザニン										
プライベート・デット										
ディストレスト										
セカンダリー										
インフラストラクチャー										
年間コミットメント額（マイナス表示）	▲20	▲40	▲60	▲80	▲100	▲100	▲100	▲100	▲100	▲100
分配額	0	0	0	26	52	82	112	142	162	172
投資残高	18	54	108	167	231	280	314	333	342	346
コミット済払込未済残高	80	140	180	200	200	200	200	200	200	200
損益	▲2	▲4	▲6	5	16	30	44	59	68	73

サブ・アセットクラスを組み合わせるケース
（単位：億円）

	1	2	3	4	5	6	7	8	9	10
プライベート・エクイティ	10	10	20	30	40	50	60	70	70	70
サブ・アセットクラス	90	90	80	70	60	50	40	30	30	30
メザニン	10	10	10	10	10	10	10	10	10	10
プライベート・デット	30	30	20	20	20					
ディストレスト	10	10	10	10	10	10	10	10	10	10
セカンダリー	30	30	30	20	10					
インフラストラクチャー	10	10	10	10	10	10	10	10	10	10
年間コミットメント額（マイナス表示）	▲28	▲56	▲83	▲93	▲95	▲94	▲93	▲92	▲94	▲94
分配額	1	8	17	36	60	86	110	118	126	135
投資残高	27	76	147	215	268	301	318	330	341	349
コミット済払込未済残高	72	116	132	140	145	151	158	166	172	178
損益	0	3	7	13	20	26	32	36	40	45

（出所）みずほグローバルオルタナティブインベストメンツ作成

を検討している年金基金運用の実務担当者からすれば、このような「流動性が低い」、「時価計測が困難」、「キャッシュフローが不規則」などきわめて厄介なアセット・クラスに躊躇することは当然ともいえる。しかしながら、他のアセット・クラスとの低相関性や低流動性プレミアムを獲得できるメリットは大きく、年金基金の資産運用の高度化に大きく寄与できるものと信じている。

　年金基金からのリスクマネーの供給が本格化することによって中長期的にプライベート・エクイティの残高が増え、特に日本国内においてリスクマネーの循環を実現させプライベート・エクイティの社会的意義が高まってほしいというのが、機関投資家そして運用マネジャーの経験もしてきた筆者の願いである。

参考文献

佐村礼二郎（2013）「セカンダリー・ファンドの特徴―プライベート・エクイティの流動化ソリューション―」日本バイアウト研究所編『機関投資家のためのプライベート・エクイティ』きんざい, pp.176-195.

鳴戸達也（2013）「年金基金による非上場資産クラス投資」日本バイアウト研究所編『機関投資家のためのプライベート・エクイティ』きんざい, pp.289-313.

日本バイアウト研究所編（2013）『機関投資家のためのプライベート・エクイティ』きんざい.

松野修（2013）「メザニン・ファンドの特徴―安定したキャッシュフロー収入と早期の投資回収―」日本バイアウト研究所編『機関投資家のためのプライベート・エクイティ』きんざい, pp.146-170.

Interview

日本の年金基金の注目を集めるメザニン・ファンド

安定的なインカムゲインを獲得するアセットクラス

株式会社メザニン
代表取締役
笹山幸嗣氏

みずほキャピタルパートナーズ株式会社
マネージング・ディレクター
宮崎　直氏

Q プライベート・エクイティ・ファンドには、バイアウト・ファンドやベンチャー・キャピタル・ファンドのように、深いＪカーブが存在する商品に加え、メザニン・ファンドやディストレスト・ファンドのようにＪカーブが浅い商品もあります。まず、メザニン・ファンドのリターン特性についてお教え願います。

笹山　メザニン・ファンドは、エクイティとデットの中間に位置する劣後ローン・劣後社債、優先株式に投資をし、ミドルリスク・ミドルリターンをねらうファンドです。バイアウト・ファンドと同様に、コミットメント枠に対して管理報酬（マネジメント・フィー）が発生するため費用が先行し、投資が進んだとしても当初は損益が赤字になり、いわゆるＪカーブが発生します。しかし、メザニン・ファンドは金利や配当のかたちでインカムゲインを受領しますので、バイアウト・ファンドと比較してＪカーブが浅く、回収までの期間も早いという特性があります。想定しえなかったリスクが発生しても、損失が生じる確率が低いという特性もあります。

Q バイアウト・ファンドと同様にメザニン・ファンドも日本企業へのソリューション提供で活躍しています。どのようなシチュエーションでメザニン・ファイナンスが活用されるのでしょうか。

宮崎　企業によるメザニン・ファンドの活用場面は、大別すると、企業買収の買収資金にかかわる資金拠出（以下、「バイアウト・メザニン」という）と通常の企業の資金調達（以下、「コーポレート・メザニン」という）のニーズに対応するものの二つがあります。弊社が力を入れているコーポレート・メザニンのニーズを大くくりで分けると、資本増強、成長資金調達、資本性ファイナンスのブリッジ（一時的な株式保有）に分けられます。いずれも優先株式での対応が多くなりますが、①オーナー企業の株式持合いのように議決変動を嫌う企業で議決権の希薄化回避が絶対である場合、②資金調達ニーズが強いが特定事由により銀行ローンが困難である場合、③資本再編ニーズが顕在化し一時的な株式保有者が必要な場合などにおいて、メザニンの高コストを負担してでも調達するインセンティブが働きます。

　弊社は、これまで合計26件の投融資実績がありますが、メザニン・ファイナンスの認知度の広まりとともに、バイアウト・メザニンも含め案件の検討機会は増

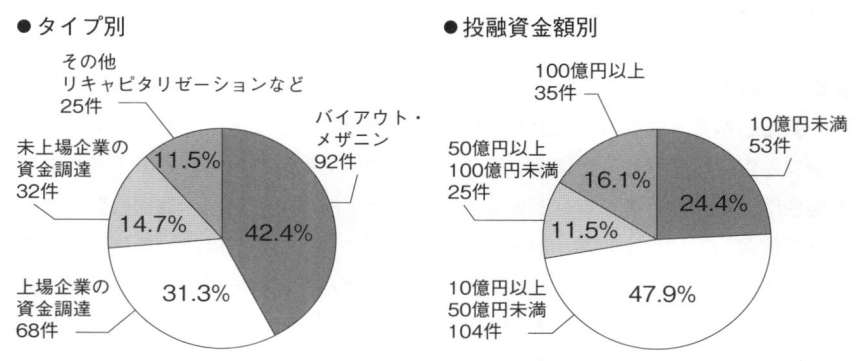

図表1　日本のメザニン投融資案件の件数（2004年～2013年）

●タイプ別

- バイアウト・メザニン　92件　42.4%
- 上場企業の資金調達　68件　31.3%
- 未上場企業の資金調達　32件　14.7%
- その他リキャピタリゼーションなど　25件　11.5%

●投融資金額別

- 100億円以上　35件　16.1%
- 50億円以上100億円未満　25件　11.5%
- 10億円以上50億円未満　104件　47.9%
- 10億円未満　53件　24.4%

（出所）　杉浦慶一（2014）「拡大・多様化するメザニン投融資案件」『オル・イン（for All Institutional Investors）』Vol.32, クライテリア, p.58.

えており、ファンド運営上もリスク分散を図りやすい環境になってきたと感じています。

笹山　弊社も21件の投融資を行ってきましたが、MBO（management buy-outs）・バイアウト・M&Aなどの買収ファイナンス、バランスシート再構築のための資本調達、設備投資・成長資金の資金調達など、さまざまなニーズに対応してきました。比率としては、バイアウト・メザニンとコーポレート・メザニンが半々となっています。いずれのケースにおいても、銀行ローンでは拠出できない資金や普通株式では拠出できない資金を提供しています。

　コーポレート・メザニンは、議決権の希薄化を起こさずに資本性の資金を調達したいケース、既存銀行ローンを長期性の負債に振り替えて財務の安定化を図りたいケース、約定弁済の負担を軽減して事業資金を確保したいケースなどのように、コストが高くても調達するメリットがあるときに投資機会が発生します。また、買収ファイナンスのケースでは、上場企業の非上場化を行う際に、エクイティ・ファンドを招聘せずに、経営陣が100％の議決権を掌握したいときにメザニンを拠出する「純粋MBO」と呼ばれる案件の実績もあります。

Q　日本で本格的なメザニン・ファンドが立ち上がって10年がたちますが、初期の頃に組成されたファンドは投資の回収時期に入っています。実際には、どのように投資の回収が行われてキャッシュが入ってくるのでしょうか。

宮崎　金利・配当は、優先株式か劣後ローンかによって若干の違いはありますが、おおむね5％程度の支払いを、投資先企業の決算が確定した後もしくはコベナンツ確定後に受領しています。元本償還については、コーポレート・メザニンの場合は、投資実行後1年経過後よりそのつど可能な金額を部分償還し数年にわたって償還していきますが、バイアウト・メザニンについては、一括償還でありリファイナンスにより期日前弁済のケースがほとんどとなっています。いずれのケースでも、元本償還の際には、PIKかプレミアムが年率5〜7％程度で上乗せされています。また、上場企業のコーポレート案件では、金利水準を下げる代わりに新株予約権を取得するケースもあります。この場合は、新株予約権の行使によ

るリターンのアップサイドが見込めます。

　元本の回収期間については、バイアウト・メザニンは、通常シニア・ローンの期日以降に設定されますが、シニア・ローンの返済が進むことによりリファイナンスが行われるため、弊社が運営するファンドの回収済案件の平均投資期間は2.4年、コーポレート・メザニンは、通常は5年程度の期間設定になりますが、部分償還が随時実施されるため同3.7年となっており、バイアウト・メザニンよりも期間が長い分回収倍率は高くなっております。

（注1）　コベナンツ（covenant）とは、ローン契約の締結の際に規定する財務制限条項のこと。
（注2）　PIK（payment in kind）とは、元本償還時に一括で支払う後払い金利のこと。

Q 日本の年金基金の資産運用において、メザニン・ファンドはマッチする商品だといわれていますが、それはどのような観点からでしょうか。あるいは実際にメザニン・ファンドに投資している日本の年金基金からはどのような声がありますでしょうか。

笹山　一見、メザニン・ファンドは、優先株式や劣後ローンなど多様なスキームがあり、複雑でわかりにくいという側面もありますが、商品としてはバイアウト・ファンドなどと比較し、リスク・リターンの水準が年金基金の資産運用にマッチするという声が多くあります。金利収入や配当収入があり、Jカーブが浅く、案件が豊富で相対的に投資の進捗が早いという点も受け入れられているようです。また、とっているリスクがミドルリスクで高くないため、バイアウト・ファンド対比で減損リスクが低く、ファンド収益の下振れリスクが小さくて安定的というところも魅力だと思います。

宮崎　メザニン・ファンドの特徴として、クレジットに対する投資であり投資先企業の事業収益が投資回収原資となるという点があります。年金基金にとっての優位点としては、やはり期中の金利配当がある点に加えて、Jカーブが浅いため、他の商品からの乗換えがしやすいという点があります。

　また、金利配当や償還プレミアムの水準が原則固定化されているため、年次収益の把握や予測が比較的容易であるという点が大きいプラス要因であると考えら

れます。投資期間が比較的短く、回収速度も速いことに加えて、クレジット・リスクでとらえることができるため、個別の投資先の業績推移検証により投資回収の蓋然性の予想がつきやすいという特徴もあります。年金基金にとっては、上振れも下振れも少ない安定的な投資という位置づけができます。

Q 最後に、メザニン・ファンドが年金基金を中心とする投資家にとって、今後どのような位置づけの資産になりうるかについてお話しいただければ幸いです。

宮崎 日本でメザニン・ファンドが登場して約10年がたちますが、プレーヤーも増加し、マーケットは着実に拡大しています。優先株式、劣後ローン、新株予約権付きの劣後社債など、投資形態の多様化、投資リスクの多様化も実現してきています。また、各メザニン・プレーヤーのノウハウと経験も蓄積されており、個別案件によっては「競合」と「共同投資」を繰り返しており、相互研鑽によりハイレベルな実績を積み上げることが可能になっています。年金基金を中心とする投資家からの問合せも非常に増えてきていますが、今度もポートフォリオ分散の効いたミドルリスク・ミドルリターンの良い投資機会となるでしょう。

笹山 メザニン・ファンドには、年金基金の方々にとってわかりにくい部分もあるかもしれませんが、プライベート・エクイティ・ファンドの一つのタイプとして確立されつつあります。メザニン・ファンドは、キャピタルゲインをとる資産であるとの認識をされている方々も一部にはいますが、それは間違いで、インフラストラクチャー・ファンドなどと並んでインカムゲインを獲得する有力な資産です。日本のメザニン・ファンドは、為替リスクもありませんし、いま日本で年率10%を超えるようなリターンを確保できるインカム戦略の資産というのはほかに存在しませんので、年金基金のポートフォリオに組み入れた際に魅力的な資産になると考えられます。

Profile

笹山幸嗣氏
株式会社メザニン 代表取締役
1984年慶應義塾大学経済学部卒業。1993年コーネル大学ジョンソン経営大学院修了（MBA）。1984年に株式会社日本長期信用銀行（現株式会社新生銀行）に入行し、1980年代後半にクロスボーダーのM&Aアドバイザリーに従事。1990年半ばよりニューヨークにてレバレッジド・ファイナンスに従事。1999年6月株式会社日本興業銀行（現株式会社みずほ銀行）入行。日本においてレバレッジド・ファイナンス業務に従事。2006年12月株式会社メザニン代表取締役就任。2014年2月MCo株式会社代表取締役就任。

宮崎　直氏
みずほキャピタルパートナーズ株式会社 マネージング・ディレクター
1985年慶應義塾大学経済学部卒業。同年に株式会社富士銀行（現株式会社みずほ銀行）入行。1991年よりドイツ・デュッセルドルフにて非日系業務に従事。1999年より富士コーポレートアドバイザリー株式会社（現みずほコーポレートアドバイザリー株式会社）でM&A・MBO・事業再生アドバイザリーに従事。その後みずほ銀行海外拠点勤務を経て、2005年よりみずほキャピタルパートナーズ株式会社にてメザニン・ファンドの設立運営を主管し現在に至る。

第 IV 部

日本の
プライベート・エクイティ・ファンドの
発展性と将来展望

第 15 章	・	238
第 16 章	・	255
第 17 章	・	271
第 18 章	・	287

第 15 章

日本のプライベート・エクイティ市場の変遷と将来展望

年金基金による投資の可能性について

エー・アイ・キャピタル株式会社
シニア・バイスプレジデント　**野津慎次**

はじめに

　1990年代後半から本格的に開始された日本のプライベート・エクイティ市場は、主に国内の金融機関をその投資家としてきた。一部の国内年金基金や海外投資家も国内のプライベート・エクイティ投資を行ってきたが、やはりその中心は国内の金融機関であった。

　欧米、特に米国では、年金基金がプライベート・エクイティ投資に対して相対的に大きなアロケーションを配分しているが、これは流動性を犠牲にする代わりに、伝統的資産対比、高いリターンを期待し、そしてそれを享受してきたためであるとされている。

　現在、日本の年金基金は運用のリターン向上に向け、運用資産の幅を広げることが求められており、その解決策の一つとしてプライベート・エクイティ投資を検討する年金基金も出ている。歴史的にプライベート・エクイティ投資は高いリターンが期待できる一方、長期投資で、間接的なファンド投資に起因するわかりにくさもあり、あまり積極的に投資をしてきた資産であるといえない。そのなかで日本のプライベート・エクイティ投資は、国内での投資である面でのなじみやすさもあり、欧米やアジアのプライベート・エクイティ投資と比較すると、投資しやすい資産であるといえる。

　本章では、日本のプライベート・エクイティ市場を概観した後、年金基金からみた投資対象としての日本のプライベート・エクイティ・ファンドについてみてみたい。

1 日本のプライベート・エクイティ市場の変遷

(1) 日本のプライベート・エクイティ市場の変遷

　日本のプライベート・エクイティ市場は、1980年代にベンチャー・キャピタル投資から先行して開始された。当初は自己資金投資を行う金融機関系に続き、外部資金を募集したベンチャー・キャピタル・ファンドが設立され、ベンチャー企業に対する少数株式投資を行ってきた。一方、バイアウト投資は、1990年代後半から本格的に開始された。バイアウト投資は過半数超の株式取得を通じ、投資先企業のコントロールを行ったうえで、投資先企業の企業価値向上を行い、リターンの創出を目指すものである。

　1990年代後半は当時の経済情勢もあり、業績が悪化した企業を投資対象としたディストレスト投資が中心で、主要な運用会社も外資系が中心であった。当時は経営破綻した銀行や事業会社への大型投資案件が散見され、またその状況が盛んに報道されたこともあり、プライベート・エクイティ投資のなかでもディストレスト投資が強い印象を残したと考えられる。

　国内系のプライベート・エクイティ運用会社では、1997年にアドバンテッジパートナーズが日本初のバイアウト・ファンドへのサービスの提供を開始したのを皮切りに、シュローダー・ベンチャーズ（後のMKSコンサルティング）、ユニゾン・キャピタルといった運用会社や助言会社がファンド募集を開始し、運営を開始している。

　日本のプライベート・エクイティ市場は、1990年代後半からの黎明期以後、ファンド募集と投資活動の両面において順調に拡大を続け、件数ベースでは2007年に過去最大となっている。その後、リーマン・ショックを受け、低迷期を迎えることとなったが、足元では底入れの兆しもみられ、今後の発展が期待される市場である。

(2) 日本のプライベート・エクイティ市場への期待

　日本のプライベート・エクイティ投資は、本格的に開始されてから現在ま

で、15年程度しか経過していない歴史の浅い市場である。米国を中心とした欧米市場では、その長い歴史から複数の景気変動サイクルを経験する一方、日本のプライベート・エクイティ市場はやっと一つのサイクルを経験したところである。

　日本のバイアウト案件の新規投資は年間40～50件程度、4,000～5,000億円程度の市場であり、世界第三位の経済規模を有する日本経済からみると、きわめて小規模な市場である。日本のプライベート・エクイティ市場発展とは必ずしも規模のみの拡大を意味しないものの、やはり相応の規模を前提とし、選択肢が豊富な市場となることが望まれる。

　日本のプライベート・エクイティ市場には現在でも、その歴史の浅さに起因する経験や人材の不足やイメージの問題があると考えられる。ただ、現在では短いながらも歴史を積み重ね、その間、多くの成功事例も出てきていることから、そういった問題も大きく改善してきている。

　日本のプライベート・エクイティ市場規模の拡大を見据えた場合、入口、すなわち投資家からの資金流入と、その出口、すなわちプライベート・エクイティ・ファンドによる投資先案件の両面の増加が必要である。

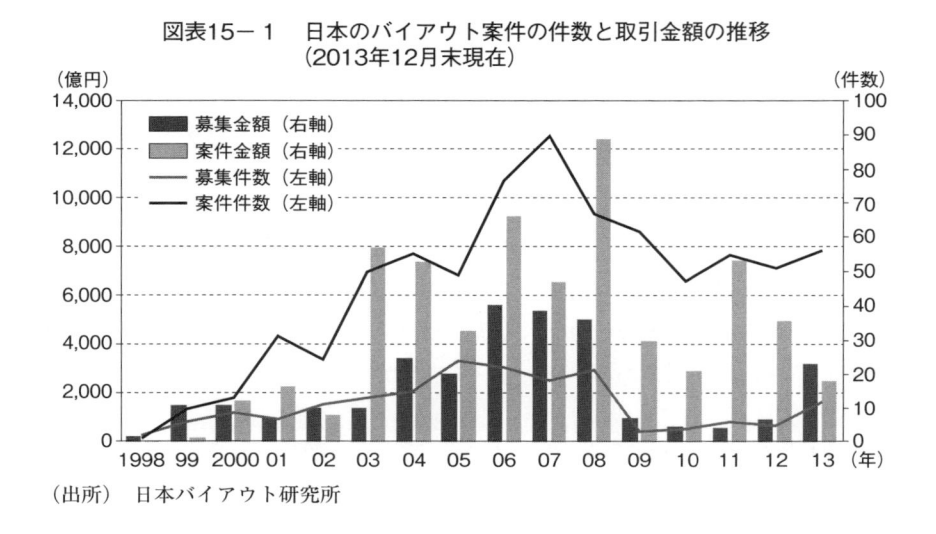

図表15－1　日本のバイアウト案件の件数と取引金額の推移（2013年12月末現在）

(出所)　日本バイアウト研究所

まず、国内のプライベート・エクイティ市場への資金流入からみてみたい。いままで日本の投資家は大手金融機関、なかでも銀行や保険会社が中心であったが、各種金融規制強化の影響もあり、今後、大幅な投資積増しは想定しづらい状況である。そのなかで欧米、特に米国にみられるとおり、年金基金の資金流入への期待が高まる状況である。米国では、地方公共団体や企業年金基金が積極的にプライベート・エクイティ資産をポートフォリオに組み入れており、流動性に乏しい同投資に対し、長期のリスク性資金の出し手としての地位を確立している。これからプライベート・エクイティ投資を開始しようとする日本の年金基金にとり、流動性は低いながらも、自らの有する長期負債とマッチする同資産への投資を検討することが望ましく、その点で理にかなったものであると考えられる。

　次に、今後のプライベート・エクイティ案件の増加の可能性については、これはプライベート・エクイティ市場への資金流入と卵が先か鶏が先かの議論ともいえるが、プライベート・エクイティ運用会社が必要な資金を確保し、十分な実績を証明できれば、増加していくであろう。現在でも、売手側での売却ニーズの高まりから、大企業の切り出し案件や事業承継案件の増加が期待されており、そしてその蓋然性、可能性が高まっているものと考えられる。

　プライベート・エクイティ運用会社による実績とは、既存株主のような過去にとらわれず、投資先の企業価値向上ができることを証明することであるといえる。一般に企業価値を向上させる場合、業績の改善、売却時のマルチプル増加、買収レバレッジ削減の三つの方法がある。その際、プライベート・エクイティ運用会社が投資先の支援を行うことにより、売却時のマルチプル増加や買収レバレッジ削減だけではなく、業績の改善を行うことであろう。投資先の経営陣にはできないこと、例えば、国内外に有するネットワークを活用し、営業活動や海外展開の支援、また過去の投資先の運営や、またその業界の部外者であることにより、抜本的な改革も可能となるのである。いずれにしても、日本のプライベート・エクイティ市場が相応の規模を有し、選択肢も豊富な市場となり、適切なリスクに見合ったリターンが得られ

る市場となることを期待したい。

1 投資対象としての日本のプライベート・エクティ・ファンド

(1) 日本のプライベート・エクイティ・ファンドの類型

日本のプライベート・エクイティ・ファンドは大きく、金融機関系、独立系、外資系に分類される。以下でみるとおり、それぞれ一長一短があり、プライベート・エクイティ運用会社の資本構成や設立経緯よりも、その投資方針や実績がより大きな意味をもつであろう。

❶金融機関系

金融機関系は過去には外部資金を募集せず、親会社の資金のみを運用する、いわゆるプリンシパル投資が散見されたが、現在ではベンチャー・キャピタル・ファンドの一部を除き、減少を傾向にある。欧米では、規制環境の影響もあり、多くの大手金融機関がプライベート・エクイティ投資部門を切り出し、独立系となる動きがみられるが、日本では依然として大きな位置を占めている。

大手金融機関の子会社として設立され、外部資金の募集も行う金融機関系のプライベート・エクイティ運用会社は、親会社や関連会社のその他事業との利益相反に対する懸念もあり、海外投資家は敬遠しがちであるとされている。一方、日本では親会社や関係会社の信用力に支えられ、案件発掘活動面からみた優位性があるといわれている。特に銀行、証券会社、保険会社といった大手金融機関は多くの取引先を抱え、既存の取引先に対する事業展開といった面で、投資先の支援を行うことができる。日本のプライベート・エクイティ運用会社は過去と比べて、その認知度は大きく向上したとはいえ、やはり親会社の信用力を背景とした強みは健在であろう。

❷独立系

独立系には、当初大手金融機関や商社が株主となっていたが、現在では独立系となったものを含まれる。上述したとおり、独立系は金融機関系と比較し、他事業との利益相反の可能性は乏しい一方、その信用力もあくまでその

運用会社次第といえる。その場合、独立系の運用会社の組織、あるいはその人員の実績や評判に大きく依存する。一般的に大組織でみられる人事異動に伴う投資担当者の変更はなく、個人としての実績を積み重ね、その結果、経験や知見を蓄積していける面で、大きな強みをもっている。

　また、プライベート・エクイティ運用会社としての収益、特に投資に対する成功報酬について、金融機関系や外資系では親会社や関係会社といった運用会社外にも分配される可能性があるが、独立系ではあくまでその運用会社内での分配のみに限定され、プライベート・エクイティ投資において重要とされる投資家との利害の一致がより強い面が評価できる。

❸外資系

　プライベート・エクイティの黎明期において、外資系プライベート・エクイティ運用会社が先駆的に日本での投資を行い、一部で優良な実績を残したこともあり、米国、欧州、アジアの運用会社が東京にオフィスを開設し、日本での投資活動を開始した。国内の運用会社にはない国際的なネットワークを活用した投資先企業の支援を行うことを強みとしている。

　外資系運用会社の多くは日本での投資担当者の数も少なく、また一般的に大規模な投資を志向するため、投資実績が豊富とはいえず、その結果、日本から撤退した運用会社も散見された。しかし現在、欧米の大手運用会社による汎アジア・ファンドを中心に、アジア投資の一環として日本での投資を志向しており、日本での投資可能性やその実績に鑑み、日本での投資活動の積極化を表明しているものも出てきている。

(2) 日本のプライベート・エクティ投資の優位性と課題

　日本のプライベート・エクイティ投資には歴史の浅さや、依然として残る選択肢の少なさに起因する課題がある一方で、日本の国内投資家、特に長期の投資家である年金基金からみると、国内投資であることの優位性も豊富である。以下では、その優位性と課題を比較していく。

❶日本のプライベート・エクティ投資の優位性

　日本のプライベート・エクイティ・ファンドへ投資をする最大の優位性

は、そのなじみやすさであろう。特に消費関連企業であれば、なじみ深い会社が投資先となる事例もあり、消費関連ではなくても、会社名だけでも知っている投資先も多い。

　なじみ深い投資先であれば、投資先の事業の内容への理解も深くなり、その結果、プライベート・エクイティ投資において必須である投資実行後のモニタリング活動も効率的となる。この「手触り感」により、間接的なファンド投資のデメリットであるわかりにくさを一定程度、軽減することが可能となる。

　また、投資先ファンドを運用する運用会社と日本語で、かつ地理的に近く、時差を気にすることなく、コミュニケーションをとることができる。プライベート・エクイティ投資はファンド経由での投資であり、投資先に関する情報は運用会社から入手することとなるが、その際、運用会社の担当者とのコミュニケーションが必須である。

　プライベート・エクイティ投資は長期かつ専門性の高い投資であり、投資先ファンドの選定や投資実行後のモニタリングを実施するための必要十分な情報を入手するためにも、専任の担当者がいることが望ましい。

　しかし、日本の年金基金がプライベート・エクイティ投資を開始したとしても、すぐに専任の担当者を確保することは困難である。日本のプライベート・エクイティ投資は上記の理由により、効率的な情報取得が可能であり、運用担当者からみても、投資しやすい資産であるといえよう。

　その他のメリットとしては、円建て投資であり、為替リスクをとる必要がないことである。一般的にプライベート・エクイティ・ファンドは米国のファンドであれば米国ドル、欧州のファンドであればユーロといった国際的に通用する通貨建てである。

　また、米国ドルやユーロ通貨圏以外では、例えば、ファンドは米国ドル建てであるが、実際の投資活動は現地の通貨建てとなる。その場合、ファンド通貨である米ドルに加え、現地の通貨に対する為替リスクを二重にとることとなる。円建ての負債をもつ日本の年金基金からみると、円高の場合は為替差益を獲得できるものの、プライベート・エクイティ・ファンドの一般的な

ファンド期間である10年後の為替相場を予想することは現実的ではなく、外部要因である為替リスクを追加的にとることを考慮する必要がある。

日本の年金基金はあくまで金融リターンを追求した投資家であり、その重要性は低いものの、日本のプライベート・エクイティ投資を通じ、日本経済にとっての産業政策上のメリットも考えられる。日本の運用会社がその投資活動を通じ、今後の日本経済の発展に資することを証明できれば、日本のプライベート・エクイティ投資を行うことの意義づけがより明確になるであろう。

❷日本のプライベート・エクティ投資の課題

日本のプライベート・エクイティ投資における課題はその歴史の短さ、規模や実績の乏しさに起因するものである。具体的にみていきたい。

プライベート・エクイティ投資は、流動性を犠牲にすることにより、伝統的資産対比、優良なリターンを目指すものである。その半面、日本のプライベート・エクイティ投資における過去のリターンをみると、欧米やアジアと比較し、そのリターンは相対的に見劣りするといえる。

しかし、日本の年金基金はそのほとんどの負債は日本円建てであり、為替リスクを考慮しない現地通貨建てのリターン水準と比較した場合、最終的な円建てリターンは円高の局面では必ずしも見劣りするものではない可能性もある。

日本のプライベート・エクイティ市場はその規模が小さいこともあり、投資先ファンドの選択肢が少ない。資産運用におけるポートフォリオ構築の観点では、幅広く分散することを求められ、これはプライベート・エクイティ投資でも同様である。プライベート・エクイティ・ファンドは最大5年程度の投資期間のうちに、一般的に5～10社程度の投資を行う。

欧米と比較して、日本のファンドはその投資先企業の数が少ないが、それでも相応の分散は可能である。しかし、必ずしもすべてのファンドが当初計画どおり、5～10社に投資するとは限らず、また投資先のなかでも一部の大型案件が投資額ベースの多くを占める事例もみられる。

投資家にはファンド間の分散も求められ、その観点ではより多くのファン

ドへ投資することが望ましいが、選択肢が少なく、十分に分散されたポートフォリオを組むことが容易ではない場合もある。何より、一般にプライベート・エクイティ投資は投資時期にそのリターンが大きく左右されるが、投資の好機を予想するのは現実的ではなく、その代わり、継続的に投資することが肝要である。

しかし、ファンド募集を行うプライベート・エクイティ・ファンドの数が少ない局面では、必ずしも継続的なコミットができない場合も想定され、大きな課題であろう。現在、プライベート・エクイティ投資の経験が豊富な投資担当者が新たな運用会社を設立し、ファンド募集を開始する動きがみられる。今後の注目すべき動きであるが、上記の選択肢の少なさを解消する動きとなることが期待される。

次の課題は、投資先のエグジットに時間を要することである。プライベート・エクイティ・ファンドでは5年の投資期間が一般的であるが、例えば5年より前倒しで新規投資の組入れが完了した場合、エグジットまでの時間を一定とすると、ファンドが完了するまでの時間が短くなる。何より、日本のプライベート・エクイティ投資では経験的にエグジットまでに時間を要しており、その分、特定のファンドへの投資としてみると、より長期の時間を要することとなっている。しかし、上述したとおり、投資家の側で複数のファンドのポートフォリオを有している場合、ポートフォリオ全体としてみると、特定のファンドの時間の長さの影響は軽減されることとなる。

それ以外の解決策としては、既に投資済みのプライベート・エクイティ・ファンドへ投資を行う、いわゆるセカンダリー投資を組み入れることがあげられる。プライベート・エクイティ・ファンドは、一般に期中での解約はできないものの、投資済みのファンドの売買を行うセカンダリー市場が存在する。特に欧米では経験的に、年間に投資コミットされたファンドのうち、数％の割合で売買が行われているといわれている。売買される理由は多様であるが、投資家からみると、このセカンダリー投資を行うメリットは大きい。

例えば、プライベート・エクイティ投資では時間分散が求められるが、セカンダリー投資により、過去に投資をしてこなかった時期のファンドへ投資

することが可能となり、また投資済みであることから、投資先の中身をみて投資をすることも可能である。

ただ、セカンダリー投資は、その時期の需要と供給により取引価格が決まるため、一概に有利な投資であるとはいえないが、仮に上記のような目的をもって投資をするのであれば、検討に値する投資といえよう。また、逆に、ファンドの運用期間中においても、セカンダリー市場において売買できる可能性があり、期中の解約ができず、長期にわたる投資であるプライベート・エクイティ投資のデメリットを軽減できる。

上記のように長期の時間を要していることのデメリットとしては、ファンドへの費用、具体的には管理報酬や成功報酬を控除する前のリターンであるグロス・リターンと、その後のリターンであるネットのリターンとの差が大きくなることも考慮する必要がある。プライベート・エクイティ・ファンドでは、5年間程度の投資期間中は投資コミット額ベースで管理報酬がかかるのが一般的で、投資先のエグジットがない間は管理報酬分のマイナスが累積されるいわゆる「Jカーブ」が存在する。これは投資先企業でプラスのエグジットがあれば、その後に解消できるものであるが、仮にエグジットまでの時間が長く、またそのプラス幅が小さい場合、グロス・リターンとネット・リターンの差が縮小しないままで終了することとなる。これはファンドに対して支払う費用の差分に起因するものであり、管理報酬に見合ったリターンが得られていないことを意味するといえよう。

おわりに

日本のプライベート・エクイティ市場は依然として歴史が浅く、1990年代の黎明期から、発展期、拡大期を経て、2008年の金融危機より、投資活動とファンド募集活動の両面から低迷期を迎えていた。やっと一つのサイクルを経験したところであり、現在、その低迷期から抜け出し、今後の本格的な発展が期待されるところである。

また、日本のプライベート・エクイティ市場は欧米市場と比較し、依然として規模の小さい市場であるが、日本の経済規模からみれば、まだ拡大余地

がある市場であるということもできよう。現在、日本のプライベート・エクイティ運用会社のなかでも投資経験や実績を積み重ね、第三号ファンドや第四号ファンドといった後続ファンドを立ち上げるものも増加し、また新しい運用会社の設立の動きもみられ、今後の期待が高まる状況である。

　日本の年金基金にとり、プライベート・エクイティ投資を行うことの最大の優位点は、流動性を犠牲にしつつも、そのリターンの高さを享受することである。長期にわたるプライベート・エクイティ投資において流動性の低さは必然的なものであるが、長期にわたる負債を有する年金基金からみると、理にかなった資産であるといえ、その資産に組み入れ、運用リターンの底上げを目指することが期待される資産である。

　また、プライベート・エクイティ投資は歴史的に市場平均以上の安定したリターンが期待できるいわゆる「アルファ」が期待される一方、間接的な投資であることに起因するわかりにくさがあるのも事実である。その点、日本のプライベート・エクイティ投資は投資先に対し手触り感があり、より身近な投資であることから、このわかりにくさを低減できるといえる。

　日本の年金基金は日本のプライベート・エクイティ投資を通じ、より高い運用成績を達成すること、そして日本のプライベート・エクイティ市場からみると、長期の資金流入により、その発展を図っていることが期待される。

参考文献

杉浦慶一（2013）「日本におけるプライベート・エクイティ・ファンドの動向」日本バイアウト研究所編『機関投資家のためのプライベート・エクイティ』きんざい, pp.220-242.

Interview
バイアウト・ファンドとメザニン・ファンドの共存共栄

リスク・プロファイルの異なるアセットクラスとして

インテグラル株式会社
取締役パートナー
水谷謙作氏

三井住友トラスト・キャピタル株式会社
常務取締役
石井　誠氏

Q 日本のバイアウト・ファンドの投資対象となる案件としては、どのようなタイプの案件が増えていますでしょうか。

水谷　バイアウト・ファンドとは、複数の投資家（主に機関投資家）から集めた資金により企業の株式の取得（原則として過半数）を行い、その企業の価値向上を目指して適切に経営に関与した後、株式を売却することにより得られた投資利益により投資家に還元することを目的としたファンドのことです。

どのようなタイプのバイアウト案件が増えているかについては、そのときの市場環境により異なります。不景気時（例えばリーマン・ショック直後）には、民事再生案件をはじめとする事業再生案件や、自己資本が毀損した上場企業の資本増強などの案件が増加しました。2014年に入り、大企業における子会社売却が増えています。また、上場企業が戦略的な非上場化を行う際にバイアウト・ファンドが支援をする局面も今後継続して増加していくでしょう。

それから、近年検討する機会が増えているタイプとして、中堅・中小企業のオーナー企業の事業承継があげられます。事業承継の案件は、市場環境に関係なく発生しますが、実際に話がきてから成立するまでに時間がかかるという特徴があります。

Q 中型もしくは大型のバイアウト案件では、メザニン・ファンドからの資金調達が実施されるケースがあります。これまで、メザニン投融資を実施してきた案件では、どのようなタイプの案件が多い傾向にありましたでしょうか。

石井 メザニン・ファイナンスとは、劣後ローン・劣後社債、優先株式等により、シニアローン（銀行借入れ）とエクイティ（普通株式）の中間で、ミドルリスク・ミドルリターンをねらう投資領域です。

各業界で競争環境が変化するなかで、①大企業においてはノンコア事業を売却したり、②オーナー企業においては、単に親族に事業承継するのではなく、新たな成長に対応する科学的経営手法を求めてバイアウト・ファンドへの譲渡を選択したり、③目先の業績を犠牲にしてでも中長期的な成長を図るために上場企業が非上場化を決断するなどのケースにおいて、その担い手であるバイアウト・ファンドの資金調達の一部としてメザニン・ファイナンスが活用されます。最近では、バイアウト・ファンドの傘下企業の成長や業績改善を起因とし、投資先企業におけるリキャピタリゼーションや、さらなる成長を企図する別のバイアウト・ファンドによる買収も行われており、そこでもメザニン・ファイナンスが活用されています。

また、昨今の景気回復とバイアウト・ファンドの順調な資金募集に伴って、大型のバイアウトの動きも活発になりつつあります。その場合、投資目線、投資手法、投資経験が近いメザニン投資家と連携して共同投資する事例もあります。

Q 日本のバイアウト市場が誕生してからもうすぐ20年が経過します。今後も日本のバイアウト市場は独自の発展を遂げていくと思いますが、どのような進化を予想しますでしょうか。

水谷 今後は、バイアウト・ファンド同士のクラブ・ディールやバイアウト・ファンドと事業会社との共同投資なども増えると思います。特に後者は、M&A（mergers & acquisitions）におけるPMI（post-merger integration）が不得手な事業会社もありますので、バイアウト・ファンドが共同で株主となり、投資後の組

織融合、内部管理体制構築やシナジー創出を目的としたサポートを行うことには大きな付加価値が見出せます。

　それから、バイアウト・ファンドが投資先企業の海外展開を支援する局面もさらに増加していくと予想されます。それは、日本企業はその規模によらずアジアを中心とする海外展開がますます必要になってきていると感じていますが、特に中堅企業の場合には大企業のようにスムーズに海外展開を行える人材やネットワークが豊富にあるとは言いがたい状況も散見され、そのような場合にバイアウト・ファンドの人材によるサポートが非常に有意に働く可能性が高いからです。なお、当社内にも投資先企業の経営支援（主に海外展開などのバリューアップ・サポート）を行う専門チーム（i-Engine）がございます。

石井　この20年間、景気低迷とデフレ進行により国内市場が成熟するなかで、企業は新たな成長分野を開拓するためにノンコアとなった事業をバイアウト・ファンドに売却したり、海外市場を開拓するためにグローバルなバイアウト・ファンドのサポートを求めたりしてきました。当初、企業の株主や経営者は「会社をファンドに売却する」ということに強い抵抗感がありましたが、ファンド傘下の企業の成長が顕著になるにつれ、その抵抗感は薄れてきており、今後このような決断をする株主や経営者はますます増えていくと思われます。

　企業成長を成功させたバイアウト・ファンドは、投資家の信任を得てファンド・サイズを大きくし、多様な投資にチャレンジしています。今後、自らの投資戦略を補完する目的で、事業面・地域面で知見がある事業会社と共同買収を行うところも出てくるでしょう。

　こうしたバイアウトのタイプによって、多くの買収ストラクチャーが考案され、メザニン・ファイナンスでも、単にシニアローンの延長線の位置づけのものから、持株会社へのファイナンス、経営者との共同投資型のファイナンスなど、多様な買収ストラクチャーに対応するファイナンスが開発されてきました。柔軟な対応力はメザニン・ファイナンスの特徴であり、今後もストラクチャーの変化に対応していけるものと考えています。

Q 投資家の資産運用の対象としての日本のバイアウト・ファンドとメザニン・ファンドの発展性と将来展望についてお聞かせ願います。

石井 先ほど述べましたとおり、日本のバイアウト市場発展のなかで、バイアウトのストラクチャーの重要な要素としてメザニン・ファイナンスも発展してきました。今後も、投資家の支持を得たバイアウト・ファンドの成長とともにメザニン・ファンドも成長していくことを期待しています。

実際に弊社のメザニン・ファンドにおいても、多くの年金基金の皆様にご参加いただいておりますが、その一つの背景として、一定の事業基盤を有する企業を対象とした金融商品で、バイアウトという特殊な投資機会をとらえ、相応のリターンを獲得するインカム型の商品は、資産運用の対象として希少であるとの点があります。

バイアウト・ファンドが企業の成長可能性等を評価してハイリターンを追求する投資戦略で、Ｊカーブによりコストが先行する商品特性がある一方、メザニン・ファンドは現在の企業価値の継続性を評価してミドル・リターンをねらいつつ、期中のインカムによってＪカーブの発生を抑える商品特性を有しており、その特性は全く異なります。したがって、プライベート・エクイティ分野において、年金基金を中心とする投資家がバイアウト・ファンドとメザニン・ファンドを組み合わせてポートフォリオを組むことには一定の合理性があると考えます。

水谷 バイアウト・ファンドは、原則として未上場企業に投資を行いますので、マーケット・リスクにさらされがたく、長期的なスパンで運用できる商品であるといえます。比較的Ｊカーブが深いという特性はありますが、その一方で高いリターンが期待できます。

それから、バイアウト・ファンドは一つのファンドから７～10社程度の分散投資を行いますが、どの案件にどんな視点でいくら投資を行ったのか、また投資後の価値がどうなっているのかという詳細がわかりやすく、ヘッジ・ファンドなどと比較して「透明性」が高いという特徴もあります。実際にバイアウト・ファンドに投資を行っている日本の年金基金の方々からは、この点を高くご評価いただけています。

メザニン・ファンドのほうは、バイアウト・ファンドと比較して期待リターンは低いですが、期間が短く比較的早く回収できるという特性があります。メザニン・ファンドには配当収入もありますので、年金基金によるプライベート・エクイティの入口としては非常に魅力的な商品であるといえます。メザニン・ファンドもバイアウト・ファンドとともに発展していくと予想されます。バイアウト・ファンドとメザニン・ファンドが同じ投資案件に投資することもありますが、それぞれリスク・プロファイルが異なりますので、分散投資を志向する年金基金にとってはいずれも魅力があります。

今後は、バイアウト・ファンドの投資先企業のエグジットの際に、メザニン・ファンドを活用してリキャピタリゼーションを図る取引が増加していくと予想されます。このような取引は既に日本でも実践されており、経営者の独立を支援する手法として意義があります。

Q 今後、プライベート・エクイティ・ファンドへの投資を検討される、日本の年金基金の方々へのメッセージをお願いします。

石井 プライベート・エクイティへの取り組みは日本でも少しずつ根付いてきたと思いますし、これからも資産運用のなかの一翼を担うものと理解しています。バイアウト、メザニンで全くリスク・プロファイルが異なりますし、ファンドごとに投資戦略が異なり、それによって商品性も異なってきます。

年金基金の皆様が投資をご検討される際には、各ファンドの投資目線、投資手法、投資実績を十分ご確認され、そのファンドの戦略や商品性を納得されたうえで投資に取り組むことが重要かと思います。

メザニン・ファンドとしましても、投資のパフォーマンスはもちろんですが、わかりやすさや透明性も投資品質の一つだと考えております。ファンドへの取り組みを検討いただく際や、投資した後のディスクロージャーなどにおいて、投資家の皆様へのわかりやすさや透明性といった投資品質をいっそう高めていきたいと考えています。

水谷 米国の年金基金では、ポートフォリオのなかにオルタナティブ投資、オルタナティブ投資のなかにプライベート・エクイティ、プライベート・エクイ

ティのなかにバイアウトやメザニンというように、一般的な年金運用の資産として確立されています。

　いままで日本の年金基金がバイアウト・ファンドへ投資してこなかった理由としては、伝統的資産が中心であったということもありますが、日本のバイアウト・ファンド市場そのものあるいはファンド・マネジャーが未成熟であったということも考えられます。

　今後は日本においても、年金基金の重要なアセットクラスになると予想されますので、この市場が成熟化するように進化させていきたいと思います。バイアウト・ファンドに強く関心をもって一歩踏み出す年金基金の皆様もいますので、信頼されるファンド運用を行って最大限のリターンをお返し、末永い良好な関係を構築させていただく好循環が生まれていくようにがんばりたいと思います。

Profile

水谷謙作氏
インテグラル株式会社 取締役パートナー
1998年三菱商事株式会社入社。資源案件への投資等を担当。2003年より社内外顧客向けM&Aアドバイザリー業務を担当。2005年モルガン・スタンレー証券会社入社、投資銀行本部にてM&Aアドバイザリー業務を担当。2006年GCA株式会社（現GCAサヴィアン株式会社）に入社、M&Aアドバイザリー業務を担当。2006年株式会社メザニンへ出向、メザニン・ファンドレイズおよび投資業務を担当。2007年12月より現職。

石井　誠氏
三井住友トラスト・キャピタル株式会社 常務取締役
1988年４月三井信託銀行株式会社（現三井住友信託銀行株式会社）入社。2000年３月三信キャピタル株式会社（現三井住友トラスト・キャピタル株式会社）投資部次長就任。2001年９月中央三井キャピタル株式会社（現三井住友トラスト・キャピタル株式会社）取締役投資部長就任。2006年６月同常務取締役就任（現任）。

第 16 章

日本のバイアウト・ファンドの発展性と将来展望

ファンド・マネジャーに求められる要素

ポラリス・キャピタル・グループ株式会社
代表取締役社長　**木村雄治**
パートナー　**密田英夫**
チーフIRオフィサー　**漆谷　淳**

はじめに

　バイアウト・ファンドは、真摯かつ公正な仲介者としての役割にその存在意義がある。すなわち、投資先企業の企業価値向上のニーズと、資金の出し手である投資家への高いリターンとの双方に応える責務があり、かつ、双方とも一朝一夕で成し遂げられるものではない。

　本章では、主に日本の中堅・中小企業が有する課題やニーズを整理し、それに対して、高いリターンを達成するためにファンド・マネジャーが取り組んでいる活動について述べる。そのうえで、日本における投資先企業とファンド・マネジャーの関係のあり方、さらには今後のバイアウト・ファンドの発展性と将来展望について推考を加えてみたい。

1　中堅・中小企業の課題・ニーズとバイアウト・ファンドの役割

　ポラリス・キャピタル・グループでは、日本の中堅・中小企業を投資の対象としている。その理由はひとえに、日本の中堅・中小企業には成長の「伸びしろ」が十分あり、ファンド・マネジャーが経営に関与し、支援する余地が多分にあると考えているからである。

　中堅・中小企業は、おおむねヒト・モノ・カネの経営資源が大企業に比べ

圧倒的に不足している。過去からのやり方を踏襲しながら実直に日々の業務をこなすことに追われ、業務プロセスやオペレーションのやり方を改革するためのリソースを割くことができないでいる。また、人材採用の困難さや経験の乏しさ、心理的抵抗感から、グローバル化に対応する取り組みが大企業に比べると非常に遅れていることも指摘されよう。逆にいえば、これらの課題を解決することによって、飛躍的な成長を遂げることができる可能性があり、そのような企業が数多く存在するのも中堅・中小企業のマーケットの魅力なのである。

　投資先企業への関与、支援の内容は、ファンドによってさまざまと思われるが、ポラリス・キャピタル・グループでは、現場レベルの活動から意思決定まで積極的に関与するハンズオン型の支援を標榜している。本節では、ハンズオン型のファンドが果たしている役割について概要を述べる。

(1)　企業価値向上の支援策 〜100日プラン〜

　企業価値を安定かつ継続して高めていくためには、売上げの成長、利益の拡大、ガバナンスの強化、人材配置、部門最適化、役職員のモチベーション向上など、企業の実態に応じてさまざまな課題に対処しなければならない。投資先企業の実態を見極め、経営課題や目標を明確に定め、その実践に向けた施策の実行を支援・管理することに責任をもつ。この課題・目標の設定から施策の遂行のチェックまでの一連の流れが、「100日プラン」のなかに集約されている。

　通常、ファンド・マネジャーは、投資直後に投資先企業の経営陣、現場の主要なリーダーとプロジェクト・チームを立ち上げる。そこで、マネジメント・インタビューをはじめとする、投資前のデューデリジェンスの過程で洗い出した課題を確認・共有し、それをふまえて具体的な数値目標を設定し、目標達成までの施策を細かく工程表に落とし込む。このプロジェクトは、通常3カ月程度の期間を要するため、「100日プラン」と呼び、当該工程表は、その後の企業価値向上に向けた羅針盤となる。運用を開始した後は、実際の業務において目標が達成されているかどうかを定期的にチェックするが、内

外環境の変化に応じて追加・修正を加える必要が生じ、つど、投資先企業とともに内容の見直しや進捗の管理をしていくこととなる。

　100日プランにおいては、すべての事業部や、部・課が明確かつ具体的な数値目標や行動目標をもち、進捗や効果を確認できる体制づくりに重きを置いている。問題のありかや施策の回し方は、業種ごと、企業ごと、さらにいえば企業文化ごとに異なってくるのが常であるため、投資先企業の主要メンバーが参画するプロジェクト・チームのなかで議論を戦わせ、現場とともに施策を策定し、社員全員のコミットメントを得ながら実行していく手順が不可欠と考えている。

　この100日プランを策定・展開していくうえで、筆者らが常に念頭に置き、議論の土台としている三つのポイントがある。中堅・中小企業が企業価値向上を図るうえで不可欠と考える要素であり、投資判断をするうえにおいてもリターンの源泉を構成する重要なポイントである。図表16－1は、筆者らがBusiness Model Innovation（BMI）と称している戦略・手法であり、ビジネス・モデル・イノベーション研究所（BMI研究所）における議論を基にまとめあげたものである。

図表16－1　BMIの三要素

要素	目的	アクション
①価値命題の再定義（Redefine）	自分自身の根源的価値に立ち返り、顧客への価値命題をあらためて見直す	経営ビジョンや事業モデルの再設定
②関係性の再構築（Reconnect）	前項①に基づき、ステークホルダーとの関係性を再構築する	取引先、取引条件、業務オペレーション、意思決定などに関する過去の「しがらみ」からの脱却・変革
③実践知プロセスの高速回転（Explore）	確実な企業価値向上のために、実践から得た知見を駆使して実務、アクションに落とし込む	工程表による進捗管理と効果検証、修正

（出所）　ポラリス・キャピタル・グループ

100日プラン策定にあたっては、まずは経営のあり方から、商品やサービス、営業、人材活用のあり方に至るまで、すべてをリセットして見直しを行うことから始める。
　それぞれの会社には、その会社だけがもっている強みが必ずあり、その強みを生かして会社を発展させてきたはずだが、いつの間にか会社のあり方や事業のあり方が時代の変化に対応できなくなり、せっかくの強みが生かせなくなっていることが珍しくない。また、一方では、事業内容を変化させていった結果、経営理念やビジョンと事業内容とのミスマッチが生じてしまい、会社として本来もっている強みが生かしきれなくなってしまっていることも考えられる。そこで、100日プランの出発点として、①自分自身の顧客への価値命題をあらためて見つめ直し（Redefine）、②そのうえで、ステークホルダーとの間に存在する過去からの「しがらみ」の存在に向き合い、脱却・再構築を促し（Reconnect）、③変革の進捗を高速回転でチェックし、効果を実感していく（Explore）、という一連のプロセスをたどるのである。
　「しがらみ」とは、バイアウト・ファンドが対象とする中堅・中小企業のなかで共通の課題であり、企業の成長を阻んでいる大きなポイントと考えている。

(2)　**企業の成長を阻む「しがらみ」**
　未公開の中堅・中小企業は、会社経営において資本市場からの厳しい監視の目にさらされる機会が少なく、得てして企業価値の向上を追求するよりも、過去の延長線上での事業継続に終始しがちな傾向がみられる。資本市場の目からみれば企業努力として当然に行わなければならない課題に対しメスを入れることができず、現状維持から動けないでいる会社は多い。一方で、実は投資前のデューデリジェンスやマネジメント・インタビューの過程で、自社のそのような課題を明確に認識している役職員も少なくない。世界に通用する製品、技術、サービスを有しながら、なぜそのような課題解決に向けた動きを自主的にとれないのか。リソース不足というハードの側面以外に、「しがらみ」という根深い理由が存在している。

図表16-2の例でみてとれるように、「しがらみ」は、企業価値の向上を阻む要因である一方で、裏を返せばいままでの会社経営を支えてきた土台であったともいえる。よって、「しがらみ」からの脱却は自己否定を伴うケースが多く、社内において「しがらみ」の存在を議論することすらはばかられる場合が多い。そこで、ファンド・マネジャーが経営陣の一角として事業運営に参画することにより、企業価値の向上を目的とした是々非々の議論が可能となり、「しがらみ」からの脱却に向けて大きくかじを切るきっかけが生まれるのである。

図表16-2　「しがらみ」の事例

しがらみの対象	しがらみの例
オーナー経営者	・自らが起こしたビジネスや商品への過度な愛着 ・組織運営や業務オペレーションなどのやり方を変えることへの抵抗 ・得意先や仕入先への密な関係がもたらす不合理な取引の放置 ・オーナー経営者への判断・意思決定の依存
社員	・現状への満足と改革マインド欠如 ・硬直的な年功序列賃金制度によるモチベーション低下 ・社内政治的を優先した業務遂行
親会社	・親会社の意向優先による無駄なビジネス、収益性の低いビジネスの放置 ・親会社の意向による人材配置、資源投入 ・親会社系列であるがゆえのビジネス制約
銀行	・銀行の保守的な意向が強い場合、積極的な設備投資や新規事業への進出に踏み出せない
得意先・仕入先	・得意先の競合先に対する取引制約 ・得意先、仕入先が親会社等特定に依存している場合、価格決定権が弱くなりがち ・長年の付き合いが生む不合理な価格、条件の放置
株主・株式市場	・株価や短期的な利益を求める株主への配慮が生む、中長期的なビジネス拡大戦略の欠如 ・惰性に基づく上場維持、無駄なコスト負荷

(出所) ポラリス・キャピタル・グループ

(3) **類型ごとのバイアウト案件の特徴**

　筆者は、このような「しがらみ」を多く抱える企業に対してこそ、バイアウト・ファンドが果たせる役割が大きいと考えている。バイアウト・ファンドが投資対象としている案件は、中堅・中小企業のなかで以下に述べる四つの類型に分けられる。原則として、製品や技術、サービスに強みをもつ、コア事業が安定している企業がその中心となるが、これに加えて、「しがらみ」からの脱却によりさらなる企業成長が見込めるか否か、ということも投資を判断するうえで重要なポイントになる。

❶オーナー事業承継型

　オーナー事業承継型とは、後継者不在、業績の伸び悩みなど、さまざまな問題を抱えるオーナー企業の株式を取得し、新たな経営者を選出、または送り込み、既存の事業の強みを確実に承継しつつ、新たな発展を支援するタイプの投資である。

　このタイプの案件は、オーナーが経営者として自社のビジネスや技術に強い誇りとこだわりをもちながら、その差別化された強みを武器に安定した顧客基盤を有し、長年事業を続けている一方で、数多くの「しがらみ」の存在により業績が伸び悩んでいるケースが多い。自らの存在と経験が起こしたビジネス、生み出した商品への自信や愛着から、それを継続することにこだわり、市場の変化に対応できなくなっている場合や、商品や事業のみならず、組織運営や業務オペレーションなどのやり方を変えることへの抵抗も大き

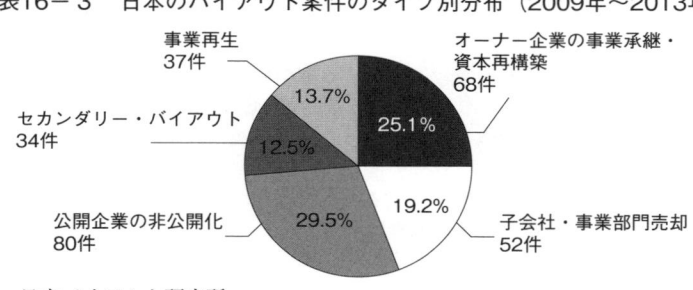

図表16-3　日本のバイアウト案件のタイプ別分布（2009年〜2013年）

- 事業再生　37件　13.7%
- セカンダリー・バイアウト　34件　12.5%
- 公開企業の非公開化　80件　29.5%
- 子会社・事業部門売却　52件　19.2%
- オーナー企業の事業承継・資本再構築　68件　25.1%

（出所）　日本バイアウト研究所

く、現状のままだと成長に向けた変革を起こしにくい場合も多い。特にカリスマ的な経営者の場合、役員や経営者から指示を受けないと動けなくなることも多く、自ら考えて行動する社員が育ちにくくなる。

そこで、バイアウト・ファンドが株式を取得し、オーナーや創業者が過去から築き上げてきた事業を確実に承継し、かつ、「しがらみ」を断ち切ることにより発展させる。そのような大きな魅力をはらんでいるのがオーナー事業承継型案件の特徴である。

❷親会社によるノンコア事業の切り出し型／子会社・事業部門の独立型

これは、企業が抱える事業群のなかから、独立運営が可能なノンコア事業を切り出し活性化するタイプの投資である。

グループ子会社の場合、独立した事業運営よりも親会社の意向を優先した事業運営に偏りがちなケースが多い。例えば、親会社のグループ戦略のなかで、収益性の低い取引でも受け入れざるをえなかったり、好まざる関連会社との取引を請け負わされたりするケースがあげられる。また、親会社のグループ会社としてみなされていることにより、親会社の競合他社などとの取引ができない、あるいは、仕入れ先は親会社の息のかかった先を優先し、品質や取引条件において弾力的な選択肢をもたない、親会社からの経営方針のなかで、子会社主導で思い切った経営改革や設備投資ができない、といったこともある。また、親会社は、グループ全体としてのバランスをみながら経営資源を配分するため、子会社の立場からすると、特に、ノンコア事業と位置づけられた場合には、自社の事業自体の成長性に見合った適切なヒト・モノ・カネが得られない場合もある。このような傾向がこのタイプの案件の「しがらみ」といえ、潜在成長力を備えた事業がみすみす放置されてしまうことも少なくない。

❸非公開化型

非公開化型は、株式公開を続けていることが弊害になっている企業の株式を取得のうえ、対象企業を非公開化し、思い切った改革や再成長に向けた施策を打ち、さらなる企業価値の向上を目指すタイプの投資である。非公開化により敵対的買収の回避や資本構成などの見直しも可能となる。

「しがらみ」との絡みでいえば、株価や短期的な利益を追求する株主の意向に目を奪われ、中長期的な成長を見据えた思い切った設備投資や迅速な経営改革ができないでいることがあげられよう。また、株式市場からの資金調達の必要性が乏しいにもかかわらず、非公開化することの心理的抵抗から無駄な公開維持費用をかけ続けている事例も少なくない。

　非公開化をすることにより、新たなスポンサーによる支援のもとで、一時的な損益への悪影響を受け入れつつ、新たな飛躍のための思い切った事業投資が可能となる。新たな事業分野や市場への進出のための研究開発、人材拡充、設備投資を、迅速な経営判断のもとで可能とするのが、非公開化の大きなメリットである。

　❹セカンダリー・バイアウト型

　セカンダリー・バイアウト型は、別のファンドが保有する株式を買い取り、新たなスポンサーとしていっそうの企業価値向上を目指すタイプの投資である。

　バイアウト・ファンドと一口でいっても、実はそれぞれに強みを有する領域やネットワークは異なり、投資先企業に対してとる支援策も、その関与の濃淡も含めてさまざまである。また、投資先企業からみても、事業のステージ、すなわち、創業時、成長時、成熟時、不況時で、必要とされる支援内容やノウハウは異なるのが当然である。

　以前の株主がバイアウト・ファンドの場合は、その投資期間中に基本的な管理体制の整備は進められており、事業の見える化がおおむね行き届いている。そのため、投資をする時に不測の事態が生じるリスクは低くなっているのがメリットの一つである。また、今後の課題や目標を見極めやすいという点もあり、上述の視点から以前のファンドではなしえなかった変革がなしうると判断できる場合には、有望な投資案件となりうる。

2 バイアウト・ファンドの発展性と将来展望

(1) ファンド・マネジャーに求められる要素

　中堅・中小企業の課題・ニーズや、それが生み出される背景は、その歴史や「しがらみ」に応じて企業ごとに異なるものである。企業価値を高めるうえでは、企業の足元の状況を冷静に分析するのみならず、その歩んできた歴史や企業文化にも思いをめぐらせながら、柔軟に対応策を練り、実行する必要がある。そのためにも、ファンド・マネジャーは、経営者や現場のリーダーたちと一緒になって考え、「汗をかく株主」として経営に参加する姿勢を貫いている。

　企業を良くするためには、企業の内情を理解したうえで経営陣や社員全員とともに問題点や目標を共有し、一緒になって汗をかき努力するからこそ、経営者や現場の意識改革も進み、ファンド・マネジャーが経営している間だけでなく、手放した後も持続的に成長できるような企業に変質することができると考えている。日々の経営に直接タッチせず、定量的データやあるべき理想のみをもって外部からあれこれ指図する「モノ言う株主」や、他のステークホルダーの利益よりも株主としての利益を優先し、リストラ優先でモノを考えるやり方では、企業の真の改革にはつながらない。バイアウト・ファンドの存在が、日本の中堅・中小企業を元気にするうえで果たしている役割は大きいと考えている。

　一方で、それらを実践するうえでファンド・マネジャーに求められる能力やノウハウのハードルはきわめて高い。企業側のさまざまなニーズや課題に対処するためには、多様な人材（金融、事業、コンサル、経営）の存在や業界知見、ネットワークのみならず、企業とともに歩むためのコミュニケーション力、リーダーシップ、厳しさ、リスク感覚、誠実さ、管理能力、責任感などが必要となってくる。また、さまざまな景気サイクルのなかで投資や投資先企業の支援を行ってきた経験がファンド・マネジャーを育ててくれる面も大きく、経験値というのも最重要な要素の一つとなる。企業とともに汗をか

き、成功を収めた体験がファンド・マネジャーの血肉となり、のちに続く投資にも良いパターンを形成していくものである。逆に、株式投資である以上100％の確率で成功するものではなく、高いリターンを目指す以上、大きなリスクが内包されており、どのファンド・マネジャーも多かれ少なかれ失敗を経験している。重要なのは、その失敗をどのように反省し、その後の投資に生かしているか、である。例えば、買収価格やデット負担が企業の正常収益力に比して高すぎ、さまざまな景気サイクルや外部環境の変化に耐えられなかったケースや、当初の分析や事業計画でみていたほどの改革の成果が得られなかったケースや、リスク感覚が甘すぎて打つべき対応が後手に回ってしまったケース等の失敗事例があげられよう。そのような失敗をきちんと反省し、教訓として自身の投資規律に反映させているか。ファンド・マネジャーに求められる要素の一つとして欠かせないのは、過去の経験や教訓によって生まれてくる、確固たる投資規律である。

(2) 真のパートナーシップとは

　バイアウト・ファンドは労働集約型のビジネスであり、その経営資源は一にも二にも人材である。従来の経営のあり方を見直し、投資先企業と一緒になって企業価値向上に向けて変革を推し進めていくことは容易ではなく、それを実行できる高い能力と責任感、強い規律が必要であることは前にも述べた。ただ、バイアウト・ファンドの売り物が人材である以上、ファンド・マネジャーに対する強い信頼感がないと到底成り立たないビジネスでもある。投資先企業とファンド・マネジャーの関係は、企業価値の向上という共通の目標のもとで良い緊張感をもつものでなければならず、時には厳しい姿勢で臨むし、会社のために厳しいリストラクチャリングも必要な時だってある。そのような時こそ、外部からあれこれ指図する「モノ言う株主」ではなく、「汗をかく株主」として同じ方向を向き、経営陣や社員の方々と努力することで、パートナーとしての信頼を得ることができると信じている。投資先企業と苦しみや喜びを分かち合うことが、相互の信頼感を生み出すすべての基本であろう。

また、ファンドに投資をしてくれる投資家の存在なしには、バイアウト・ファンドのビジネスは成り立たない。投資家重視の視点をもつことがファンド・ビジネスの基本であり、すべての行動の原点である。いくら偉そうに企業価値の向上だとかいってみても、投資する資金を出資してくれる投資家がいない限り、バイアウト・ファンドのビジネスは成り立たない。
　利益の還元から透明性、説明責任に至るまで、ファンド・マネジャーを信頼して資金を預けてくれた投資家の方々の期待にしっかりと応え、常に投資家視点でビジネスに取り組むことが、継続的な資金調達を実現させ、中堅・中小企業にリスクマネーを供給することで、日本経済を元気にしていく。それがファンド・マネジャーの使命であると信じている。

おわりに

　日本のプライベート・エクイティ・マーケットは、欧米に比べ歴史も浅く、マーケットの広がりも日本の経済規模全体に比して小さい。バイアウト・ファンドが果たしている役割や投資実績に対する認知度もまだまだ低いといわざるをえない。その社会的意義や魅力を伝えきれていないことにその理由の一端があるが、投資家側においても、このアセット・クラスに対する認識不足や偏見が依然存在していることも事実であろう。企業価値の向上は一朝一夕では成しえるものではなく、リターンの還元は他のアセット・クラスに比して時間を要する。腰を据えて中長期的に取り組むべきアセット・クラスとしての理解がさらに進めば幸いである。
　今次、アベノミクスにより日本経済が構造的に変化をみせようとしているなかで、事業承継問題やグローバル化への対応、過去からの「しがらみ」による制約など、生き残りをかけてさまざまな問題に対処しなければならない中堅・中小企業は確実に増加している。日本の中堅・中小企業の底力を信じ、信頼できるファンド・マネジャーに資金を託す投資家がますます増えていくことが、業界の裾野拡大、ひいては日本経済の活性化につながるものと確信している。

参考文献

木村雄治・清塚徳・本坊吉隆・山本礼二郎・三村智彦・笹山幸嗣（2013）「≪座談会≫日本のバイアウト市場の将来展望—相対取引が多い中堅・中小企業のバイアウト案件の魅力—」日本バイアウト研究所編『機関投資家のためのプライベート・エクイティ』きんざい, pp.202-218.

木村雄治（2013）『ポラリス・キャピタリズム』ダイヤモンド社.

Interview

認知度の向上が期待される
日本のバイアウト・ファンド

企業の潜在的な価値の実現による
リターンの獲得

YKK企業年金基金
常務理事
藤森正文氏

Q YKK企業年金基金がプライベート・エクイティ・ファンドへの投資を開始した時期と背景についてお聞かせ願います。

当基金では、2005年に日本のバイアウト・ファンドに投資したのが最初です。代行返上後のポートフォリオ見直しの一貫で限定された比較的少額の金額で開始しました。オルタナティブの領域では、同時にCLO（collateralized loan obligation）などのクレジット系の投資や、ファンド・オブ・ファンズ経由でのヘッジ・ファンド投資もしており、当時としては日本の年金基金にとって新しい分野についても積極的に投資ユニバースを拡大していました。分散効果を確認する意味も大きかったのです。その後も、継続的に日本のバイアウト・ファンドに投資していますが、ファンド・マネジャーのビジネス・リスクの管理手法やエグジット戦略の質が高まり、本来の目標とするリターンを実現し始めています。

Q プライベート・エクイティ・ファンドは、今後もバイアウト・ファンドを中心として発展していくと予想されます。バイアウト・ファンドは、日本の企業年金基金の方々にも理解が得られるものとなりますでしょうか。

株式に投資するということは、これはプライベート・カンパニーもパブリック・カンパニーも変わりありません。ただし、公開市場をホームグラウンドとする投資ファンドはアクティビスト・ファンドという少数派を除けば、ほとんどが

当該年度における利益を配当として受け取ったり安く買って高く売ったりするトレーディングのキャピタルゲインとしてリターンを実現することに注力しています。一方、バイアウト・ファンドは、議決権のマジョリティを掌握して経営権を取得し、会社の潜在的な価値を実現させるために企業経営自体に対するコミットが大きいのが特徴です。公開企業の経営が、株主との関係で「1対多数」で一般的に会社に対する情報格差がエージェンシー・コストを発生させるのに対して、未公開企業のバイアウトでは、基本的には「1対1」、「1＝1」でコストが発生しない面での効率性が期待できます。

　バイアウト投資では、株主として自ら経営に乗り出しますのでガバナンスの問題もないと言い換えることもできます。したがって、企業経営が上手に回りだせばそれが投資家のリターンに直接結びつく当たり前の関係がバイアウト投資にはあります。企業価値が向上すればリターンが増える。これは公開株式市場では少なくとも短期的には必ずしもそうではありません。公開株式市場は、悲観や楽観、あるいは需給によって全く異なる値付けが行われるのは日常茶飯事ですから。その点、バイアウト投資は余計な心配が少なくてすみます。流動性がないことがメリットにもなります。

　加えて、通常は人的リソースの観点から多くの案件を抱えませんので、投資案件ごと、個別の価値向上に向けての施策がどれくらい進捗しているかモニタリングすることが可能です。事業に深く入っていきますので、今後は経営者を育てることが必要になってきます。

　事業会社で働く私たちも経営という観点から、ファンド・マネジャーの戦略は比較的容易に理解でき、投資の「手触り感」を得ることができると思います。バイアウト・ファンドの結果に対しては納得性が高いものがあります。企業年金基金には財務畑出身の方も多いので、投資先企業に対する見方には共感できる点があり、理解も早いでしょう。

> Q 既に日本においても、一部の企業年金基金や厚生年金基金がプライベート・エクイティ・ファンドへの投資を行っています。日本のプライベート・エクイティ・ファンドの投資家層の拡大に向けた将来展望についてお聞かせ願います。

　流動性のないオルタナティブ商品では、特に私募REITや保険リンク商品、アセット・ファイナンスなどの債券代替インカムゲイン系の人気が高いと理解しています。あえていうなら、伝統資産である上場株式投資のボラティリティやベンチマーク運用に飽き足らない向きが、ベンチマーク無視の集中投資型やアクティビスト・ファンドといった流れから、マーケット・ノイズのないプライベート・エクイティ・ファンドに注目がいくこともあるのかもしれません。まだ、日本のプライベート・エクイティ・ファンドはマネジャーの数、規模、実績も欧米と比較してこれからというところです。

　中堅・中小企業のオーナー経営者の承継問題、ガバナンスや財務アドバイスなどのニーズは、銀行だけではカバーできていない現実があります。産業再生のトップランナーとして実績を地道に積み上げることでその認知度を高め、国内の企業年金基金だけでなく、公的年金基金、金融法人、海外投資家といった幅広い投資家を呼び込むことが近道ではないかと思います。

> Q 最後に、今後日本のプライベート・エクイティ・ファンドへの投資を検討する、年金基金の方々へのメッセージをお願いします。

　プライベート・エクイティ・ファンドのようなアプローチは、中小企業に限らず大企業の経営改善にとっても有効であるケースは多いと思っています。

　プライベート・エクイティ・ファンドへの投資を検討する際には、ファンド・マネジャーに戦略や実績を直接聞いて、企業経営の立場から十分納得できるのであれば少額で始められたらよいでしょう。そして、実績を積んでマネジャーの信頼性が高まれば、継続しながら次のファンドレイズで徐々に増額していけばよいと思います。いまのプライベート・エクイティ投資は、そのファンドがもつ戦略しか担保がなくブラインド・チェックを切るようなものでリスク管理は投資額で

行うしかありませんので慎重にと申し添えておきます。

Profile

藤森正文氏
YKK企業年金基金 常務理事
慶應義塾大学経済学部卒業。吉田工業株式会社(現YKK株式会社)に入社し、黒部事業所経理部に配属。1990年5月にYKK U.S.A.社に転じた後、YKKカナダ社、YKKコーポレーション・オブ・アメリカ、YKKヨーロッパ社管理部長を歴任。2008年4月より現職。

第 17 章

プライベート・エクイティ・ファンドをめぐる内部統制の重要性

年金基金と運用会社双方における
適切な内部統制の構築に向けて

有限責任監査法人トーマツ 金融インダストリーグループ
パートナー　**浅野昌夫**
シニアマネジャー　**福田紘子**

はじめに

　プライベート・エクイティ市場は着実な成長を遂げており、年金基金にとっても魅力的な投資対象となっている。一方、資産運用業界では、2012年2月に明らかになった、投資顧問会社による巨額の年金資産消失事案（以下、「年金資産消失事案」という）が、資産運用会社における適切な業務運営の基盤となる内部統制への関心をあらためて喚起した。同事案を契機として年金基金のなかには、従来よりも踏み込んだ資産運用会社の評価を指向する動きが見受けられる。

　本章では、こうした時代の状況を念頭に、プライベート・エクイティ・ファンドにとっての「年金基金に対する受託者責任のあり方」、またプライベート・エクイティ・ファンドに投資する年金基金にとっての「適切な投資先モニタリングのあり方」という観点からみた内部統制の重要性について述べることとする。

1　プライベート・エクイティ・ファンドをめぐる内部統制の重要性

（1）内部統制のフレームワーク

　まず、内部統制のフレームワークを簡単に説明しておく。内部統制とは、

組織が業務を遂行している際に既に存在すると考えられる体制・手続・活動等であり、COSO（the Committee of Sponsoring Organization of the Treadway Commission）が1992年に公表した「内部統制の統合的枠組み」で理論化され、広く定着した。COSOは内部統制の目的として、①業務の有効性・効率性を高めること、②財務報告の信頼性を確保すること、③関連法規を遵守することをあげ、内部統制がこれらの目的を満たす有効なものであるためには、「統制環境」、「リスクの評価」、「統制活動」、「情報および伝達」、「モニタリング」の五つの構成要素が必要である、としている。こうした内部統制のフレームワークは、2000年代に日米で発生した不正会計事件およびそれらに伴う法改正等によっていっそう注目されることとなった。

なお、2013年5月、COSOは内部統制の統合的枠組みを約20年ぶりに改訂した。これは、1992年の当初制定時以降に顕著な、企業の取引手法の複雑化、電子化、グローバル化、または不正をめぐる状況の変化などを反映するためであったが、経営者の「不正対策」や「外部委託業務管理」などへのコミットメントが従来以上にクローズアップされていることも付言しておく。

(2) **プライベート・エクイティ・ファンドにおいて想定される内部統制**

それでは、資産運用業務をめぐっては、どのような内部統制が必要と考えられているだろうか。まずは、プライベート・エクイティ・ファンドに限らず、広く資産運用会社一般で実際に想定されている統制目的（ある内部統制が、リスクを低減するために目指す目的）を図表17－1に示した（統制目的の一部の例示であり、網羅的な一覧ではない）。

これらの統制目的を達成するために、資産運用会社は具体的な内部統制を適切にデザインし、有効に運用することが求められる。例えば、図表17－1の表末の「口座取引明細書および運用報告書の作成・発行」に関連する統制目的を満たすための内部統制の一つとしては、「担当者は、EUC（End User Computing）ツールを利用して口座取引明細書および運用報告書の内容とシステム内に保有されているデータを照合し、取引明細書および運用報告書の内容が正確であることを確かめる。再鑑者および承認者は、担当者が実施し

図表17-1　資産運用会社において想定される統制目的の例

項目	統制目的の例
新規口座開設および管理	新規口座が、承認され、顧客の指示およびガイドラインに従って網羅的、正確かつ適時に開設される
売買発注等の処理	売買発注等の指示が、承認され、網羅的、正確かつ適時にシステム入力される
確認または決済	売買取引が、網羅的、正確かつ適時に決済される
利金、配当金などの処理	利金および配当金として受領した現金が、正確かつ適時に処理される
資金異動	資金異動（受領および払出し）が、網羅的、正確かつ適時に処理される
受託銀行との照合	口座管理システムに反映されている証券残高および現金残高が、受託銀行が保有する実際の残高と網羅的、正確かつ適時に照合される
時価評価	組入資産の価格が、あらかじめ定められた入手先から入手され（または、あらかじめ定められた方法に基づいて計算され）、網羅的、正確かつ適時に評価される
口座取引明細書および運用報告書の作成・発行	顧客の口座保有内容および市場価格などが詳述されている口座取引明細書および運用報告書が、網羅的かつ正確に作成される

（出所）　筆者作成

た照合結果を確かめる」といったものが想定されるだろう。もとより、業務の内容や重要性は会社ごとに異なるし、リソースの制約もあるはずなので、一律に同様の内部統制が必要ということではない。低減しようとするリスクを適切に評価し、統制目的を達成するために最も合理的な内部統制をデザインする工夫こそが求められるのである。

また、資産運用業務においてはシステムの利用も進んでいることから、図表17-1に例示した統制目的にとどまらず、システムに関連する統制目的も存在することが多い。それに対応する内部統制も適切にデザインし、有効に運用する必要も生じるだろう。

プライベート・エクイティ・ファンドにとっても、基本的な業務処理の流

図表17－2　プライベート・エクイティ・ファンドにおいて想定される特徴的な統制目的の例

項目	統制目的の例
デューデリジェンス	投資物件に対するデューデリジェンスが、適時に実施されることを合理的に保証する
投資家情報の管理	新規の投資家に係る情報、および既存投資家に係る情報の変更が、正確、網羅的かつ適時に承認され、処理されることを合理的に保証する
キャピタル・コール	契約に基づくキャピタル・コールが、正確、網羅的かつ適時に処理されることを合理的に保証する

(出所)　筆者作成

れは図表17－1が参考になるだろう。ただし、プライベート・エクイティ・ファンドに特有の追加的、特徴的な着眼点は存在する。例えば、図表17－2に示されるような統制目的が例としてあげられる。表末の「キャピタル・コール」に関連する統制目的を達成するための内部統制の一つとしては、「担当者は、キャピタル・コールの要求データと実際の入金記録を照合し、期日内に必要な金額が入金されていることを確かめる。再鑑者および承認者は、その照合結果を確かめる」といったものが想定されるだろう。

(3)　年金基金において想定される内部統制

　年金基金が、その資産運用をプライベート・エクイティ・ファンドに委託している場合、当然のことながら、委託会社である年金基金は、受託会社である資産運用会社の内部統制を適切に評価・把握していなければ、予期せぬリスクに直面する事態も起こりうる。

　年金資産消失事案を契機とした問題意識を反映し、多くの年金基金は資産運用を委託する際に、より厳しい基準で運用会社を選定するようになった。年金基金によっては、資産運用を委託する場合、何らかの手法によって委託先の内部統制のデザインの適切性および運用の有効性が確認できなければ、取引は実施しないとしているほか、選定時だけでなく、委託後も定期的に委託先の資産運用業務に関して内部統制が引き続き適切にデザインされ、有効

に運用されているかを評価する必要性を認識している基金も多くある。いわば、「受託会社の内部統制の適切性」を確かめるために、自らのなかにそれをモニタリング（選定を含む）するための内部統制を構築する、または既にある内部統制を高度化する、という動きである。

　外部委託業務管理は、上述のとおりCOSOが改訂した内部統制の統合的枠組みにおいて重要なテーマとされているほか、ある組織の内部統制の重要性に関する認識が端的に顕在化する領域でもある。年金基金が、受給者等にとって適切な運営を担保するための内部管理態勢構築の試金石とも考えることができるだろう。

2　日本の資産運用業界における「内部統制保証報告書」の現状

(1) 年金基金に対する受託者責任のあり方と具体的な処方箋「内部統制保証報告書」とは

　プライベート・エクイティ・ファンドにとって年金基金は重要な顧客である。年金基金という顧客からの受託資産は忠実義務、善管注意義務にのっとって運用しなければならない。受託資産が良好なパフォーマンスを達成すれば顧客はもちろん満足するであろうが、単に外形のパフォーマンスだけでなく、その裏付けとなる資産運用業務の実態（資産の保全を含む）への信頼性が重要視されるようになったことは、年金資産消失事案後のトレンドである。

　顧客からの受託資産が大切に保全され、取り扱われていることを裏付けるためには、社内の管理体制、すなわち前項で解説した内部統制の精度を提示することが重要であろう。

　一般的に、自らのデータのみに基づく裏付けの信頼性は低くならざるをえない。いくら「弊社の内部統制はしっかりしています」と熱弁しても、顧客はそれをうのみにはしないだろう。独立した第三者による評価のほうが高い信頼が得られ、さらに当該第三者が十分な知識・専門性を有していれば、そ

の信頼性はより高いものとなるだろう。

　内部統制の評価において上述の関係を満たすのが、「受託業務に係る内部統制報告書（以下、「内部統制保証報告書」という）」である。具体的には、独立した監査人が第三者として資産運用を受託した会社の内部統制を評価した結果を報告書として作成・製本し、受託会社はその報告書を顧客へ配布することができる。「内部統制保証報告書」の理解のため、図表17－3で関係者とその定義を、さらに図表17－4でそれぞれの関係者の役割と相互の関係を示す。

　図表17－3および図表17－4で唐突に「委託会社の財務報告に係る内部統制に関連する」という言葉が登場したが、これは「内部統制保証報告書」の目的を示している。「内部統制保証報告書」は、受託資産の運用業務におけるあらゆる内部統制について保証するものではなく、委託会社の財務報告に係る内部統制に限定して、内部統制を保証する報告書である。ただし、年金基金などからの受託資産は、年金基金の財務諸表へ直接記録されるので、プ

図表17－3　「内部統制保証報告書」をめぐる関係者

関係者	定義等	本稿の文脈での具体例
受託会社	委託会社の財務報告に係る内部統制に関連すると思われる業務を委託会社に提供する会社	年金資産運用を受託するプライベート・エクイティ・ファンド
受託会社監査人	受託会社からの依頼に基づき、受託会社の内部統制に関して保証報告書を提供する監査人	プライベート・エクイティ・ファンドの内部統制を評価し、保証報告書を作成・製本する監査法人 （受託会社財務諸表の監査人と同一でも、異なってもよい）
委託会社	受託会社の提供する業務を利用する会社	年金基金等
委託会社監査人	委託会社の財務諸表の監査を実施する監査人	年金基金等の財務諸表監査にあたる監査法人

（出所）　筆者作成

ライベート・エクイティ・ファンドの受託資産に対する内部統制は、年金基金の財務報告に係るものとなる。したがって、「内部統制保証報告書」では、受託資産の運用業務におけるほとんどの内部統制が評価の対象になる、と考えられる。

「内部統制保証報告書」は、主として四つのセクションで構成されている（図表17-5）。

なお、現在日本で利用されている「内部統制保証報告書」のための基準は、SSAE16、ISAE3402または86号の3種類であり、受託会社は適用する基準を選択できる。各基準の正式名称および発行者は以下のとおりである（図表17-6）。

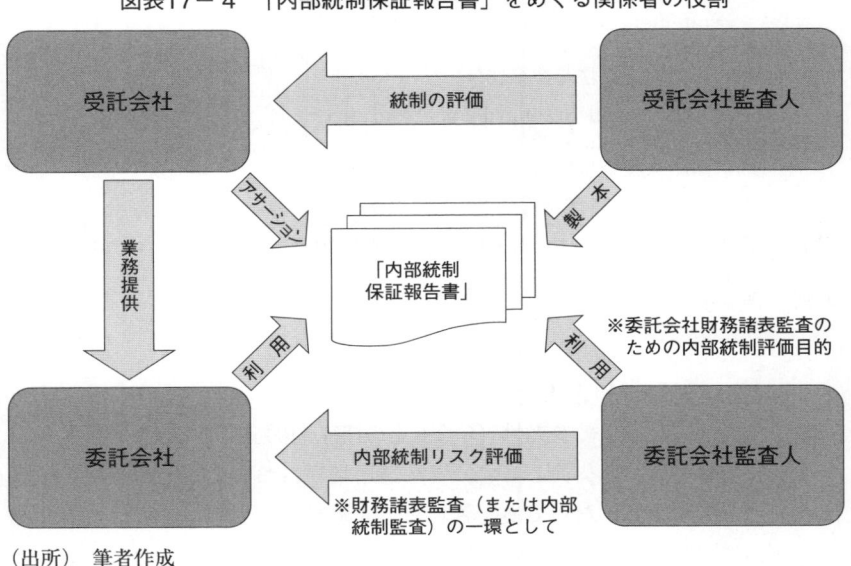

図表17-4　「内部統制保証報告書」をめぐる関係者の役割

(出所)　筆者作成

図表17－5　「内部統制保証報告書」の構成

セクション	タイトル	作成責任	具体的な内容
第1部	受託会社監査人の報告書	受託会社監査人	受託会社監査人の総合的な意見
第2部	受託会社確認書（経営者のアサーション）	受託会社	受託会社の経営者によるアサーション
第3部	受託業務のシステムの記述書	受託会社	受託会社による「受託業務のシステム（受託業務提供のために、受託会社がデザインし業務に適用する方針と手続）」を記載
第4部	受託会社監査人の情報提供	受託会社監査人	受託会社監査人による「統制の評価方法」および「評価結果」

（出所）　筆者作成

図表17－6　内部統制保証のための基準

基準略称	正式名称	発行者
SSAE16	Statement on Standards for Attestation Engagements No.16（米国検証業務基準第16号）	AICPA（米国公認会計士協会）
ISAE3402	International Standard for Assurance Engagements 3402（国際保証業務基準3402）	IAASB（国際監査・保証基準審議会）
86号	監査・保証実務委員会実務指針第86号	日本公認会計士協会

（注）　正式名称欄のカッコ書きの日本語表記は、有限責任監査法人トーマツで使用している日本語訳。
（出所）　筆者作成

(2)　「内部統制保証報告書」の有効性

❶受託会社にとっての有効性（年金基金の期待への対応）

　年金資産消失事案を契機として、資産運用業界において「内部統制保証報告書」への関心はあらためて喚起された。同事案発生当時のもっぱらの関心は、「内部統制保証報告書には同事案のような不正を防止する効果はあるの

か」、換言すれば「内部統制保証報告書を取得していれば、同事案のような不正は未然に防げたのか」という側面であったと推測される。定義としては、「内部統制保証報告書」にとって不正の防止そのものは主題ではない。ただし、「内部統制保証報告書」のために受託会社監査人が実施する評価は深度を伴ったものであることから、例えば同事案を発生させたような会社が「内部統制保証報告書」を取得しようとした場合、一方で不正を働きつつ他方で「内部統制保証報告書」を取得できるだけの内部統制をデザインして運用することは至難であろう、すなわち監査人の適正な意見が形成できない、というかたちで問題が認識されたであろう、と考えられる。

資産運用会社はかかる懸念を払拭するだけの裏付けを提供することが重要になり、実際に同事案を契機として資産運用業務を実施している会社（証券系投資一任会社に限らない資産運用会社、信託銀行、保険会社など）は、新規に「内部統制保証報告書」を取得したり、既存の「内部統制保証報告書」の対象業務の範囲拡大や個別の統制の高度化を検討したりした。これは、顧客の要望や期待に耳を傾けつつ、自社の内部統制の精度を提示して顧客を安心させるうえで、「内部統制保証報告書」を可能な限り活用しようとしたものである。

❷受託会社にとっての有効性（リスク・マネジメント）

「内部統制保証報告書」を取得する受託会社の多くは、上述のように顧客へのアピール、および顧客の要望や期待を満たすことを目的としているが、そうした効用にとどまらず、社内におけるリスク・マネジメントの観点からも効用が認識されている。

「内部統制保証報告書」を初めて取得しようとする受託会社は、あらためて自らの内部統制が適切にデザインされ、有効に運用されていることを点検し、受託会社監査人の評価に耐えられるものとなっているかどうかを確認することになる。受託会社の評価対象業務のシステムの記述書（「内部統制保証報告書」の第3部に相当）を作成する必要があることから、受託会社は、受託会社監査人とディスカッションを重ねながら、あらためて会社の既存の内部統制について広範な検討を実施する必要が生じる。

受託会社は、このような確認作業を通じて対象業務に関する、自らの内部統制の状況を再確認することができ、いっそうの高度化を図るまたとない契機となる。例えば、一連の確認作業を実施する過程で、明文化されていない内部統制の存在や、規定と実態との乖離などに気づくこともあるかもしれない。そのうえで、必要に応じて社内規程や業務マニュアルなどの制定改廃および周知徹底を行うことで、関係者が共通認識をもつことが可能な内部統制がデザイン・運用され、さらに継続的に受託会社監査人の評価を受けることで、常に最新かつ有効な内部統制が維持されることに役立つ。このことは、とりもなおさず受託会社のリスク管理機能の強化につながり、業務パフォーマンスの向上にも寄与するものと思われる。

❸**委託会社にとっての有効性**

　年金資産消失事案を契機に年金基金では、資産運用会社を選定・モニタリングする際の社内ポリシーなどの見直しを図り、資産運用の委託は「内部統制保証報告書」を発行している資産運用会社に限定する、などのケースも従来以上に見受けられるようになった。これなどは、「内部統制保証報告書」のかなり積極的な利用方法であろう。そこまで積極的でなくとも、運用を継続するための年金基金のモニタリングツール、ひいては一種の精神安定剤として求められる場面も多いようである。

　委託会社である年金基金は、「内部統制保証報告書」を入手して監査人の適正意見を確認（「内部統制保証報告書の第1部に相当」）できれば、それだけでも一定の安心を得られるだろう。しかし、「内部統制保証報告書」は図表17－5に示した非常に多くの情報量を有していることが特長である。年金基金は同報告書を精読することで、「受託会社が運用している内部統制は当基金の期待に沿う水準にあるか（同第3部）」、「適正意見は表明されていても、当基金が注意を払っている個別の統制に例外事項（エラー）はなかったか（同第4部）」などの情報を容易に把握することができる。また、複数の受託会社から「内部統制保証報告書」を入手していれば、両者がともに適正意見の報告書であったとしても、比較対照することによって「例外事項はそれぞれどの程度発生しているか」、「同じ統制目的をもつ内部統制でどちらの

統制が合理的に思えるか」などの観点から、より実態に近い心証を得ることも可能になる。

(3) 日本における「内部統制保証報告書」の浸透と展望

　多くの受託会社は、顧客からの受託資産の安全性・運用の信用性をアピールするため、顧客の要望や期待に応えるため、また時には競合他社との差別化のため（または、競合他社と同列に立つため）に、「内部統制保証報告書」の取得を検討すると思われる。比較的浸透が進んでいる業界（資産運用会社、信託銀行、保険会社など）では、そもそも「内部統制保証報告書」がないと、顧客と取引ができない、または顧客の選定候補検討の俎上にも乗らない、という局面に立たされることも多い。

　伝統資産をメインとした資産運用業界で「内部統制保証報告書」が浸透した背景には、年金資産消失事案よりはるか以前に、同報告書を求める公的資金や一部年金基金の強い意向が働いたものと考えられている。結果的に多くの資産運用会社が「内部統制保証報告書」を取得し、その結果としていわば業界内の共通言語としての位置づけを得るようになっている。現下のプライベート・エクイティ・ファンドのように「内部統制保証報告書」を取得している会社がない、またはごく限られている業界にあっても、年金基金の投資対象としていっそうその存在感が増すにつれ、同じ道筋をたどることは容易に予想される。むしろ、いち早く「内部統制保証報告書」を取得することにより、競合他社との差別化を図ることも可能になると考えられる。

おわりに

　プライベート・エクイティ市場が魅力的な投資対象であることは、衆目の一致するところとなり、今後の成長性にも大きな期待が寄せられている。しかし、同時に、まだ新しく、ユニークであり、コンセプトも伝統資産と比較して複雑であることから、マーケットの状況、取引の要領、または必要な処理プロセスなどに精通している投資家の裾野は、伝統資産の場合のようには広くないはずである。

今後のマーケットの継続的かつ健全な発展のためには、ファンドと投資家双方において適切な内部統制が構築され、そのうえでの密接なコミュニケーションに裏打ちされた信頼関係が醸成されることが欠かせないだろう。伝統的資産の運用をめぐる委託会社・委託会社の関係も、まさにそうした過程を経て徐々に成熟していったのである。
　特に、投資家として年金基金の果たす役割は決して小さなものではないと考える。専門性が優れて高い投資戦略において優秀なプライベート・エクイティ・ファンドを育成するためにも、「優秀なファンドを選別する専門家」である年金基金はその試金石たることをもって任じるべきであろう。ポテンシャルをもったプライベート・エクイティ・ファンドの成長を促すことで、プライベート・エクイティ市場拡大への貢献を強く期待したい。

Interview

プライベート・エクイティ・ファンドの
リスク管理とモニタリング

年金資産運用の健全な発展を目指して

キユーピー企業年金基金
運用執行理事
沖森公輔氏

Q 2012年に投資顧問会社による、巨額の年金資産の消失が明らかになり、投資家による運用会社に対する、モニタリングの強化が求められるようになりました。貴基金におきまして、年金資産運用に関するリスク管理やリスク低減のための方策をどのように強化しましたでしょうか。

　既存取引先の皆様とは従来、信頼関係を築いており、この事件の直後も、ガバナンスの観点から迅速に対応を図っていただきました。投資顧問会社（信託銀行を含む）の皆様にはご協力とご理解をいただきながらモニタリングを再考して強化致しました。当基金では、これを契機に運用管理体制のチェックリストを作成しております。商品ごとに、ファンド設定地、アドミニストレーター、トラスティー、カストディアンなどの運用体制をチェックし、運用手法についてもデリバティブの有無やレバレッジなど細かく確認しております。

　また、独立した監査法人による監査が実施されていることも確認しており、そのうえで投資顧問会社として何に重きを置いてモニタリングしているのかについておうかがいしております。このチェックリストは、定期的かつ変更があるたびに報告をもらう体制を築き上げております。

　このような作業に加え、日々のコミュニケーションをしっかり行うことによって、信頼できるパートナーとお取引をさせていただいていることを確信しております。万が一、このような確信度が得られない場合は即刻、お取引を停止しなけ

れば年金資産を保全することはできないと考えております。

　折しも「日本版スチュワードシップ・コード」が公表されました。英語のstewardとは、委託者に対してしっかりと責任を果たし最大のサービスを提供する意味であると理解しております。私たち食品業界のstewardとは、お買い上げいただいたお客様に安全と安心をお届けすることです。このような言葉が特別視されるのではなく、受託者としての当然の義務として、安全・安心を提供していただくことを資産運用業界にも引き続き期待しております。

Q　プライベート・エクイティ・ファンドの運用会社の選定や投資後のモニタリングにおいて、想定外のリスクに直面しないよう日頃から心がけていることはありますでしょうか。

　流動性の観点から、まず投資前の判断が最も大事だと思います。ファンド運用会社の経営哲学が文字どおり実践されているかが最大のポイントです。過去の投資実績も検証します。投資対象が現在に至っても成長している健全な企業であることも大事なポイントです。金融セミナーなどにも積極的に参加し、同業他社と比較しながら運用会社の業界でのポジションも把握できるように努めております。

　投資案件の決裁プロセスにも着目しており、投資委員会のメンバーや社外アドバイザリーもチェック項目です。どのような経歴をもった方々が意思決定に参加して、しっかりとガバナンスが効いているのかを確認しております。ディシプリン（規律）の一貫性がキーワードになります。

　私は過去、ワインの仕事にも従事していた時代があります。資産運用業界でもビンテージによって商品の良し悪しが影響することは直感で理解しました。想定運用期間のマクロ経済状況をつたない知識で予測もしております。ビンテージが悪いとき、経済環境が悪いときには無理をしないということもリスク回避の基本だと思います。

　投資後については、投資前のチェックポイント、ディシプリンの一貫性に「ほつれ」がないかについて粛々と確認するのみです。特に「ほつれ」は、運用会社の人事異動や新規投資案件候補が発掘されたときに、運用会社の方々との面談などで「変化」に注目しております。グローバル規模で動く時代ですから、「変化」

があるのは当然です。「変化」に対してはかたくなに規律を守るべきものは何なのか、「変化」に対して柔軟に対応していくことはどのようなときなのか読み取るようにしております。

このような「変化」への対応が適切かどうかについては、私自身の感性を研ぎ澄ます必要があります。これはセミナーへの積極的な参加なども一つですが、例えば投資対象の小売店があるとするならば、消費者目線で訪問して商品を手にとることで「肌感覚」を養っております。そして、次回の面談時への新しいチェック項目につなげております。

Q 最後に、今後のプライベート・エクイティ・ファンドに期待したい点と運用会社に求められる姿勢についてお聞かせ願います。

リーマン・ショック以後、当基金は、日本株式の低迷とともに株式の保有比率を低下させてまいりました。このような環境において、比較的時価の下振れが少ないプライベート・エクイティは、現時点で最も期待できるアセットクラスであると考えております。

当基金は、プライベート・エクイティ型やメザニン型などに実績があります。蓋然性の高い投資対象を選定すれば、金利収入をコツコツと稼ぎ出すインカムゲイン資産として年金資産運用には大変適していると考えております。また、プライベート・エクイティ型は、事業としてキャッシュフローが確立したビジネスモデルとなれば、企業価値向上によるアップサイドも期待できます。

プライベート・エクイティは、コミットメント金額に対して常にフルインベストメントしているわけではありません。待機資金について、どのようなアセットクラスと組み合わせることで効率的な運用ができるのかも常に模索しており、今後も新しい提案があることを期待しております。

プライベート・エクイティは、期待が大きいと同時に、最も慎重な判断が求められるアセットクラスであると思います。年金制度とは、「現役世代の安心・働きがい」、「退職者の安心・安定」を提供するものです。つまり長期視点に立ち、サスティナブルに給付を確実に実施していくためには、成長分野かつ公序良俗に反しない投資対象を慎重に選別していかなければなりません。運用会社には、こう

した年金制度の本質をよく理解していただき、目先の利益のみにとらわれないでいただきたいと思います。また、「ミドルリスク・ミドルリターン」と一般的にいわれるアセットクラスではありますが、運用会社の経営管理と金融工学の両立で限りなく価格の下落のリスクをゼロに近づけることができる商品であると信じております。

このような商品は情報開示が重要であることはいうまでもありません。運用会社、投資顧問会社の力量やガバナンスについては先ほど触れてまいりました。それ以外で気になることは、業界全体の協力体制です。例えば、信託帳票などもプライベート・エクイティに適したフォーマットとはいえません。このアセットクラスは時間軸の管理が重要です。投資の進行状況などは、現在の信託帳票からはほとんど読み解くことはできません。また、元本の戻りなのか、金利収入なのか、後日投資顧問会社からさらなる情報をいただく必要があります。業界全体で、情報の質の向上とスピードアップに取り組んでいただきたいと思います。

Profile

沖森公輔氏
キユーピー企業年金基金 運用執行理事
早稲田大学社会科学部卒業。1987年株式会社中島董商店（キユーピーグループの創業会社）海外事業本部入社。1999年〜2003年ロンドン駐在。欧米を主に担当し、キユーピーグループの食材の調達に関与する。2005年キユーピーグループのシェアードサービス会社ケイ・システム株式会社経理財務受託事業部を経て、2010年よりキユーピー株式会社財務部、2012年より、キユーピー企業年金基金運用執行理事を兼任。

第 18 章

日本のプライベート・エクイティ・ファンドの進化と発展性

新たな投資家層の流入に向けて

株式会社日本バイアウト研究所
代表取締役　**杉浦慶一**

はじめに

　日本のバイアウト市場が誕生し、20年近くが過ぎようとしているが、リーマン・ショック後の激変を耐え抜いたマネジャーのみが生き残り、さらなる進化を遂げようとしている。投資家サイドの構造も変わりつつあり、日本の年金基金を含めさらなる投資家層の拡大が期待されている。

　本章では、『機関投資家のためのプライベート・エクイティ』と『年金基金のためのプライベート・エクイティ』を編集した立場より、日本のプライベート・エクイティ・ファンドの発展性と将来の投資家層の拡大について論じる。また、昨今、議論されるようになってきたESGと日本版スチュワードシップ・コードについて述べる。

1　日本のプライベート・エクイティ・ファンドの発展性と投資家層の拡大

(1)　日本におけるバイアウト・ファンドの発展性

　1997年にアドバンテッジパートナーズが日本初のバイアウト専用ファンドへのサービス提供を開始してから、20年近くが経過した。2000年代前半から半ば頃には、エクイティ型の再生ファンドも含め多数のマネジャーが参入し、投資活動を開始した。しかし、リーマン・ショック以後は淘汰が進み、新規参入もほとんどみられなくなり、実力のあるマネジャーのみが生き残っ

図表18－1　日本のバイアウト・ファンドの設立本数の推移
　　　　　（2013年12月末現在）

	1997年	1998年	1999年	2000年	2001年	2002年	2003年	2004年	2005年
第一号ファンド	1	2	5	7	7	7	8	9	11
第二号ファンド以降	0	0	1	2	0	4	5	6	13
合　計	1	2	6	9	7	11	13	15	24

	2006年	2007年	2008年	2009年	2010年	2011年	2012年	2013年	合計
第一号ファンド	13	7	9	0	1	1	0	1	89
第二号ファンド以降	9	11	12	3	3	5	5	11	90
合　計	22	18	21	3	4	6	5	12	179

（出所）　日本バイアウト研究所

て現在に至っている。ここ数年に設立されたバイアウト・ファンドの大半は、既存のマネジャーの後継ファンド（次号ファンド）である。業歴が10年を超え、第三号ファンドもしくは第四号ファンドに進んでいるマネジャーも出てきている。

　日本でバイアウト・ファンドを組成するには、大型案件が少ない年もあるため、「ファンド規模」の見極めが非常に重要である。図表18－2は、日本のバイアウト・ファンドの規模別分布を示しているが、500億円未満のバイアウト・ファンドが大半を占めている。この領域は比較的案件が豊富で一つのファンドから7～10件程度のポートフォリオを構築するケースもみられる。

　日本で500億円未満のバイアウト・ファンドは、スモールキャップもしくはミッドキャップに位置づけられている[1]。この規模のバイアウト・ファン

1　日本では、数百億円規模のバイアウト・ファンドがミッドキャップに位置づけられることが多いが、海外では、この規模はスモールキャップである。海外では、1兆円を超える規模のバイアウト・ファンドも多数組成されており、規模感が異なることに留意されたい。

図表18-2　日本のバイアウト・ファンドのファンド規模別分布
　　　　　（2013年12月末現在）

ファンド規模	本数
100億円未満	80
100億円以上300億円未満	66
300億円以上500億円未満	17
500億円以上1,000億円未満	10
1,000億円以上	6
合　　計	179

（注）　集計時点で募集中のファンドは、その時点での金額でカウントした。
（出所）　日本バイアウト研究所

ドのマネジャーは、3～5億円という少額のコミットを募集しているケースもあり、資産規模が小さい年金基金でも、シングル・ファンドへ投資できる機会が存在する。2014年に入り、スモールキャップおよびミッドキャップの領域に、新たなマネジャーが参入する動きもいくつか出てきているが、いずれも過去に他の運用会社で経験を積んだプロフェッショナルが新たに立ち上げており、今後期待される。

　一方、大型案件を手がけられるバイアウト・ファンドも今後は注目される。2014年に入り、日本の大企業が事業再編により子会社をバイアウト・ファンドへ売却する動きが出てきており、規模が大きいファンドの投資機会が増えている。ラージキャップの案件が増加するとともに、実績を積んでファンド規模を拡大させていくマネジャーも出てくると予想される。

(2)　**日本におけるファンド・オブ・ファンズの発展性**

　日本のプライベート・エクイティ市場が進化・発展するためには、ファンド・オブ・ファンズの発展も不可欠である。資産規模が小さく、リソースが限られている日本の年金基金においては、分散効果を追求できるファンド・オブ・ファンズはきわめて魅力的なものとなる。日本では、エー・アイ・キャピタルを含む数社の国内系マネジャーが活動しているほか、海外のファ

ンド・オブ・ファンズのマネジャーが日本拠点を開設して活動している。

　今後は、日本の年金基金向けに、少額からでもコミット可能なファンド・オブ・ファンズの登場が期待される。また、日本の年金基金の特性を熟知したうえで最適なソリューションを提供できるファンド・オブ・ファンズのマネジャーが増えることが望まれる。これが実現されれば、日本の年金基金にとって、プライベート・エクイティがさらなる有望資産として発展していくであろう。なお、欧州系のキャピタル・ダイナミックスは、日本のバイアウト・ファンドを中心に分散投資を行うファンド・オブ・ファンズの組成の準備に入っており、年金基金からも期待されている。

(3)　**日本におけるセカンダリー取引の発展性**
　プライマリー市場が発展していくとともに、セカンダリー市場が発展することもプライベート・エクイティ市場全体に影響を与える。セカンダリー取引とは、投資家がファンド持分を別の投資家に譲渡する取引である。必要に迫られて売手が譲渡するケースもあれば、戦略的な視点により能動的に譲渡するケースもある。このセカンダリー市場が発展していけば、投資家が低流動性資産であるプライベート・エクイティ・ファンドの持分を譲渡する機会が増加することとなる。

　日本でセカンダリー市場が進化していくうえで鍵となるのは、アドバイザー（ブローカー）の存在である。第三者であるアドバイザーが中立的な立場から取引をサポートすることにより、持分譲渡プロセスの円滑化を図ることができる。売手の年金基金にとっては、アドバイザーのネットワークを活用することにより、多くの買手候補を見つけることができるほか、価格面も含めた交渉プロセスをプロフェッショナルに任せることができる。一方、日本の年金基金は、買手としてもセカンダリー取引に参加することができ、魅力のある売り情報に対して効率よくアプローチすることができる。

　具体的なプレーヤーとしては、アーク東短オルタナティブが、日本の年金基金がプライベート・エクイティ・ファンドの持分を譲渡する際に、代理人として取引の手続をサポートするファンド流動化サービスを手がけている。

また、アーク東短オルタナティブは、日本の年金基金向けに、セカンダリー取引に関するセミナーを頻繁に開催しており、啓蒙・普及という観点からの貢献も大きい。

(4) **日本におけるサブ・アセットクラスの発展性**
　バイアウト・ファンドやベンチャー・キャピタル・ファンドに加え、メザニン・ファンド、セカンダリー・ファンド、ディストレスト・ファンドなどのサブ・アセットクラスの発展も期待される。
　まず、メザニン・ファンドは、日本では2000年代半ば頃より登場したアセットクラスである。マネジャーの数は少ないが、インカムゲインを受け取ることができる点や、バイアウト・ファンドやベンチャー・キャピタル・ファンドと比較して短期間での回収が見込まれる点が、日本の年金基金に受け入れられている。10年間で20件以上の投融資実績を誇るマネジャーも複数出てきており、今後も引き続きミドルリスク・ミドルリターンの代表的資産として注目される。日本のメザニン・ファンドが発展するために鍵となるのは、大型バイアウト案件の増加である。大型バイアウト案件において、バイアウト・ファンドとシニア・デット・プロバイダーの不足分をメザニン・ファンドが埋めるケースが増加すれば、投融資の機会はいま以上に増加する。
　次に、セカンダリー・ファンドのアセットクラスとしての特徴は、早期の回収が期待でき、Jカーブ効果が軽減されるという点があげられる。日本でもファンド持分のセカンダリー取引が増えるにつれて、セカンダリー・ファンドの組成額も拡大していくと思われる。国内系では、アント・キャピタル・パートナーズが、プライベート・エクイティ・ファンドの持分を取得する専用ファンドを組成して実績を積み上げており、今後の活動が期待される。

(5) **日本のプライベート・エクイティ・ファンドの将来の投資家層**
　これまでの日本のプライベート・エクイティ・ファンドの投資家層として

図表18－3　日本のプライベート・エクイティ・ファンドの投資家層

現在の投資家層	将来の投資家層
・大手銀行・信託銀行 ・政府系金融機関 ・証券会社 ・一部の地方銀行 ・保険会社 ・ノンバンク ・事業会社（商社を含む） ・政府系機関 ・一部の企業年金基金・厚生年金基金 ・ファンド・オブ・ファンズ	・大手銀行・信託銀行 ・政府系金融機関 ・証券会社 ・地方銀行・信用金庫 ・保険会社 ・ノンバンク ・事業会社（商社を含む） ・ファンド・オブ・ファンズ ＜今後特に拡大が見込まれる投資家層＞ 企業年金基金、公的年金基金、財団、個人富裕層、ファミリー・オフィス、大学

（出所）　筆者作成

比率が高かったのは、大手銀行、信託銀行、政府系金融機関、証券会社、保険会社などであった。また、ノンバンクや商社なども日本のバイアウト・ファンドの規模拡大に大きな役割を果たしてきた。さらに、近年は、地域金融機関（地方銀行・信用金庫）が日本のバイアウト・ファンドにコミットする動きも顕著になってきている。しかしながら、金融機関同士の再編・統合や、BIS規制の影響により、今後は投資家層が変化していく可能性が高い。

　今後の新たな投資家層として期待されるのは、企業年金基金、公的年金基金、財団、ファミリー・オフィス、大学などである。まず、企業年金基金については、既に一部ではプライベート・エクイティの取り組みが開始されているが、分散効果の追求という視点により、今後も拡大していくと予想される。公的年金基金については、年金積立金管理運用独立行政法人（GPIF：Government Pension Investment Fund）が、平成24年度委託調査研究において「オルタナティブ投資スキームについての調査研究」を実施しておりその動向が注目されているほか、共済年金などもリスク資産の比率を高めていく可能性が高い。

さらに、昨今、日本の大学法人の資産運用のあり方に関する議論が行われるようになってきており、日本の大学法人がリスク資産への投資を行う可能性もある。そして、ファミリー・オフィスの一部もプライベート・エクイティへの取り組みを開始していると聞く。このように多様な投資家層の資金が日本のプライベート・エクイティ・ファンドへ流入していくことが予想され、ゲートキーパーやファンド・オブ・ファンズの役割が増していくと思われる。

2　ESGと日本版スチュワードシップ・コード

(1)　ESG（環境・社会・ガバナンス）

　近年、資産運用業界において、ESG（environmental, social, and governance）の概念が議論されるようになってきている[2]。背景としては、2006年に国際連合（United Nations）によって公表された責任投資原則（PRI：Principles for Responsible Investment）が大きく影響している。PRIは、図表18-4に示されているように、機関投資家が投資の意思決定にESGの課題を組み込み、長期的リターンを改善し、持続可能なマーケットを創出することを目的とする原則である。具体的な問題として、環境（environment）には、大気汚染、自然破壊、産業廃棄物など、社会（society）には、消費者問題、労働問題など、ガバナンス（governance）には、役員構成、役員報酬、コンプライアンス、内部統制などの問題が含まれる。

　UNEP Finance InitiativeとUN Global Compactの連携イニシアティブであるPRI Associationは、このESGの考え方についてのプライベート・エクイティ業界への浸透に努めている。具体的には、プライベート・エクイティ業界向けの推進部会（PE work stream）を組成して議論を行っており、リミ

---

[2]　プライベート・エクイティ投資におけるPRI（ESG）の現状については、棚橋・デボス（2012）に詳しい。本章で記述したPRI・ESGに関する用語の日本語訳については、「プライベートエクイティにおける責任投資とは―リミテッド・パートナー（LP）用ガイドブック―（第2版）」に依拠している。

図表18-4　責任投資原則（Principles for Responsible Investment）

1．私たちは、投資分析と意思決定のプロセスにESGの課題を組み込みます。
2．私たちは、活動的な（株式）所有者となり、（株式の）所有方針と（株式の）所有の仕方にESG課題を組入れます。
3．私たちは、投資対象の主体に対してESG課題について適切な開示を求めます。
4．私たちは、資産運用業界において本原則が受け入れられ、実行に移されるように働きかけを行います。
5．私たちは、本原則を実行する際の効果を高めるために協働します。
6．私たちは、本原則の実行に関する活動状況や進捗状況に関して報告します。

（出所）　UNPRI「プライベートエクイティにおける責任投資とは―リミテッド・パートナー（LP）用ガイドブック―（第2版）」2011年6月（アーク・オルタナティブ・アドバイザーズ（現アーク東短オルタナティブ）が翻訳）

テッド・パートナー向けのガイドブックの作成やジェネラル・パートナー向けのケーススタディなどの成果を出しているほか、各国のプライベート・エクイティの業界団体・協会にも働きかけを行っている。Institutional Limited Partners Association（ILPA）の「プライベート・エクイティ原則（Private Equity Principles）」においても、ESGに関する記述がみられ、プライベート・エクイティ業界に浸透してきたことがうかがえる[3]。

日本のプライベート・エクイティ業界では、これまで十分な議論がなされてこなかったが、一部のファームがPRIに署名をする動きが出てきており、今後は本格的な議論の進展が期待される。なお、アーク・オルタナティブ・アドバイザーズ（現アーク東短オルタナティブ）は、2011年10月に日本のプライベート・エクイティ専門業者としては初の責任投資原則への署名を行っている。また、バイアウト・ファンド業界屈指の老舗運用会社である東京海上キャピタルは、2013年3月に、日本に本社をおくプライベート・エクイティ・ファンドの運用会社として初めて責任投資原則に署名した。

---

[3] Institutional Limited Partners Association（ILPA）の「プライベート・エクイティ原則」の詳細については、漆谷・齋藤（2013）に詳しい。

(2) 日本版スチュワードシップ・コード

2014年2月には、金融庁より、「責任ある機関投資家」の諸原則≪日本版スチュワードシップ・コード≫(Principles for Responsible Institutional Investors) が公表された。本コードにおける「スチュワードシップ責任」とは、機関投資家が、投資先の日本企業に対して「目的を持った対話」(エンゲージメント) を通じて、当該企業の企業価値の向上や持続的な成長を促すことにより、顧客・受益者の中長期的なリターンの拡大を図る責任を意味する。

図表18-5 「責任ある機関投資家」の諸原則≪日本版スチュワードシップ・コード≫

1．機関投資家は、スチュワードシップ責任を果たすための明確な方針を策定し、これを公表すべきである。
2．機関投資家は、スチュワードシップ責任を果たす上で管理すべき利益相反について、明確な方針を策定し、これを公表すべきである。
3．機関投資家は、投資先企業の持続的成長に向けてスチュワードシップ責任を適切に果たすため、当該企業の状況を的確に把握すべきである。
4．機関投資家は、投資先企業との建設的な「目的を持った対話」を通じて、投資先企業と認識の共有を図るとともに、問題の解決に努めるべきである。
5．機関投資家は、議決権の行使と行使結果の公表について明確な方針を持つとともに、議決権行使の方針については、単に形式的な判断基準にとどまるのではなく、投資先企業の持続的成長に資するものとなるよう工夫すべきである。
6．機関投資家は、議決権の行使も含め、スチュワードシップ責任をどのように果たしているのかについて、原則として、顧客・受益者に対して定期的に報告を行うべきである。
7．機関投資家は、投資先企業の持続的成長に資するよう、投資先企業やその事業環境等に関する深い理解に基づき、当該企業との対話やスチュワードシップ活動に伴う判断を適切に行うための実力を備えるべきである。

(出所) 日本版スチュワードシップ・コードに関する有識者検討会「「責任ある機関投資家」の諸原則≪日本版スチュワードシップ・コード≫〜投資と対話を通じて企業の持続的成長を促すために〜」2014年2月

一方で、「企業の側においては、経営の基本方針や業務執行に関する意思決定を行う取締役会が、経営陣による執行を適切に監視しつつ、適切なガバナンス機能を発揮することにより、企業価値の向上を図る責務を有している」とし、企業側の責務と本コードに定める機関投資家の責務とは、いわば「車の両輪」であるとしている。

　このような考え方に基づいて、図表18－5に示されている諸原則が定められている。利益相反の問題や投資先企業との対話については、プライベート・エクイティ・ファンドの投資活動や投資先企業に対するモニタリングとも深く関係している事項である。既に日本のプライベート・エクイティ・ファンドの運用会社でも受入れを表明したファームも出てきており、今後の展開が注目される。

おわりに

　以上、日本のプライベート・エクイティ・ファンドの発展性と将来の投資家層の拡大について論じたうえで、昨今注目されているESGと日本版スチュワードシップ・コードについて述べた。マネジャーが良質な案件を創出し、健全なファンド運営を行うことにより継続的にパフォーマンスを出していけば、多様な投資家層の資金が流入し、市場がさらに発展していくと予想される。ESGと日本版スチュワードシップ・コードの考え方は、日本においても、ハンズオン型のプライベート・エクイティ・ファンドの意義や社会的責任がクローズアップされていくなかで今後さらに重視されていくこととなろう。

参考文献

五十嵐誠・藤井毅（2013）「プライベート・エクイティ・ファンドの法的仕組み」日本バイアウト研究所編『機関投資家のためのプライベート・エクイティ』きんざい, pp.41-64.

漆谷淳・齋藤誠一（2013）「ILPA Private Equity Principlesの概要―ジェネラル・パートナーとリミテッド・パートナー間の信頼関係の構築に向けて―」日本

バイアウト研究所編『機関投資家のためのプライベート・エクイティ』きんざい, pp.399-422.

大輪秋彦監訳・次世代年金実務家ネットワーク訳（2003）『勝者のポートフォリオ運用―投資政策からオルタナティブ投資まで―』金融財政事情研究会（David F. Swensen（2000）*Pioneering Portfolio Management: An Unconventional Approach to Institutional Investment*, Free Press.）

仮屋薗聡一・吉崎浩一郎（2013）「ベンチャー・キャピタル・ファンド/グロース・キャピタル・ファンドの特徴―産業育成・企業創造を通じた絶対リターンの追求―」日本バイアウト研究所編『機関投資家のためのプライベート・エクイティ』きんざい, pp.110-136.

木村雄治・清塚徳・本坊吉隆・山本礼二郎・三村智彦・笹山幸嗣（2013）「＜座談会＞日本のバイアウト市場の将来展望―相対取引が多い中堅・中小企業のバイアウト案件の魅力―」日本バイアウト研究所編『機関投資家のためのプライベート・エクイティ』きんざい, pp.202-218.

小林和成（2013）「プライベート・エクイティ・ファンドの特徴―機関投資家の視点から―」日本バイアウト研究所編『機関投資家のためのプライベート・エクイティ』きんざい, pp.2-35.

小林和成・萩康春訳（2013）『プライベート・エクイティの投資実務―Jカーブを越えて―』きんざい.（Thomas Meyer and Pierre-Yves Mathonet（2005）*Beyond the J Curve: Managing a Portfolio of Venture Capital and Private Equity Funds*, Wiley Finance.）

佐村礼二郎（2013）「セカンダリー・ファンドの特徴―プライベート・エクイティの流動化ソリューション―」日本バイアウト研究所編『機関投資家のためのプライベート・エクイティ』きんざい, pp.176-195.

白鹿博之・富田康之・村形誠治（2013）「プライベート・エクイティ・ファンドへの投資実務」日本バイアウト研究所編『機関投資家のためのプライベート・エクイティ』きんざい, pp.362-391.

杉浦慶一・越純一郎編（2010）『プライベート・エクイティ―勝者の条件―』日本経済新聞出版社.

杉浦慶一（2011）「ベンチャーキャピタルのエグジット方法の多様化と課題」忽那憲治・日本証券経済研究所編『ベンチャーキャピタルによる新産業創造』中央経済社, pp.272-290.

杉浦慶一（2013）「日本におけるプライベート・エクイティ・ファンドの動向」日本バイアウト研究所編『機関投資家のためのプライベート・エクイティ』きんざい, pp.220-242.

杉浦慶一（2014a）「日本における第二次バイアウトの特徴」『東洋大学大学院紀要』第50集, 東洋大学大学院, pp.87-99.

杉浦慶一（2014b）「急回復を遂げる国内バイアウト・ファンドの募集」『オル・イン（for All Institutional Investors）』Vol.31, クライテリア, p.53.

杉浦慶一（2014c）「拡大・多様化するメザニン投融資案件」『オル・イン（for All Institutional Investors）』Vol.32, クライテリア, p.58.

棚橋俊介・デボス麗子（2012）「PE投資におけるPRI（ESG）の現状と有効な活用法」『年金と経済』Vol.30, No.4, 年金総合研究センター, pp.37-49.

鳴戸達也（2013）「年金基金による非上場資産クラス投資」日本バイアウト研究所編『機関投資家のためのプライベート・エクイティ』きんざい, pp.289-313.

濱田康行・澤邉紀生・桐畑哲也・片川真実・宮宇地俊岳（2007）「機関投資家のプライベート・エクイティー投資―日本の実態と国際比較―」Kyoto University Working Paper, J-58.

マイケル・J・コーバー（1999）『プライベート・エクイティ―価値創造の投資手法―』東洋経済新報社.

増田徹・高橋修三・貞永英哉・北村元哉（2013）「＜座談会＞日本の機関投資家によるプライベート・エクイティ・ファンドの見方～クオリティを重視したファンド選択の重要性～」日本バイアウト研究所編『機関投資家のためのプライベート・エクイティ』きんざい, pp.432-445.

松野修（2013）「メザニン・ファンドの特徴―安定したキャッシュフロー収入と早期の投資回収―」日本バイアウト研究所編『機関投資家のためのプライベート・エクイティ』きんざい, pp.146-170.

八木博一（2013）「ESG投資を通じた伝統的な年金運用からの脱却―企業年金基金

での検討と実践―」『証券アナリストジャーナル』第51巻第3号, 日本証券アナリスト協会, pp.26-36.

参考資料

経済産業省（調査委託機関：UFJ総合研究所）「ベンチャーキャピタル投資環境動向調査（年金基金のベンチャー投資に関する実態把握調査）」2003年7月.

経済産業省（調査委託機関：大和総研）「企業年金のベンチャーキャピタルへの投資拡大に向けた可能性調査委託事業（報告書）」2009年3月.

公的準公的資金の運用・リスク管理等の高度化等に関する有識者会議「公的準公的資金の運用・リスク管理等の高度化等に関する有識者会議報告書」2013年11月.

日本版スチュワードシップ・コードに関する有識者検討会「「責任ある機関投資家」の諸原則≪日本版スチュワードシップ・コード≫～投資と対話を通じて企業の持続的成長を促すために～」2014年2月.

UNPRI「プライベートエクイティにおける責任投資とは―リミテッド・パートナー（LP）用ガイドブック―（第2版）」2011年6月.（UNPRI "Responsible Investment in Private Equity: A Guide for Limited Partners, 2nd edition," June 2011）

Interview
日本のプライベート・エクイティ・ファンドの将来展望

投資家の利益とのアラインメントを
重視したファンド運用に期待

一般社団法人日本投資顧問業協会
会長
岩間陽一郎氏

Q 日本において本格的なプライベート・エクイティ市場が生成し、もうすぐ20年がたちますが、今後の展望についてお聞かせ願います。

　日本でもプライベート・エクイティのプレーヤーは多様です。典型的には、成長志向のベンチャー企業に投資を行うベンチャー・キャピタル・ファンドがありますし、事業再編・事業再生の機会などをとらえて投資を行うバイアウト・ファンドや事業再生ファンドが存在します。

　今後、日本経済の発展のためには、新しい産業の創出やイノベーションが不可欠ですので、米国にみられるようなベンチャー・キャピタル・ファンドの活躍が期待されます。一方、デフレの世の中になって閉塞感が出てきているなかで、日本企業の事業再編に伴うリストラクチャリングを考えないといけないというなかでは、バイアウト・ファンドの出番がいままで以上に増えると予想します。バイアウト・ファンドは、日本でもプロフェッショナルのレベルがかなり向上し、ディールのこなし方も非常に良いし、リターンをあげているところも出てきています。過去20年間のトータルでみれば、日本のプライベート・エクイティのプレーヤーはそれなりの貢献をしてきました。これからも、日本の産業にとっても必要とされているという認知度も向上してきていますので、将来につながる展望があると期待しております。

　プライベート・エクイティの期間は長期ですから、時間がかかるとは思いますけれど、企業の発展と雇用の面でも非常に大きな効果があると思います。一方

で、イノベーションや新事業創造を促すという観点でも大きな機能を背負っているのではないかと思います。

Q 近年、資産運用の領域でも「ESG（環境・社会・ガバナンス）」が議論されるようになってきています。また、金融庁から「日本版スチュワードシップ・コード」が公表されましたが、これらの視点がプライベート・エクイティの世界でも重視されるようになりますでしょうか。

　ESGの概念は、プライベート・エクイティの運用会社が環境問題や社会的責任に対してどのように取り組むかという観点と、投資についてその観点を入れて選ぶという両方の側面があると思います。さらに投資の観点から考えると、ESGの観点から非常に悪い結果が出たときの投資の損傷ダメージというのを考える必要があります。非常に高収益だということの陰に反社会的なことが潜んでいるとすれば、それが表面化したときには、これは悪い投資だということになりますので、運用会社のリスク・マネジメントの一環としても必要な視点であると思います。この考え方は、社会的責任を果たすという以前に、ポートフォリオの安全を守るという観点でも、敏感に反応していくことが要請されるのではないかと思います。

　「責任ある機関投資家」の諸原則≪日本版スチュワードシップ・コード≫は、「企業の持続的な成長を促す観点から、幅広い機関投資家が企業との建設的な対話を行い、適切に受託者責任を果たすための原則」などと説明されています。ファンド・マネジャーである以上、これらは基本的に備わっているはずですので、最低限のスタンダードだと私は思います。プライベート・エクイティ・ファンドにおいても、投資先企業の持続的成長を促進させ、投資家の利益とのアラインメントを図り、中長期的な投資リターンの拡大を目指すという責任があります。

Q 今後、日本で活動するプライベート・エクイティ・ファンドのマネジャーに期待したい点をお聞かせ願います。

　「alignment of interest（利害の一致）」という言葉があるように、投資家の利益

とのアラインメントを重視したファンド運用に期待したいと思います。日本のプライベート・エクイティ・ファンドには、金融機関の一部門としてのマネジャーもいますが、やはり独立独歩で自分たちのチームスキルの最大化を目指し、投資家と完全に利益がアラインできるような環境で仕事ができる経営形態のマネジャーがもっと出てくる必要があるのではないかと思います。もちろん、金融機関の一部門であってもよいのですが、やはりビジネス上の原理原則が貫徹できる仕組みにしておく必要があります。説明責任を果たし、投資家の利益と相反するようなことが起こらないようにマネジメントするという仕組みを構築する必要があります。

Q 最後に、これから新たにプライベート・エクイティ・ファンドへの投資を検討する、日本の年金基金の方々へのメッセージをお願いします。

　まず、年金基金を含むアセット・オーナーの立場でみると、プライベート・エクイティの分野でどれだけのリスクをとれる環境にあるのかということを最初にきちんと議論し、そのなかでどのように分散させたらよいかという基本方針を決めることが重要です。プライベート・エクイティ・ファンドにも、バイアウト・ファンド、ベンチャー・キャピタル・ファンド、メザニン・ファンドなど、いろいろなタイプがありますので、どのように組み合わせたらよいのかを考えることも必要です。さらに、そのなかでどのようなマネジャーを選定するのかというスキルが必要になります。

　理想像は自らマネジャー選定のスキルをもつということですが、リソースの都合で自分たちでは限界があるということであれば、ファンド・オブ・ファンズに投資するという選択肢もあります。コストは余計にかかるけれども、定評があり信頼できるファンド・オブ・ファンズを選べば安定度が増します。

　それから、年金基金でもコンスタントに継続的に投資をしていくということをやるべきだと思います。プライベート・エクイティは、流行で投資をする話ではありません。守るべき最低限の基準をクリアしたところのなかからきちんと選定し、継続的に投資していくということをやるべきだと思います。

Profile

岩間陽一郎氏

一般社団法人日本投資顧問業協会 会長

1967年東京海上火災保険株式会社（現東京海上日動火災保険株式会社）入社。1991年東京海上MC投資顧問株式会社（現東京海上アセットマネジメント株式会社）代表取締役専務就任。東京海上火災保険株式会社の有価証券第一部長、取締役投資部長、常務取締役を経て、2005年専務取締役および株式会社ミレアホールディングス（現東京海上ホールディングス株式会社）取締役就任。2005年東京海上アセットマネジメント投信株式会社（現東京海上アセットマネジメント株式会社）代表取締役社長就任。2010年より現職。

あとがき

　本書では、年金投資家や機関投資家へのインタビューを実施したが、いずれも示唆に富んだ内容となった。
　まず、日本の年金投資家がプライベート・エクイティ投資を開始する際に重要なことは、資産規模や負債構造などを十分考慮に入れながら、プライベート・エクイティの配分比率、年間のコミットメント金額、目標残高などを決めるということである。次に、信頼できるアドバイザーを起用するということも重要である。リソースが限られているなかで、効率よく業務を推進する体制を構築することが望ましい。また、プライベート・エクイティ・ファンドのマネジャーとの積極的な情報交換を行う姿勢も必要である。
　そして、長期的な視点で継続的に取り組むという姿勢が常に必要となる。プライベート・エクイティ・ファンドへのアロケーションをある程度確保できる年金投資家は、ビンテージの分散を行い、継続的にコミットを行うことが大切である。バイアウト・ファンドやベンチャー・キャピタル・ファンドへの投資で直面する「Jカーブ」も、継続的にコミットすることにより、当初はマイナスでも、一定の期間が経過すれば、パフォーマンスが平準化していくこととなる。金融危機などの環境の変化が起きても、縮小・凍結をせずに継続する我慢強さをもつ姿勢が大切である。
　本書では、これから投資を検討する年金投資家の方々にも有益な情報を発信していくことも心がけた。未経験の年金投資家がプライベート・エクイティ・ファンドへの投資のノウハウを取得する方法の一つとしては、ファンド・オブ・ファンズへの投資を行うことがきわめて有効である。資産規模や人的リソースの観点から、ファンド・オブ・ファンズへの投資が好まれることも多い。プライベート・エクイティを嗜好しても、資産規模が小さく人的リソースもなく、複数のシングル・ファンドへの分散投資ができない年金投資家にとっては、ファンド・オブ・ファンズはきわめて魅力的なものとな

る。ファンド・オブ・ファンズは、資産規模が小さい年金投資家から資金を集めることにより、大きな資金をプールして、そこから有力ファンドへの分散投資を行うファンドである。欧米では、ファンド・オブ・ファンズが非常に発達しており、年金投資家がコミットするケースも多く、日本においても活躍が期待されている。

また、主流であるバイアウト・ファンド以外にも、ベンチャー・キャピタル・ファンド、グロース・キャピタル・ファンド、メザニン・ファンド、セカンダリー・ファンドなどのように、リターンの生み出し方が異なる投資戦略をもつプライベート・エクイティ・ファンドもあることから、それぞれの特性をよく理解して、組み合わせて分散投資を行うことも可能である。

これらの点以外にも、本書では、年金投資家による投資実務の観点から数多くの示唆を得ることができた。投資実務の各論点について、さらに理解を深めるには、前作『機関投資家のためのプライベート・エクイティ』(きんざい)と、その姉妹本である小林和成・萩康春訳(2013)『プライベート・エクイティの投資実務―Jカーブを越えて―』(きんざい)もお薦めしたい。

さて、リーマン・ショック直後には低迷した時期もあった日本のバイアウト市場が回復基調にある。バイアウト・ファンドのエグジット案件も急増し、投資と回収のサイクルが機能するようになってきている。ここ数年の間にファンドを組成したマネジャーの多くは、リーマン・ショック直後の苦難を乗り越えて生き残ったマネジャーである。エグジットした案件のなかには、ハンズオン支援により業績が大きく改善し、高いリターンを達成した案件も多数出てきている。投資チームの安定化も心強い。リーマン・ショック前には、キーパーソンの離脱などにより陣容が不安定なマネジャーも存在したが、現在は結束力が強いマネジャーが多い。投資案件で今後最も注目されるのは、中堅・中小のオーナー企業の事業承継に起因するものであり、潜在的な候補先は多い。良質な案件が増加し、健全なファンド運営がなされ、投資家層の拡大が進んでいくことが期待される。また、日本企業の活性化に貢献するというバイアウト・ファンドの社会的意義が認められていくこととなろう。

年金投資家の方々からは、日本のプライベート・エクイティ市場を客観的に俯瞰できるデータが不足しているとの声が聞かれることもある。日本バイアウト研究所としては、このような要望に応えられるように、いままで以上に正確かつ意義のある情報発信ができるよう心がけていきたい。日本バイアウト研究所では、シンポジウムの開催を含め地方での情報発信を手がけてきた。今後も、首都圏だけではなく、地方の企業年金基金や地域金融機関の方々にもお役に立てるような企画を立案して多様な情報を発信していきたい。

　今回の編集の過程では、インタビューの日程調整を行っていただいた各社の秘書の方々、資料の作成を担当いただいた企画担当・広報担当の方々にも大変お世話になった。また、巻末に収録した「プライベート・エクイティ用語集」の編集委員の方々には、限られた時間のなかで原稿に目を通していただいて、経験豊富な立場から貴重なコメントをいただいた。本書の刊行に携わったすべての方に感謝の意を表したい。

　最後に、本書の企画から編集に至るまでの随所で的確な助言をいただいた株式会社金財エージェンシーの統括本部長である西野弘幸氏と、株式会社きんざいの出版センター部長である石川和宏氏にも深く御礼を申し上げたい。

株式会社日本バイアウト研究所
代表取締役　**杉浦慶一**

執筆者略歴(執筆順)

第Ⅰ部

〔第1章〕
棚橋俊介(たなはし・しゅんすけ)
アーク東短オルタナティブ株式会社 代表取締役社長

東京大学経済学部卒業。ミシガン大学経営学修士(MBA)。1996年三菱信託銀行株式会社(現三菱UFJ信託銀行株式会社)入社。資産運用業務を歴任。同社在籍時に、年金総合研究センター(現年金シニアプラン総合研究機構)に出向し、さまざまな研究に携わることで国内外の年金関係者との議論を深め、オルタナティブ運用の研究にも携わる。2008年ゴールドマン・サックス・アセット・マネジメント株式会社入社。プライベート・エクイティを含めたオルタナティブ関連商品にも関与。2009年3月、アント・キャピタル・パートナーズ株式会社に入社し、IR担当として、特に年金基金・信託・生損保へのソリューション提案を行うとともに当室を統括。2010年10月アーク・オルタナティブ・アドバイザーズ株式会社(現アーク東短オルタナティブ株式会社)を設立し、代表取締役社長に就任。日本証券アナリスト協会検定会員。

飯島信行(いいじま・のぶゆき)
アーク東短オルタナティブ株式会社 投資顧問部長

同志社大学法学部卒業。2006年住友信託銀行株式会社(現三井住友信託銀行株式会社)入社。東京法人信託営業第二部にて中堅企業年金への制度設計コンサルティングおよび運用コンサルティングに従事。その後、東京法人信託営業第一部において大手企業年金を中心にコンサルティング営業を担当し、特にオルタナティブ運用を活用した年金ポートフォリオ設計に注力。2012年7月アーク・オルタナティブ・アドバイザーズ株式会社(現アーク東短オルタナティブ株式会社)入社、機関投資家営業部にて企業年金を含む機関投資家に対して、プライベート・エクイティ導入のためのコンサルティング営業に従事。2013年9月投資顧問部長就任。日本証券アナリスト協会検定会員。

〔第2章〕
小林和成（こばやし・かずしげ）
キャピタル・ダイナミックス株式会社　代表取締役社長　マネージング・ディレクター
1984年一橋大学経済学部卒業。1984年三菱商事株式会社入社。東京およびロンドンにおいて20年以上にわたりプライベート・エクイティ関連業務に従事。2002年にプライベート・エクイティのファンド・オブ・ファンズ運営・アドバイザリー会社であるエー・アイ・キャピタル株式会社を立ち上げ、取締役副社長、代表取締役社長を歴任。2010年11月にキャピタル・ダイナミックス社に日本法人の事業開始と同時に入社。投資部門に属する。アジアのプライベート・エクイティ投資の共同責任者を務め、グローバル投資委員会のメンバーを兼務。また、日本法人の代表として、日本におけるビジネス・デベロップメント業務にも関与し、さまざまな顧客に対する情報提供、アドバイスも行っている。一般社団法人年金総合研究所上席研究員。

〔第3章〕
花塚麻由（はなつか・まゆ）
株式会社大和ファンド・コンサルティング　ファンド企画部　アナリスト
2007年株式会社大和総研入社、株式会社大和ファンド・コンサルティングへの出向、転籍により主として企業年金基金、厚生年金基金、共済年金基金の年金運用コンサルティングに従事。2011年より現職。現在は、ファンド評価部門にて伝統的資産、ヘッジ・ファンド、プライベート・エクイティを含む非流動性資産と、幅広い投資対象の調査を担当するファンドアナリスト。

水谷有美（みずたに・ゆみ）
株式会社大和ファンド・コンサルティング　ファンド戦略部　シニアアナリスト
1992年日本インベストメント・ファイナンス株式会社（現大和企業投資株式会社）入社、プライベート・エクイティ・ファンドの経理や契約書作成および投資家向け開示資料作成に従事。2011年株式会社大和ファンド・コンサルティングに転籍。プライベート・エクイティ・ファンドのモニタリングに従事。

〔第4章〕
山口龍平（やまぐち・りゅうへい）
CLSAキャピタルパートナーズジャパン株式会社　バイス プレジデント
2007年英国ウォーリック大学卒業。同年より日興シティグループ証券株式会社（現シティグループ証券株式会社）投資銀行部門において多数の国内およびクロス

ボーダーM&Aのアドバイザリー業務に従事。2011年よりCLSAキャピタルパートナーズに参画し、投資業務を行うとともにファンドの資金調達活動にも関与。

丹羽純子（にわ・じゅんこ）
CLSAキャピタルパートナーズジャパン株式会社　マーケティング アシスタント

2008年早稲田大学国際教養学部卒業。同年よりドイツ証券株式会社の業務部にてトレードサポート業務に従事。2011年よりCLSAキャピタルパートナーズに参画し、主にファンドの資金調達活動を担当。

第Ⅱ部

〔第5章〕
重村英輔（しげむら・えいすけ）
東京海上キャピタル株式会社　取締役 ジェネラル・パートナー

1988年東京大学経済学部卒業。東京海上火災保険株式会社（現東京海上日動火災保険株式会社）に入社後、資産運用部門を経て日本輸出入銀行（現株式会社国際協力銀行）、インフラファンドAIDEC（シンガポール）へ出向しインフラ投融資。1998年より投資部にてプライベート・エクイティ・ファンド投資の傍ら本邦金融機関初のメザニン投資業務を立案し立ち上げ、投資実績数件。2003年現東京海上不動産投資顧問株式会社の設立企画、不動産投資業務。東京海上でヘッジ・ファンド投資、政策株式投資のグループリーダー。現職はミドルバック統括として4年の実績。

鈴木洋子（すずき・ようこ）
東京海上キャピタル株式会社　プリンシパル

1991年上智大学外国語学部卒業。日動火災海上保険株式会社（現東京海上日動火災保険株式会社）に入社後、資産運用部門にて国内債券投資業務、財務企画業務に従事。2005年に東京海上キャピタル株式会社に出向、2007年に同社に転籍し、現在に至る。2005年以降一貫してファンドのミドルバック業務およびIR業務に従事。

〔第6章〕
永露英郎（ながつゆ・ひでお）
アドバンテッジパートナーズLLP　シニア パートナー
東京大学経済学部卒業。経営管理専攻。大学卒業後、戦略コンサルティング会社マッキンゼー・アンド・カンパニーにて、消費財、食品、機械、通信、ソフトウェアなどの業界を対象に新規参入戦略、提携戦略、新製品開発、コスト削減、組織改革の策定および実行に従事。1998年5月、アドバンテッジパートナーズに参加。これまで株式会社BMBミニジューク、アイクレオ株式会社、株式会社ひらまつ、国内信販株式会社、小倉興産株式会社、株式会社ポッカコーポレーション、株式会社レインズインターナショナル、株式会社成城石井、株式会社クレッジ、株式会社メガネスーパー、株式会社レイ・カズンを担当。寄稿記事・講演に「企業価値向上を目的とした非公開化MBO時代の到来」、「日本のMBO/MBI経営者市場発展におけるバイアウト・ファンドの役割」、「小売・サービス企業の事業発展におけるバイアウト手法の意義と留意点」がある。

馬場勝也（ばば・かつや）
アドバンテッジパートナーズLLP　オペレーティング パートナー
東京大学教養学部卒業。アジア地域研究専攻。ハーバード大学ビジネススクール修了（MBA 経営学修士号取得）。大学卒業後、戦略コンサルティング会社ベイン・アンド・カンパニー・ジャパン・インコーポレイテッドにて、金融、自動車、電機、ヘルスケアなどの業界における事業戦略、コスト削減、マーケティング戦略などの策定・実行を支援。その後、ニュー・メディア・ジャパンの設立メンバーとして、Webサービス関連ベンチャーのインキュベーション活動などに従事。2002年1月、アドバンテッジパートナーズに参加。CG アニメーション国内大手の株式会社ポリゴン・ピクチュアズ、製塩業国内最大手の株式会社日本海水、自動車向け皮革製品世界大手のGST AutoLeather Inc、デジタルカメラ開発製造受託大手の株式会社ザクティなどを担当。B2B、製造業、メディア・コンテンツ、グローバル事業・海外企業への投資などに豊富な経験を有する。

〔第7章〕
久村俊幸（くむら・としゆき）
東京海上アセットマネジメント株式会社 プライベートエクイティ運用部部長
東京大学経済学部卒業。American Graduate School of International Management 国際経営学修士。1983年東京海上火災保険株式会社（現東京海上日動火災保険株式会社）入社。1997年より運用部門にて、ヘッジ・ファンド、プライベート・エ

クイティ・ファンドへの投資を担当。2002年12月に、東京海上アセットマネジメント投信株式会社（現東京海上アセットマネジメント株式会社）に移り、現職。現在、東京海上本体のプライベート・エクイティ・ファンド・ポートフォリオについて、投資一任で運用するほか、日本の年金基金・機関投資家向けにファンド・オブ・ファンズの運用を行っている。日本証券アナリスト協会検定会員。

〔第8章〕
増田　徹（ますだ・とおる）
三井住友信託銀行株式会社 投資金融部 投資金融開発部長
1988年大阪大学経済学部卒業。同年住友信託銀行株式会社に入行。神田支店にて不動産関連個人業務の担当の後、1990年海外事務部で国債関連業務事務処理を担当。1992年ロンドン支店へ移動、M&A業務のトレーニーとしてM&A業務を担当。1993年企業情報部へ異動、M&A業務ならびにマルチメディア系ベンチャー企業への投融資を含めた企業情報関連業務を担当。1996年ロンドン支店に異動、日系企業融資・日系証券投資ならびにエマージング市場向け投資を担当の後、2000年から現職の投資業務部に異動。プライベート・エクイティ投資を担当。日本証券アナリスト協会検定会員。

〔第9章〕
廿日岩修二（はつかいわ・しゅうじ）
エー・アイ・キャピタル株式会社　ディレクター
1997年東京大学経済学部卒業。米国ペンシルバニア大学大学院修了（MBA）。1997年三菱商事株式会社情報産業グループ入社し、米国通信システムの輸入業務、コンピューターセキュリティ会社の立ち上げに参画。2004年に同社M&Aユニットに異動し、三菱商事関連M&A案件のアドバイザリー業務に従事した後、同社プライベート・エクイティ投資ユニットにて欧米プライベート・エクイティ・ファンド投資および直接投資業務に従事。2011年、同社アセットマネジメント事業本部にて米国プライベート・エクイティ投資アドバイザリー会社の買収、事業開発を担当。2013年4月エー・アイ・キャピタル株式会社に出向し、現在、同社ディレクター、投資部門長として、ファンド・オブ・ファンズの投資運用業務、投資一任・助言業務に従事。

第Ⅲ部

〔第10章〕
五十嵐誠（いがらし・まこと）
西村あさひ法律事務所　パートナー 弁護士 ニューヨーク州弁護士

1987年東京大学法学部卒業。1989年弁護士登録、同事務所入所。1994年ハーバード大学ロースクール卒業（LL.M.）、ニューヨークのCravath, Swaine & Moore法律事務所勤務。1995年ニューヨーク州弁護士登録。1998年西村あさひ法律事務所パートナー就任。2004年より慶應義塾大学法科大学院講師。投資ファンド、アセットマネージメント、バンキングその他金融法務、国際取引を専門とする。

石田康平（いしだ・こうへい）
西村あさひ法律事務所　アソシエイト 弁護士 ニューヨーク州弁護士

2002年東京大学法学部卒業。2003年弁護士登録、同事務所入所。2010年ミシガン大学ロースクール卒業（LL.M.）、丸紅の英国現地法人出向、海外IPP／発電所ビジネスに従事。2011年ニューヨーク州弁護士登録。投資ファンド、買収ファイナンス、その他の金融法務、再生可能エネルギー事業を専門とする。同事務所中東チームおよびアフリカチームにも所属。

〔第11章〕
イヴァン・ヘルガー
キャピタル・ダイナミックスAG　マネージング・ディレクター

オランダのユトレヒト大学理論物理学博士号を取得（Ph.D）。キャピタル・ダイナミックスAG ソリューション部門（ポートフォリオ・リスク管理とストラクチャリング）の統括責任者。プライベート・エクイティ・ポートフォリオの定量分析に基づき、ベンチマーク化、最適化を行い、またキャッシュフロー予測分析に精通。当社で組成・管理するプライベート・エクイティのストラクチャー商品、FOFs、個別勘定のポートフォリオ・リスク管理を統括。

大平愛子（おおひら・あいこ）
キャピタル・ダイナミックス株式会社　アソシエイト

学習院大学法学部卒業。2010年11月に日本法人の事業開始と同時に入社。ビジネス・デベロップメント部門に属し、日本におけるビジネス・デベロップメント業務を担当。あわせて、アジアの投資チームの一員として投資および投資後のモニタリング活動に従事。キャピタル・ダイナミックス入社前は、エー・アイ・キャ

ピタル株式会社にてプライベート・エクイティ・ファンド投資関連業務に従事。米国公認会計士（デラウェア州）。

〔第12章〕
古屋武人（ふるや・たけと）
アーク東短オルタナティブ株式会社 取締役

国際基督教大学教養学部卒業。1998年株式会社東京三菱銀行（現株式会社三菱東京UFJ銀行）入社。中小企業融資を担当。2003年アライアンス・キャピタル・アセット・マネジメント株式会社（現アライアンス・バーンスタイン株式会社）入社。エマージング債券およびハイイールド社債などの外債ファンドのプロダクト・マネージャーを担当した後、金融法人営業部にて系統系金融機関、銀行、保険などの機関投資家に対する金融商品の推進に携わる。2006年ゴールドマン・サックス・アセット・マネジメント（米州ニューヨーク）入社。日系金融機関に対し伝統的資産およびプライベート・エクイティを含むオルタナティブ商品の推進を行うとともに、オフショア・ファンド関連業務を担当。2010年アント・キャピタル・パートナーズ株式会社入社。IR担当として、国内外の投資家へのソリューション提案を行う。2010年10月アーク・オルタナティブ・アドバイザーズ株式会社（現アーク東短オルタナティブ株式会社）を設立し、取締役就任。

〔第13章〕
田中章博（たなか・あきひろ）
株式会社りそな銀行　アセットマネジメント部 オルタナティブ運用室 グループリーダー

1987年神戸大学経営学部卒業。1992年ニューヨーク大学経営大学院卒業（MBA）。1987年株式会社大和銀行（現株式会社りそな銀行）入社。融資・外為、海外与信審査、企画、海外拠点管理、業務管理（コンプライアンス）を担当し、2001年11月より信託財産運用部（現アセットマネジメント部）にて、プライベート・エクイティ投資に従事。

〔第14章〕
佐村礼二郎（さむら・れいじろう）
みずほグローバルオルタナティブインベストメンツ株式会社　運用第三部 部長

1990年大阪大学経済学部卒業。三菱信託銀行株式会社（現三菱UFJ信託銀行株式会社）に入社後、大阪支店、日本輸出入銀行（現株式会社国際協力銀行）への出向を経て、国際営業開発部にて航空機ファイナンス業務に従事。2001年WestLB Asset Management（USA）に派遣後、同行クレジット投資部オルタナティブ投

資グループグループマネージャーとしてプライベート・エクイティ投資を含むオルタナティブ投資を担当。2005年日興アントファクトリー株式会社（現アント・キャピタル・パートナーズ株式会社）に入社し、執行役員兼セカンダリー投資グループのマネージング・パートナーを務める。2013年みずほグローバルオルタナティブインベストメンツ株式会社に入社し、プライベート・インベストメンツ運用部門の立ち上げを行い、現在に至る。

齋藤大彰（さいとう・ひろあき）
みずほグローバルオルタナティブインベストメンツ株式会社　運用第三部　シニアファンドマネージャー

1998年東京大学経済学部卒業。三菱信託銀行株式会社（現三菱UFJ信託銀行株式会社）に入社後、京都支店、同行クレジット投資部オルタナティブ投資グループファンドマネージャーとしてプライベート・エクイティ投資を担当。2004年エー・アイ・キャピタル株式会社への派遣を経て、2012年Capital Dynamics社に入社し、ヴァイス・プレジデントとして、日本を含むアジア地域でのプライベート・エクイティ・ファンド投資活動に従事。2013年みずほグローバルオルタナティブインベストメンツ株式会社に入社し、プライベート・インベストメンツ運用部門の立ち上げに参画し、現在に至る。

第Ⅳ部

〔第15章〕
野津慎次（のづ・しんじ）
エー・アイ・キャピタル株式会社　シニア・バイスプレジデント

1998年慶應義塾大学経済学部卒業。2004年一橋大学大学院修了（MBA）、2005年英国インペリアル・カレッジ大学院修了（MBA）。1998年株式会社山陰合同銀行入行、個人営業、法人営業に従事。2005年KFi株式会社入社。規制対応、内部監査などに関する外資系金融機関へのコンサルタント業務に従事。2007年日興コーディアルグループ株式会社入社。内部監査業務とともに、提携先金融機関との統合業務に従事。2009年エー・アイ・キャピタル株式会社入社。国内外のプライベート・エクイティ・ファンドを投資対象としたファンド・オブ・ファンズの運営業務、投資一任業務、アドバイザリー業務に従事。

〔第16章〕
木村雄治（きむら・ゆうじ）
ポラリス・キャピタル・グループ株式会社　代表取締役社長
1985年東京大学教養学部卒業。1991年米国ペンシルバニア大学大学院修了（MBA）。株式会社日本興業銀行（現株式会社みずほ銀行）にて、国内外取引先向けコーポレートファイナンスを担当。金融証券制度改革メンバーとして興銀証券株式会社（みずほ証券株式会社）設立の中心的役割を果たした後、同社において社債引受けを担当。株式引受免許取得後直ちに同社資本市場グループコーポレートファイナンス部エクイティキャピタルマーケット室長に就任し、株式引受業務を本格的に立ち上げる。その後みずほ証券株式会社プライベートエクティ部長として自己勘定投資をベースとした未公開株式投資業務を立ち上げ、2004年9月ポラリス・プリンシパル・ファイナンス株式会社（現ポラリス・キャピタル・グループ株式会社）設立と同時に同社代表取締役副社長に就任。2006年6月同社代表取締役社長就任。経営全般を統括しつつ投資活動の前線に立つ。投資委員会委員長。

密田英夫（みつだ・ひでお）
ポラリス・キャピタル・グループ株式会社　パートナー
東京大学経済学部卒業。2002年米国スタンフォード大学経営大学院修了（MBA）。株式会社日本興業銀行（現株式会社みずほ銀行）産業調査部にてエレクトロニクス業界を担当後、同部事業金融開発チームの立ち上げに参画し、数多くの財務戦略アドバイザリー案件を手がける。2002年より株式会社みずほコーポレート銀行 ニューヨーク拠点にて米国企業向けワークアウト業務、レバレッジドファイナンス業務等に従事。その後株式会社みずほフィナンシャルグループ グループ戦略部（証券戦略担当）を経て、2006年7月ポラリス参画。2011年4月よりパートナー兼投資グループ副グループ長。投資委員会委員。

漆谷　淳（うるしたに・あつし）
ポラリス・キャピタル・グループ株式会社　チーフIRオフィサー
1995年京都大学法学部卒業。1995年株式会社中国銀行入行。法人営業、個人営業を経た後、国際部にて海外与信管理に従事。その後資金運用部で有価証券運用業務に従事し、外債、投資信託、プライベート・エクイティ・ファンドの投資業務を経験。2004年KFi株式会社入社。マネージャーとして、ヘッジ・ファンド選定、BISⅡ対応、内部統制、内部監査などに関する内外金融機関や事業会社へのコンサルタント業務に従事。2007年エー・アイ・キャピタル株式会社入社。ディレク

ターとして、国内外のプライベート・エクイティ・ファンドを投資対象としたファンド・オブ・ファンズの運営業務、投資一任業務、アドバイザリー業務を牽引。2014年2月ポラリス参画。

〔第17章〕
浅野昌夫（あさの・まさお）
有限責任監査法人トーマツ　金融インダストリーグループ　パートナー

1982年早稲田大学法学部卒業。国内系資産運用会社に20年以上勤務し、アナリスト、ファンドマネジャー、ニューヨーク駐在を経た後、総合企画部門に10年以上従事。2005年監査法人トーマツ（現有限責任監査法人トーマツ）入社。主に資産運用会社および信託銀行に対する内部統制保証サービスのほか、規制関連アドバイザリーサービスを提供している。日本証券アナリスト協会検定会員。

福田紘子（ふくだ・ひろこ）
有限責任監査法人トーマツ　金融インダストリーグループ　シニアマネジャー

ミシガン大学卒業。インディアナ大学大学院修了（MPA：Master of Professional Accountancy）。米国Deloitte & Touche（現Deloitte）に入所し、会計監査に従事。以後監査法人トーマツ（現有限責任監査法人トーマツ）へ異動し、主に米国基準の内部統制およびコンプライアンスに関連するサービス（US-SOX, SSAE16等）を提供している。米国公認会計士。AICPA会員。公認内部監査人。

〔第18章〕
杉浦慶一（すぎうら・けいいち）
株式会社日本バイアウト研究所　代表取締役

2002年東洋大学経営学部卒業。東洋大学大学院経営学研究科博士前期課程に進学し、M&A、バイアウト、ベンチャー・キャピタル、事業再生に関する研究に従事。2006年5月株式会社日本バイアウト研究所を設立し、代表取締役就任。2007年3月東洋大学大学院経営学研究科博士後期課程修了（経営学博士）。第1回M&Aフォーラム賞選考委員特別賞『RECOF特別賞』受賞。事業再生実務家協会会員。日本経営財務研究学会会員。東洋大学経営学部非常勤講師。オルタナティブ運用の最新潮流がわかる季刊運用専門誌『オル・イン』にプライベート・エクイティ関連の記事を連載。

プライベート・エクイティ用語集

編集委員・執筆者一覧	318
用　語　索　引	320
用　語　　集	322

編集委員・執筆者一覧　（五十音順）

◉編集委員
五十嵐誠（西村あさひ法律事務所 パートナー 弁護士）
大澤一弘（三井住友トラスト・キャピタル株式会社 代表取締役副社長）
尾﨑一法（アント・キャピタル・パートナーズ株式会社 代表取締役会長）
亀井温裕（みずほキャピタルパートナーズ株式会社 代表取締役社長）
川村治夫（キャス・キャピタル株式会社 代表取締役パートナー）
仮屋薗聡一（株式会社グロービス・キャピタル・パートナーズ マネージング・パートナー）
木村雄治（ポラリス・キャピタル・グループ株式会社 代表取締役社長）
清塚徳（CLSAキャピタルパートナーズジャパン株式会社 マネージング ディレクター）
小林和成（キャピタル・ダイナミックス株式会社 代表取締役社長 マネージング・ディレクター）
笹沼泰助（アドバンテッジパートナーズLLP 代表パートナー）
笹山幸嗣（株式会社メザニン 代表取締役）
佐村礼二郎（みずほグローバルオルタナティブインベストメンツ株式会社 運用第三部 部長）
佐山展生（インテグラル株式会社 代表取締役パートナー）
杉浦慶一（株式会社日本バイアウト研究所 代表取締役）
立石寿雄（ネクスト・キャピタル・パートナーズ株式会社 代表取締役社長 パートナー）
棚橋俊介（アーク東短オルタナティブ株式会社 代表取締役社長）
玉之内直（株式会社大和ファンド・コンサルティング 投資戦略ソリューション部長）
平尾泰文（エー・アイ・キャピタル株式会社 代表取締役社長）
深沢英昭（東京海上キャピタル株式会社 取締役社長）
福島和宏（デロイト トーマツ ファイナンシャルアドバイザリー株式会社 パートナー）
三村智彦（フェニックス・キャピタル株式会社 代表取締役）

◉執筆者
會田靖夏（インテグラル株式会社 アソシエイト）
青海孝行（フェニックス・キャピタル株式会社 ディレクター）
赤間健太（インテグラル株式会社 アソシエイト）
飯沼良介（アント・キャピタル・パートナーズ株式会社 代表取締役社長）
伊藤尚毅（アント・キャピタル・パートナーズ株式会社 マネージングパートナー）
猪熊英行（アドバンテッジパートナーズLLP チーフ・アドミニストレーティブ・オフィサー）
岩本朗（株式会社アドバンテッジアドバイザーズ 代表取締役 マネージング ディレクター）
上田研一（アント・キャピタル・パートナーズ株式会社 マネージングパートナー）
上田亙（西村あさひ法律事務所 アソシエイト 弁護士）
海野俊一（アーク東短オルタナティブ株式会社 プリンシパル）
大岸崇是（東京海上キャピタル株式会社 プリンシパル）
大村秀樹（デロイト トーマツ ファイナンシャルアドバイザリー株式会社 パートナー）
小川俊弘（ネクスト・キャピタル・パートナーズ株式会社 マネジャー）
片倉康就（インテグラル株式会社 ヴァイスプレジデント）
加藤拓（アント・キャピタル・パートナーズ株式会社 パートナー）
河合鉄平（エー・アイ・キャピタル株式会社 バイスプレジデント）
河俣芳治（西村あさひ法律事務所 アソシエイト 弁護士）
神田香（西村あさひ法律事務所 アソシエイト 弁護士）
岸孝達（インテグラル株式会社 アソシエイトコントローラー）
喜多慎一郎（アドバンテッジパートナーズLLP パートナー）
栗原一博（キャス・キャピタル株式会社 取締役パートナー）

プライベート・エクイティ用語集

桑木翔太（アドバンテッジパートナーズLLP アソシエイト）
小平健（みずほグローバルオルタナティブインベストメンツ株式会社 運用第三部 シニアファンドマネージャー）
駒走祐治（三井住友トラスト・キャピタル株式会社 営業部 部長）
小森一孝（東京海上キャピタル株式会社 パートナー）
坂本龍一（西村あさひ法律事務所 アソシエイト 弁護士）
佐々木康二（東京海上キャピタル株式会社 ジェネラル・パートナー）
佐藤正秀（みずほキャピタルパートナーズ株式会社 マネージングディレクター兼エグゼクティブ インベストメント オフィサー）
杉浦慶一（株式会社日本バイアウト研究所 代表取締役）
鈴木茂樹（ネクスト・キャピタル・パートナーズ株式会社 マネージングディレクター 執行役員）
鈴木英典（アーク東短オルタナティブ株式会社 取締役）
高田誠（アドバンテッジパートナーズLLP ジェネラル・カウンセル）
高橋収（日本リバイバル・インベストメンツ株式会社 シニアマネージャー）
田口祐樹（西村あさひ法律事務所 アソシエイト 弁護士）
多田満（三井住友トラスト・キャピタル株式会社 投資第二部 部長）
立川勝大（アント・キャピタル・パートナーズ株式会社 パートナー）
田辺憲正（アント・キャピタル・パートナーズ株式会社 パートナー）
谷合昌之（三井住友トラスト・キャピタル株式会社 投資第二部 チーフマネージャー）
デボス麗子（アーク東短オルタナティブ株式会社 コンプライアンス統括部長）
間山陽子（アント・キャピタル・パートナーズ株式会社 マネージャー）
徳田和嘉子（ネクスト・キャピタル・パートナーズ株式会社 マネージャー）
豊田伸恵（インテグラル株式会社 マネージャー）
中川俊一郎（東京海上キャピタル株式会社 パートナー）
中川晴（株式会社大和ファンド・コンサルティング ファンド企画部長）
中俊二（CLSAキャピタルパートナーズジャパン株式会社 マネージング ディレクター）
中真人（フェニックス・キャピタル株式会社 マネージングディレクター）
長田貴男（株式会社メザニン プリンシパル）
永松博幸（デロイト トーマツ ファイナンシャルアドバイザリー株式会社 シニアヴァイスプレジデント）
永見隆幸（キャス・キャピタル株式会社 取締役パートナー）
西村龍哉（デロイト トーマツ ファイナンシャルアドバイザリー株式会社 パートナー）
野村健（三井住友トラスト・キャピタル株式会社 投資第一部 部長）
袴田隆嗣（ポラリス・キャピタル・グループ株式会社 ヴァイスプレジデント）
長谷川俊郎（ポラリス・キャピタル・グループ株式会社 シニアヴァイスプレジデント）
濱井雅俊（株式会社大和ファンド・コンサルティング ファンド戦略部 アナリスト）
播美幾子（ポラリス・キャピタル・グループ株式会社 シニアヴァイスプレジデント）
東明宏（株式会社グロービス・キャピタル・パートナーズ シニア・アソシエイト）
福島智史（株式会社グロービス・キャピタル・パートナーズ アソシエイト）
堀川武晴（エー・アイ・キャピタル株式会社 マネージング・ディレクター）
前田泰典（CLSAキャピタルパートナーズジャパン株式会社 シニア バイス プレジデント）
松本茂（東京海上キャピタル株式会社 パートナー）
三木聖司（アドバンテッジパートナーズLLP シニア アソシエイト）
皆川亮一郎（CLSAキャピタルパートナーズジャパン株式会社 ディレクター）
山崎壮（インテグラル株式会社 ヴァイスプレジデント）
山本御稔（有限責任監査法人トーマツ 金融インダストリーグループ パートナー）
横沢理穂（アドバンテッジパートナーズLLP アソシエイト）
横山淑子（株式会社大和ファンド・コンサルティング ファンド戦略部 アナリスト）
吉永幹彦（株式会社メザニン エグゼクティブディレクター）
和田健吾（株式会社メザニン プリンシパル）

用語索引　(五十音順)

〔ア〕

相対案件　322
アドバイザリー・コミッティ（諮問委員会）　322
アラインメント・オブ・インタレスト　322
アルファ（a）　322
アンカー・インベスター　323
インカムゲイン　323
インフラストラクチャー・ファンド　323
インベストメント・コミッティ　323
ウォーターフォール　323
エグジット（投資の回収）　323
オークション案件　324
オーバー・サブスクライブ　324

〔カ〕

株式上場（IPO）　324
管理報酬（マネジメント・フィー）　324
キーマン・クローズ　324
キャッチアップ　325
キャピタルゲイン　325
キャピタル・コール　325
共同投資　325
クラブ・ディール　325
グロスIRR　325
グロース・キャピタル・ファンド　325
クロージング（ファンドのクロージング）　326
クローバック　326
ゲートキーパー　326
コミットメント金額　326

〔サ〕

再生ファンド　326
ジェネラル・パートナー（GP）　326
時間加重収益率（TWR）　327
出資者総会　327
出資約束金額（コミットメント金額）　327
シングル・ファンド　327
成功報酬（キャリード・インタレスト）　327
セカンダリー取引　327
セカンダリー・ファンド　328
セカンダリー・バイアウト（第二次バイアウト）　328
絶対リターン　328
セパレート・アカウント　328
戦略分散　328

ソーシング（案件の発掘）　328
存続期間（運用期間）　329

〔タ〕

第二次バイアウト　329
タームシート　329
地域分散　329
超過リターン（超過収益）　329
ディストリビューション（分配）　329
ディストレスト・ファンド　329
ディール・ソーシング　329
デューデリジェンス①（投資家によるマネジャーに対するデューデリジェンス）　329
デューデリジェンス②（マネジャーによる投資候補先企業に対するデューデリジェンス）　330
投資委員会（インベストメント・コミッティ）　330
投資期間　330
投資事業有限責任組合　330
投資倍率（マルチプル）　330
ドキュメンテーション（ファンドのドキュメンテーション）　331
ドライパウダー　331
トラック・レコード　331
トレード・セール　331
ドローダウン　331

〔ナ〕

内部収益率（IRR）　331
日本版スチュワードシップ・コード　332
入札案件　332
ネットIRR　332
年次総会（出資者総会）　332

〔ハ〕

バイアウト・ファンド　333
パイプライン　333
ハードル・レート　333
パラレル・ファンド（並行投資ファンド）　333
バリュエーション　333
ハンズオフ　333
ハンズオン　333
ビッド　334
ビンテージ・イヤー（ファンド組成年）　334
ビンテージ分散　334
ファイナル・クロージング　334

プライベート・エクイティ用語集

ファースト・クロージング	334
ファンド・オブ・ファンズ	334
ファンドレイジング（ファンド募集）	334
プライベート・エクイティ	335
プライベート・エクイティ・ファンド	335
プライマリーFOF	335
ブラインド・プール	335
プレースメント・エージェント（媒介）	335
分散投資	336
分配	336
ベンチマーク	336
ベンチャー・キャピタル・ファンド	336
ポートフォリオ企業	336

〔マ〕

マネジメント・フィー	336
マネジャー分散	336
無限責任組合員	336
メザニン・ファンド	336
目論見書（PPM）	337
モニタリング①（投資家によるマネジャーに対するモニタリング）	337
モニタリング②（マネジャーによる投資先企業に対するモニタリング）	337

〔ヤ〕

優先リターン	337
有限責任組合員	338

〔ラ〕

リアップ（再投資）	338
リキャップ	338
リキャピタリゼーション	338
リミテッド・パートナー（LP）	338
レバレッジ	338
レファレンス・チェック	339
レポーティング（運用報告）	339
ロールアップ	339
ローンチ	339

〔アルファベット〕

EBITDA	339
ESG（環境・社会・ガバナンス）	339
EV	340
EV/EBITDA倍率	340
GP	340
IPO	340
IRR	340
Jカーブ	340
LBO	340
LP	340
M&A	340
MBO	340
PIPEs	341
PPM	341
PRI	341

用語集の使い方

　➡は、➡の先の用語のなかで説明されているのでそちらの用語を参照されたいということで示している。

　関連用語→は、その用語を参照することでより理解が深まるということで示している。

　本編関連ページ→は、第1章～第18章の論文やインタビューの内容のなかに関連する部分があるということで示している。

　プライベート・エクイティ・ファンドの専門用語として、「ジェネラル・パートナー（無限責任組合員）」と「リミテッド・パートナー（有限責任組合員）」がある。前者は、一般に投資の判断などを行う「運用会社」のことであり「マネジャー」とも呼ばれる。後者は、ファンドに出資を行う「投資家」のことである。本書では、わかりやすい記述をするために、なるべく「運用会社（マネジャー）」と「投資家」という用語を使用するよう心がけているが、それぞれの役割や法的な地位を正確に記す必要がある場合など、文脈によっては、「ジェネラル・パートナー（無限責任組合員）」や「リミテッド・パートナー（有限責任組合員）」という用語を使用している箇所もある。なお、「マネジャー」は、その運用会社の担当者個人を意識して使用されることもある。

用語索引　321

〔ア〕

相対案件〔exclusive deals〕

　相対案件とは、売手が買手候補一社を選び、当事者間の直接交渉で決定される投資案件をいう。相対案件の対義語として「入札案件」があげられる。相対案件は、限られた関係者への情報開示となるため、守秘を確保しやすい。ただし、当初より買手候補一社に絞り込んで交渉を行うため、売手の交渉力は限定的となる。また、買手が相対案件を獲得するだけの信頼関係を売手と構築するには、一般的に時間がかかる。

　プライベート・エクイティ投資では、おおむね3～5年の保有期間を通じて企業価値向上を図る。限られた期間で企業価値を最大化するには、対象会社の経営実態や事業の成長性などを、投資実行前に詳細に把握することが重要である。この点、相対案件は当事者間でスケジュールを調整でき、買手は投資実行前に検討時間を確保しやすい。このように、相対案件は、成立まで時間を要する一方、買主主導での交渉を行いやすく、質の高い投資実績につながる可能性が高い。
（永見隆幸）

▶関連用語→入札案件

アドバイザリー・コミッティ（諮問委員会）〔advisory committee〕

　アドバイザリー・コミッティ（諮問委員会）とは、出資約束金額やその他の事情を考慮したうえでジェネラル・パートナーである運用会社が指名する投資家により構成される。アドバイザリー・ボード（advisory board）とも呼ばれる。

　諮問委員会の重要な役割としては、利益相反事項に関する意思決定、投資先企業の評価額の承認などがあるが、それらに加えてジェネラル・パートナーはこれを利用して投資家よりファンド運営に関する意見陳述または助言を得る。主な議論の対象には、利益相反などの各種リスクの解消、業務の独立性の確保、定期的な運営上の課題の検討などがあげられる。運営側にとってガバナンス上最も重要なリスクに特定の第三者（特定の投資家を含む）の利益を反映した意思決定を行うことがあげられるが、当該リスク（利益相反）に関する承認を諮問委員会は担う。
（會田靖夏）

▶関連用語→投資委員会（インベストメント・コミッティ）

▶本編関連ページ→第5章67頁・78頁

アラインメント・オブ・インタレスト〔alignment of interest〕

　投資家であるリミテッド・パートナーとファンド運用会社であるジェネラル・パートナーの利害を一致させること。特にプライベート・エクイティでは、市場型株式会社の運営とは異なり、ジェネラル・パートナーが直接投資先企業の経営に関与するという意思決定原理が採用される場合が多いため、初期の段階でリミテッド・パートナーとの共通利益を明確にしておくことがその後の投資先企業の価値向上の実現に重要となる。

　Institutional Limited Partners Association（ILPA）は、最良のアラインメント・オブ・インタレストとは、ジェネラル・パートナーが成功報酬とファンドに出資した自己資金から利益を得ること、およびリミテッド・パートナーが優先リターンを得た後にジェネラル・パートナーがリターンを得ることであると明言している。それは、リミテッド・パートナーとジェネラル・パートナーとの間のパートナーシップ・ガバナンスの強化、報告の透明性と並び、持続的な投資価値の創出において最重視すべき点であると「ILPAプライベート・エクイティ原則」にて規定している。
（德田和嘉子）

▶関連用語→ジェネラル・パートナー（GP）、成功報酬（キャリード・インタレスト）、優先リターン、リミテッド・パートナー（LP）

▶本編関連ページ→第2章25頁、　第5章78頁、　第18章301頁

アルファ〔α〕

　アルファ（α）とは、ベンチマークの期待投資リターンをどの程度上回った（下回った）かを示し、「超過リターン（extra return）」とも呼ばれる。なお、ベンチマークには比較対象商品のリターンを用い、例えば、株式投資の場合は上場株式による期待投資リターンを用いるケースが多い。それに対して、投資リターン総額を表すものとして「絶対リターン（absolute return）」がある。

　プライベート・エクイティにおけるアルファの源泉には、「戦略立案・実行などによるトップライン成長」、「業務改善などによるコスト削減」、「運転資本効率化などによるキャッシュフローの改善」、「海外展開・M&Aによる非連続的成長」、「借入金減少によるレバレッジ効果」などが一般的にあげられる。みたい指標に応じて、例えば、レバレッジ効果による投資リターンを除いてアルファを算出することもある。これらの事項はファンド・マネジャーが直接的に経営に参画をし、投資先の経営陣・従業員と一体となって実行するケースが多い。そのため、

プライベート・エクイティ用語集

ファンド・マネジャーのスキルがリターンに大きく影響し、独特のリターン・リスク特性をもたらすこととなる。　　　　　　　　　　　（赤間健太）
▶本編関連ページ→第1章14頁、第2章21～22頁・26～27頁、第6章87頁、第7章109頁、第9章146頁・151頁、　第11章175頁、第15章248頁

アンカー・インベスター〔anchor investor〕

プライベート・エクイティ・ファンドにおけるアンカー・インベスターとは、ファンド募集の初期の段階に出資をコミットする大口の投資家で、その投資家が出資をコミットすることによって他の投資家の出資に影響を与えうる投資家をいう。つまり、そのような影響力のある投資家は信頼が厚くファンドの良いレファレンスとなるため、ファンドはファンド募集のファースト・クロージング（通常ファンド募集は1～2年かけて行い複数回のクローズを行う）の段階でアンカー（碇）となる投資家を見出すことでその後の募集の円滑化を図る。（飯沼良介）
▶関連用語→ファンドレイジング（ファンド募集）

インカムゲイン〔income gain〕

　➡キャピタルゲイン（325頁）参照

インフラストラクチャー・ファンド〔infrastructure fund〕

空港、鉄道、港湾、発電、パイプライン、送電線といった経済的インフラストラクチャー（以下、「インフラ」という）へ投資するファンドである。

インフラ・ファンドへの投資を行うことの意義としては、長期的に安定したインカムゲインが期待できること（ただし、新たにインフラを整備する段階からスタートするグリーンフィールド投資などのキャピタルゲインの獲得を目指す投資も一部あり）、他のアセットクラスとのリターンの相関性が低いこと、景気への連動性が低い（インフレ・リスクのヘッジにもなる）と考えられることなどがあげられる。インフラ事業のリスク・リターンは、収入構造、事業段階、業種、国・地域により異なるが、一般的には債券と株式の中間に位置し、不動産に近いともいえる。

年金基金を中心に長期負債とのマッチングという観点から、長期安定リターンが期待できるアセットクラスといえる。一方で、投資の際に留意すべき項目として、一般的に投資対象であるインフラ資産の投資規模が大きいため借入が必要となることや、保有期間が通常のバイアウト・ファンドより長くなることなどがあげられる。　　　　（河合鉄平）

▶関連用語→インカムゲイン、キャピタルゲイン
▶本編関連ページ→第2章30頁、第14章224頁・234頁

インベストメント・コミッティ〔investment committee〕

　➡投資委員会（330頁）参照

ウォーターフォール〔waterfall〕

投資利益の分配において、組合員が優先的にリターンを確保した後に無限責任組合員に成功報酬が支払われるよう、配分の順序を定めた仕組みである。現金を上から下に優先順位をつけて支払っていく様が、岩場を流れ落ちる滝に模して「ウォーターフォール」と呼ばれる。①出資（投資コスト）の返還、②優先リターン、③キャッチアップ、④最終分配、の優先順位が一般的である。

なお、キャッチアップ（catch-up）とは、通常、優先リターンで組合員に対して分配された金額に対して一定割合（一般に80：20）の金額を無限責任組合員に成功報酬として支払うことで、無限責任組合員がその割合に追い付く仕組みである。また、無限責任組合員が実際に受領した金額がウォーターフォールに基づき計算された金額より大きくなる場合には、組合員に対して払戻しが行われることになるが、この払戻しの仕組みはクローバック（clawback）と呼ばれる。　　　（大岸崇是）
▶関連用語→ディストリビューション（分配）、優先リターン
▶本編関連ページ→第5章72～74頁

エグジット（投資の回収）〔exit〕

ファンドが投資した株式を売却して現金化することをいう。プライベート・エクイティ・ファンドはエグジットを成功させることで、投資家に対して魅力的なリターンを確保する。エグジットにより創出されたリターンの高さおよびそのエグジットの方法によってプライベート・エクイティ・ファンドは投資家から評価されることが多く、次のファンド募集に大きな影響を与える。バイアウト・ファンドの具体的なエグジットの方法には、トレード・セール（M&A）、株式上場（IPO）、資本再構築などがあげられる。

トレード・セールは、第三者への株式の譲渡をいう。株式を譲り受ける第三者は戦略的な買手である事業会社が主である。そのうち、再度ファンドが譲り受けることはセカンダリー・バイアウトと呼ばれ、企業の成長ステージによって役割の異なるファンドが保有するケースが多い。

株式上場とは、証券取引所への上場時の売出しに

よって株式を売却することを意味する。ただし、バイアウト投資の場合は、投資先の過半数以上の株式を取得しているケースが多いため、相対的に安定株主が少なく、売出し量が多くなるという課題がある。

資本再構築は、リキャピタリゼーションとも呼ばれ、投資先企業が普通株式の一部を買い戻したり、新たに借入れを実施して配当を行ったりするなどの手法である。十分なキャッシュフローを生んでいる会社で利用されるケースが多い。　　　　　（加藤拓）

▶関連用語→株式上場（IPO）、セカンダリー・バイアウト（第二次バイアウト）、トレード・セール、リキャピタリゼーション

▶本編関連ページ→第5章83～84頁、第6章90～91頁

オークション案件〔auction deals〕
　➡入札案件（332頁）参照

オーバー・サブスクライブ〔over subscribe〕
　➡ファンドレイジング（334頁）参照

〔カ〕

株式上場（IPO）〔initial public offering〕

株式上場とは、証券取引所において自社の株式の売買を可能にすること。バイアウト・ファンドのエグジット方法の一つであるが、日本においてはトレード・セールによるエグジットが大半を占めており、事例としては少数である。

株式上場によるエグジットは、トレード・セールに比べて回収期間が長期にわたるため、投資リターン（IRR）を重視するファンドの姿勢と相反することが要因と考えられる。また、中堅・中小企業が株式を上場するためには、事業成長性が重要な要素になるため、コストカットによる利益改善のアプローチだけでは上場を実現できないことも理由である。一方、ファンドによるエグジット後、他社の傘下入りではなく、自立した会社経営を志向する企業にとって、株式上場はその志向を達成する最有力手段であるため、株式上場によるエグジットを期待する投資先企業の声は根強い。　　　　　（佐藤正秀）

▶関連用語→エグジット（投資の回収）、トレード・セール

▶本編関連ページ→第6章90頁

管理報酬（マネジメント・フィー）
〔management fee〕

管理報酬とは、投資家がマネジャーに支払う報酬の一形態であり、人件費や賃料など、マネジャーの経常的な運営経費に充てることを想定して設定される報酬である。その年額は、「出資約束金額×2％程度」に設定されるのが一般的だが、ファンド立ち上げの初期段階で出資を確約した投資家や大口の投資家などはマネジャーとの交渉により一定のディスカウントが得られる場合がある。

なお、ファンドの投資期間終了時点または後継ファンドの組成時点において、報酬額の算定基礎が出資約束金額から各報酬支払い時点における未回収の投資金額などに変更され、エグジット（投資の回収）が進むと管理報酬が逓減する構造になっているのが一般的である。

投資結果にかかわらず運用期間を通じて経常的に発生する報酬であることから、Institutional Limited Partners Association（ILPA）の原則においては、過大な管理報酬は投資家とマネジャーの利害を一致させる観点から好ましくなく、合理的な運営経費を基に設定されるべきとされている。

　　　　　（前田泰典）

▶関連用語→出資約束金額（コミットメント金額）、成功報酬（キャリード・インタレスト）、存続期間（運用期間）

▶本編関連ページ→第3章40頁、第5章68頁・75～77頁、第7章106～110頁・117頁、第11章173頁

キーマン・クローズ〔key man clause〕

一般に、プライベート・エクイティ・ファンドの組合契約などにおいて、ファンド・マネジャーたる特定の人物（キーマン）の一名または数名が、ファンドの投資業務に全くまたは一定時間以上従事しなくなった場合に、自動的にまたはリミテッド・パートナーの決定により、ファンドの新規投資が禁止されることを規定する条項をいう。もっとも、実務上は合意のもとで新たなキーマンの選任・補充を行ったうえで、かかる新規投資の禁止を解除する場合がある他、当初から組合契約においてそのようなメカニズムが組み込まれている事例も多い。

プライベート・エクイティ・ファンドの投資業務は、少数かつ特定のキーマンの手腕に依拠して運営されている場合が多く、それらの者が投資業務を行うことができなくなる際は、ファンドの運用成績に多大な悪影響を与えかねない。キーマン・クローズにより、当該キーマンを投資業務にコミットさせ、当初リミテッド・パートナーが想定した運用体制を確保するという点において、リミテッド・パートナーである投資家にとって重要な契約条項である。

　　　　　（神田香）

▶本編関連ページ→第13章207頁

プライベート・エクイティ用語集

キャッチアップ〔catch-up〕
　➡ウォーターフォール（323頁）参照

キャピタルゲイン〔capital gain〕
　キャピタルゲインとは、保有する株式もしくは債権の価格変動によって得られる利益をいい、価値が上昇した場合に売却して得られる利益を指す。逆に価値が下落し、売却して損失が出た場合はキャピタルロスという。これに対してインカムゲイン（income gain）とは、株式の場合は配当、債権の場合は利息による収入をいう。キャピタルゲインとインカムゲインを合わせて投資のトータル・リターンとなる。
　メザニン・ファンドは、投資形態が優先株式の場合は配当、劣後ローンもしくは劣後社債の場合は利息によりエグジットまでにインカムゲインを実現し、一部新株予約権が付与される場合はエグジット時にキャピタルゲインを実現してトータル・リターンが構成される。バイアウト・ファンドは、普通株式の投資においてエグジットまでは配当は行われず、エグジット時においてキャピタルゲインを実現させてトータル・リターンを構成するのが一般的である。　　　　　　　　　　　　　　　（和田健吾）
▶関連用語→エグジット（投資の回収）
▶本編関連ページ→第1章18頁、第3章44～45頁、第14章234頁

キャピタル・コール〔capital call〕
　合意した出資約束金額の枠内で、投資などのために資金が必要になるごとに、無限責任組合員が組合員に対して行う出資要請のこと。バイアウト・ファンドにおいては、投下資金に対する利回りを極大化するために、新規投資などの資金ニーズ発生のつど行われる場合が多い。ベンチャー・キャピタル・ファンドにおいては、一つの投資案件における投資金額が必ずしも大きくならないことを勘案し、一定の金額まで出資金を使用した場合に次のキャピタル・コールを可能としているケースや、一回のキャピタル・コールで出資すべき金額を出資約束金額の一定割合以上といったかたちで指定しているケースもみられる。　　　　　　　　　（佐々木康二）
▶関連用語→出資約束金額（コミットメント金額）
▶本編関連ページ→第2章31頁、第3章38～39頁・42頁、第5章69～71頁・75～77頁、第7章117頁、第8章121頁、第9章140～141頁・150頁、第10章160頁、第11章177頁、第13章202頁、第14章221頁、第17章274頁

共同投資〔equity co-investment〕
　プライベート・エクイティ分野では、一般的に、バイアウト・ファンドが投資を行う際に、他の投資家がその一部に投資することを指す。投資先に対する戦略立案・執行などのコントロールはバイアウト・ファンドが行い、共同投資家はそのコストの一部負担（投資案件によっては招聘側に対する管理報酬や成功報酬などを含む）を除き、バイアウト・ファンドと同等のリスク・リターンのみを享受する。
　バイアウト・ファンドは投資分散の観点から一つの投資案件に対する投資上限額や投資メド額を定めており、必要投資額がそれらを超える場合、投資家に共同投資を募ることが多く、良質な投資機会の提供は、投資家との関係強化にもつながる。投資家にとっては、魅力的と考えるセクターや地域、実力を評価するバイアウト・ファンドの案件に選別的に投資ができる。日本においても、大型のバイアウトの増加と、投資経験を積んだ投資家の共同投資意欲の増大に伴って、今後、共同投資が加速することが見込まれる。　　　　　　　　　　　　　　（野村健）
▶本編関連ページ→第5章83頁

クラブ・ディール〔club deal〕
　クラブ・ディールとは、複数のプライベート・エクイティ・ファンドが連合を組み、共同で同一の案件へ投資を行う取引を指す。複数のプライベート・エクイティ・ファンドがチームを組むことによって、単独では資金が足りず不可能だった規模の大企業への投資が可能となる。なお、プライベート・エクイティ・ファンドが単独で十分な資金を保有している場合であっても、クラブ・ディール形式で初期投資額を抑制することにより投資リスクの軽減を図ることができる。また、オークション案件（入札案件）においては、他のプライベート・エクイティ・ファンドと連合を組むことによりライバルが減り、勝率が上がるというメリットも有する。（永松博幸）
▶関連用語→入札案件
▶本編関連ページ→第15章250頁

グロスIRR〔gross IRR〕
　➡内部収益率（331頁）参照

グロース・キャピタル・ファンド〔growth capital fund〕
　事業および収益基盤を確立（営業黒字化）した成長企業に対し、さらなる事業拡大を実現するための資金を提供する。新興国においては国内マクロ経済の成長を背景とする投資が一般的である一方、国内

用語集　325

市場が飽和傾向にある日本においては海外展開や業界再編など、非連続的な企業活動を通じた業容拡大を志向する中堅企業が投資対象となるケースが多い。投資領域は「IT・ハイテク」セクターにとどまらず、サービス業など旧来の事業も含まれる。

ベンチャー・キャピタル・ファンドと比較すると、投資金額・持分比率ともに大きく、一般的に普通株式もしくは種類株式で10〜49％のマイノリティ株式を取得する。バイアウト・ファンドと異なり、レバレッジの活用は限定的である。投資後は、既存の経営陣を中心としながらも、新市場への事業展開やM&Aといった成長戦略の実行やエグジット（IPOや売却）プロセスに際し、経営上の意思決定に一定程度関与しながらリターンの最大化を目指す。　　　　　　　　　　　　　　　（福島智史）

▶関連用語→ベンチャー・キャピタル・ファンド
▶本編関連ページ→第7章115頁

クロージング（ファンドのクロージング）〔closing〕

➡ファンドレイジング（334頁）参照

クローバック〔clawback〕

➡ウォーターフォール（323頁）参照

ゲートキーパー〔gatekeeper〕

年金基金を含む投資家がプライベート・エクイティ・ファンドに資産を配分するにあたり、ファンドに関する情報提供、有望なファンド推奨、ポートフォリオ構築にあたっての分散（地域、種類、ビンテージ・イヤー）助言などを行うアドバイザーを指す。

プライベート・エクイティ投資は、上場株式投資に比べ情報が少なく、手続も煩雑で、高い専門性が必要とされる。プライベート・エクイティ・ファンドの調査を専門に行うゲートキーパーのアドバイスを活用することにより、年金基金は、より効率的なプライベート・エクイティ投資が可能になる。また、多くのゲートキーパーは、ファンド・オブ・ファンズ（FOF）の運用も行う。ゲートキーパーが運用するFOFは、少額の投資でありながらも幅広い投資対象への分散を可能にし、またアクセスのむずかしい人気のファンドの持分取得を可能にする。　　　　　　　　　　　　　（横山淑子）

▶関連用語→ビンテージ・イヤー（ファンド組成年）、ファンド・オブ・ファンズ、分散投資
▶本編関連ページ→第2章31頁、第3章41頁・45頁、第4章53頁、　第9章152頁、　第14章222頁

コミットメント金額〔capital commitment〕

➡出資約束金額（327頁）参照

〔サ〕

再生ファンド〔turnaround fund〕

プライベート・エクイティ・ファンドの一形態であり、投資対象は、慢性・継続的な赤字計上等のP/L上の問題、脆弱な自己資本等のB/S上の問題、運転資金や設備投資資金不足等の資金繰り上の問題、など重大な問題に直面した企業や、私的整理・法的整理の対象となった企業である。

投資対象企業は、過剰債務状態にある場合が多く、レバレッジド・ファイナンスを用いて買収を行う形態ではなく、第三者割当増資に応じる形態が一般的である。対象企業はガバナンスに問題を抱えていることも多く、通常投資実行後に社外取締役やスタッフを対象企業へ派遣し、ハンズオンスタイルで対象企業とともに経営改善を行う。具体的には、事業戦略や計画の策定・モニタリング体制の構築などの経営管理レベルの向上、B/Sのスリム化や事業撤退・拠点統廃合・人員削減などのリストラクチャリング、営業戦略の構築や販促支援を通じた黒字化支援と多岐にわたり、M&Aによるロールアップを志向する場合もある。　　　　　　　　　（中真人）

▶関連用語→ディストレスト・ファンド
▶本編関連ページ→第5章81頁、第7章115頁、第18章287頁・300頁

ジェネラル・パートナー（GP）〔general partner〕

ファンドにおいて、組合財産の運用・管理・処分などの業務執行をする組合員をいう。「GP」と略称され、日本語では「業務執行組合員」と訳されるほか、パートナーシップの負担する債務について無限責任を負うことから、「無限責任組合員」と訳されることも多い。一般に、ファンド運営会社やその関係会社がジェネラル・パートナーに就任し、リミテッド・パートナーである投資家から出資を受けたうえで、投資実行の判断、投資先事業者に対する経営指導や技術支援、運用状況の報告などの業務を行い、その対価として組合財産から管理報酬および成功報酬を受け取る。　　　　　　（田口祐樹）

▶関連用語→管理報酬（マネジメント・フィー）、キーマン・クローズ、成功報酬（キャリード・インタレスト）、投資事業有限責任組合、リミテッド・パートナー（LP）
▶本編関連ページ→第5章63頁、第8章129頁、第10章159頁

時間加重収益率（TWR）〔time-weighted return〕

時間加重収益率とは、投資収益率の計算方法の一つで、計測期間中のキャッシュの出入りによるリターンへの影響を排除した数値。運用機関の裁量が及ばないキャッシュの出入りの影響が排除されているため、運用実績の比較、能力の評価に適している。日次ベースでキャッシュの出入りをとらえ、その影響を完全に排除する厳密さと、その近似値を求める簡便法とがある。

時間加重収益率は、キャッシュの出入りが影響する実際のポートフォリオの収益率とは異なる。一方、キャッシュの出入りの影響を完全に反映させた計算方法を金額加重収益率（別名、内部収益率）という。この両者の差異は、計測期間中のキャッシュの出入りが大きいほど拡大する傾向があり、伝統的資産の運用に比較して、キャッシュの出入りが激しいプライベート・エクイティなどの運用の収益率は一般的に金額加重収益率が用いられている。

なお、年金基金の投資収益率の計算で一般的に使用されている修正総合利回りは、簿価平均残高を分母とする総合利回り（=（実現損益＋未収収益の増減＋評価損益の増減）/元本平均残高）に、時価変動の影響を加味して修正を加えた収益率。具体的には、修正総合利回り =（実現損益＋未収収益の増減＋評価損益の増減）÷（元本平均残高 ＋ 前期末未収収益＋前期末評価損益）。　　　　（鈴木英典）

▶関連用語→内部収益率（IRR）
▶本編関連ページ→第1章8～9頁、第13章214～215頁

出資者総会〔investor conference〕
➡年次総会（332頁）参照

出資約束金額（コミットメント金額）〔capital commitment〕

出資約束金額とは、組合契約に基づき出資することを約した金額であり、投資証券などの取得、無限責任組合員であるマネジャーに対する管理報酬（マネジメント・フィー）、その他投資組合費用に充当されるものをいう。このうち投資証券の取得に充当されるべき金額のうち投資未実行金額は投資待機資金（ドライパウダー）と呼ばれ、一般的に出資約束金額に対して管理報酬が発生することから、多額に残存することは望ましくないこととされている。

そのため、一般的な組合契約では、無限責任組合員に対して投資総額が出資約束金額総額の一定割合程度超過した場合に後継ファンドの組成を認めるなど投資待機資金を減少させるための条項が定められている。

なお、出資約束金額の履行方法（ドローダウン）としては、出資約束金額の枠内で投資などのためにつど必要な金額を払い込ませるキャピタル・コール方式、組合の組成時における一括払込みとする方式があるが、一般的にバイアウト・ファンドでは資金効率の観点からキャピタル・コール方式を採用している。　　　　　　　　　　　　　　　（岸孝達）

▶関連用語→管理報酬（マネジメント・フィー）、キャピタル・コール
▶本編関連ページ→第5章69頁・75頁、 第7章107頁・109頁

シングル・ファンド〔single fund〕
➡ファンド・オブ・ファンズ（334頁）参照

成功報酬（キャリード・インタレスト）〔carried interest〕

プライベート・エクイティ・ファンドにおける投資利益の配分において、ファンドの存続期間を通じた投資利益のうち、一定の取決めに従って無限責任組合員に支払われる報酬のこと。無限責任組合員に、投資リターン極大化を動機付けることがねらいである。通常、一定の金額に充つるまでは各組合員に対する出資割合に応じた分配が行われ、それを確保した後に無限責任組合員に対する成功報酬の支払いが開始される。組合員に対する分配金総額と無限責任組合員に対する成功報酬総額の比率は、80：20と設定されることが多い。　　　（中川俊一郎）

▶関連用語→管理報酬（マネジメント・フィー）
▶本編関連ページ→第5章68～69頁・72～77頁、第11章174頁

セカンダリー取引〔secondary transaction〕

プライベート・エクイティ・ファンドのセカンダリー取引とは、ファンドの存続期間中に既存投資家が保有するファンド持分を途中で転売することを指す。売り手は、ファンドの満期を待たずに現金化することが可能となるとともに、未払いのコミットメント拠出義務から解放されることができる。流動性が乏しいプライベート・エクイティ・ファンドへの投資において、途中転売による持分の流動性の確保は、外部環境の変化や各種規制への対応に迫られる機関投資家にとってポートフォリオ運営上重要な課題であり、こうした流動性確保の担い手となるのがセカンダリー取引を専門に投資対象とするセカンダリー・ファンドである。また、年金基金を含む機関投資家も直接セカンダリー取引でファンド持分を取得することもある。

セカンダリー・ファンドを投資対象としてとらえた場合、セカンダリー・ファンドは一定年数経過し

たファンドを投資対象とすることから、構築されたポートフォリオを確認したうえで投資ができるメリットがある。早期の回収が期待でき、いわゆるJカーブ効果が軽減されるというメリットがあるとともに、設立年月の違う複数のファンドに投資することからビンテージ分散につながることも期待されている。　　　　　　　　　　　　　　　　　（田辺憲正）

▶関連用語→Jカーブ
▶本編関連ページ→第3章40頁、　第8章124〜132頁・133〜135頁、　第12章190〜191頁、第13章201頁、　第14章222〜223頁、第18章290〜291頁

セカンダリー・ファンド〔secondary fund〕
➡セカンダリー取引（327頁）参照

セカンダリー・バイアウト（第二次バイアウト）〔secondary buy-outs〕

バイアウト・ファンドが別のバイアウト・ファンドの投資先企業の経営権を新たに掌握する取引である。この取引を通じて、売手のバイアウト・ファンドはエグジット（投資の回収）を達成する。キャッシュフローの創出力を有し、さらなる「伸びしろ」が期待できる企業が対象となる。スキームとしては、再びデットでの資金調達も行われるため、レバレッジ効果も追求される。

対象企業の視点では、異なるスキルを有するバイアウト・ファンドから支援を受けられるという点が最大の優位点であると考えられる。最初に、国内系のバイアウト・ファンドの支援のもとで内部管理体制の構築や人材の育成を図り、その後、外資系のバイアウト・ファンドのネットワークを活用し、海外の事業展開の拡大を目指すというシナリオを描くことも可能である。

投資家は、複数のバイアウト・ファンドに分散投資をしている投資家の場合には、第二次バイアウトの売手と買手の両方のファンドに出資しているというシチュエーションに遭遇する可能性もある。

バイアウト・ファンドの視点では、第二次バイアウトも案件の重要なソーシング源泉の一つである。日本のバイアウト市場の特徴として、活動しているバイアウト・ファンドの数に比べて成立するプライマリー案件の数が少ないということが指摘されることが多い。このような状況では、魅力的な先があれば第二次バイアウトは十分検討に値する。コミットメント枠を大きく余らせておくよりは、良質な第二次バイアウトの案件があれば投資をして、少しでもリターンの確保を目指したほうが効率的な資産運用が可能となるという見方もできる。　　　（杉浦慶一）

▶関連用語→エグジット（投資の回収）、レバレッジ
▶本編関連ページ→第6章90頁、第16章262頁

絶対リターン〔absolute return〕
➡アルファ（322頁）参照

セパレート・アカウント〔separate account〕

SMA（separately managed account）とも呼ばれる。米国で発達したラップアカウント（手数料が投資ごとではなく、一定期間ごとの管理資産の残高に応じて算出される形態）の一種である。

日本では、一般には、投資家と金融商品取引業者など（証券会社や信託銀行）との間の投資一任契約の形態をとり、投資家と事前に決めた方針に沿ってポートフォリオへの投資が行われる。投資事業有限責任組合などの集団投資スキームとは異なり、投資家ごとに単独で組成されることから個々の投資家の投資性向やニーズにきめ細やかに応じることができ、また、通常の有価証券の売買のように個別の取引ごとに手数料が加算されることもないため、期間ごとの手数料を事前に把握できるというメリットもある。他方で、管理資産の最低金額が高額となる傾向があるため、投資家は機関投資家のほか、一定の個人富裕層や年金基金などに制限される。（上田互）

▶本編関連ページ→第11章178頁

戦略分散〔strategy diversification〕
➡分散投資（336頁）参照

ソーシング（案件の発掘）〔deal sourcing〕

ソーシングとは、投資先候補企業・事業を発掘し案件化することである。相対的に投資機会が欧米対比限定的であるため、ソーシングの成否がファンドのパフォーマンスを左右する。ファンドから能動的に対象会社へアプローチすることも多く、既に接点をもっているルートを選び紹介を受けることが多いが、案件化は容易ではない。主なソーシング・ルートの特徴はおおむね以下のとおりである。

投資銀行：中規模以上のオークション案件が持ち込まれることが多く案件確度は高い。

独立系仲介会社：案件の規模や確度はさまざまであるが、小規模の会社はリソースも限られるため中小規模案件を中心に相対交渉での成約を志向する傾向がみられる。

商業銀行：債権管理や事業承継などの切り口でニーズ顕在化前に相談を受けることが多い。案件の規模や確度はさまざまである。

プライベート・バンカー/税理士：情報数は多くな

プライベート・エクイティ用語集

いが事業承継情報が持ち込まれる。案件の規模や確度はさまざまである。　　　　　　（中俊二）
▶関連用語→相対案件、入札案件、パイプライン
▶本編関連ページ→第6章87頁・103頁

存続期間（運用期間）〔term of fund〕

存続期間（運用期間）とは、ファンドの設立から解散・清算までの期間のことを指す。また、新規投資を行うことができる期間（投資期間、investment period）を契約上定めているケースも多く、一般的に投資期間は5年、存続期間は10年という条件設定を行っているファンドが多くみられる。この場合、投資期間である5年の間に新規のポートフォリオ投資を行い、10年の間にすべて投資回収を行い、ファンドを解散・清算することとなる。ただし、存続期間、投資期間に対してそれぞれ延長可能期間が設けられ、リミテッド・パートナーの同意などの要件をクリアしたうえで一定の期間について存続期間、投資期間を延長できるオプションをジェネラル・パートナーが契約上保有しているケースもある。
（多田満）
▶本編関連ページ→第3章34頁・38頁、第5章64頁・83頁

〔タ〕

第二次バイアウト〔secondary buy-outs〕
➡セカンダリー・バイアウト（328頁）参照

タームシート〔term sheet〕
➡ドキュメンテーション（331頁）参照

地域分散〔geographic diversification〕
➡分散投資（336頁）参照

超過リターン（超過収益）〔extra return〕
➡アルファ（322頁）参照

ディストリビューション（分配）〔distribution〕

投資証券などの処分や配当・利息の収受後に実施される組合員への金銭などの分配のこと。分配額は、通常、収受した金額から処分に要した費用などを控除した金額となる。分配が行われる頻度については、バイアウト・ファンドは、投資証券などの処分がなされたつど行われることが一般的であるが、メザニン・ファンドでは、利払いや配当のつど行うように定めることが考えられる。また、事業年度ごと、あるいは半期・四半期ごとといった頻度での分配とすることもありうる。　　（小森一孝）

▶関連用語→インカムゲイン、ウォーターフォール、キャピタルゲイン、優先リターン
▶本編関連ページ→第3章38～39頁、第5章71～79頁・83～84頁、第7章117頁、第9章139頁、第11章177頁、第14章221頁

ディストレスト・ファンド〔distressed fund〕

金融機関などが保有する不良債権（主に金融検査マニュアル上の要管理債権以下に分類される債権など）に対して投資を行うファンド。経営不振や財政危機にある企業などの債権を額面金額からディスカウントして取得する一方、担保不動産の売却、他の金融機関によるリファイナンスなどの手法によりエグジットを行う。一定額の弁済を条件に実質的に負債の減免を行うなど企業再生の一手法として活用されることもある。広義には、不良債権のトレーディングを行うものや、デフォルト後のプロセスのなかでエクイティに転換して企業再生に深く関与するものなど、多様なタイプのファンドも含まれる。

運用期間中に約定弁済や担保処分などによる確実性の高いキャッシュフローを実現できる半面、投資対象が債権であるため当初債権の額面以上の回収は理論上困難であり、一般的にアップサイド余地が限られている点において、エクイティ型の再生ファンドと異なる。　　　　　　　　　　（高橋収）
▶関連用語→再生ファンド
▶本編関連ページ→第7章115頁、第14章222～223頁

ディール・ソーシング〔deal sourcing〕
➡ソーシング（328頁）参照

デューデリジェンス①〔due diligence〕
（投資家によるマネジャーに対するデューデリジェンス）

年金投資家がプライベート・エクイティ・ファンドに対して行うデューデリジェンスとは、マネジャー選定のプロセスと言い換えられよう。デューデリジェンスは幅広い観点で行われるが、大別すると、運用会社、商品性、オペレーション、運用能力といった項目に整理できる。

精査ではとりわけ、次の3点が不可欠で重要である。まずは、運用会社としての経営基盤であり人材の安定性の確認である。次に、過去の実績の確認である。今後とも良好な運用を再現できるかを、過去の投資案件を多角的に精査していくことで確信度を高めたい。最後は、資産管理および情報開示の姿勢をあげる。財産の保管はいうまでもなくキャピタル・コール処理など、事務の正確性は重要である。

用語集　329

また、投資家に対して明確でわかりやすい情報開示ができるかを確認する。投資家がデューデリジェンスを通じて運用会社に対してベストプラクティスを求めていくことがプライベート・エクイティ・ファンドのレベルを上げていくことになる。　（中川晴）
▶関連用語→キャピタル・コール
▶本編関連ページ→第3章37頁、第12章186頁・192～193頁、第13章205頁

デューデリジェンス②〔due diligence〕
（マネジャーによる投資候補先企業に対するデューデリジェンス）

　デューデリジェンスは、企業・事業買収における買手の意思決定において必須のプロセスである。M&Aの意思決定に資する情報を入手するための投資先候補企業に対する詳細な調査であり、プライベート・エクイティ・ファンド担当者と専門家チームにより実施される。専門分野としては大きく財務会計、税務、法務、ビジネス、人事、IT、環境などに分かれる。

　実施タイミングとしては、特に規定などがあるわけではないが、実務上は買収の基本合意に達した後、最終契約締結前に実施される場合が多い。

　プライベート・エクイティ・ファンドによる投資活動の文脈においては、ディール中止となる致命的な事項（ディールキラー）の有無、ビジネスリスクや各分野における問題点の有無などがデューデリジェンスされ、売り手への提示価格やその後の条件交渉、取引ストラクチャー、投資実施後の計画立案などに活用される。また、バイアウトの際には投資先候補企業のレバレッジ（負債）の負担能力の推定や内部収益率（IRR）などの投資利回り試算において、各デューデリジェンス結果を反映させた財務数値が出発点となるため、案件全体に大きな影響を及ぼすきわめて重要なプロセスであるといえる。

（大村秀樹）
▶関連用語→内部収益率（IRR）、レバレッジ
▶本編関連ページ→第6章88頁・103頁、第16章256頁

投資委員会（インベストメント・コミッティ）
〔investment committee〕

　投資委員会（インベストメント・コミッティ）とは、ファンドの投融資について検討・決定を行う運用会社の組織体を指す。具体的には、投融資の実行の決定、投融資の譲渡・回収の決定、投資候補先へのデューデリジェンスの決定、投資先企業のモニタリング状況についての報告、などが検討・決定される。投資委員会の投資委員は、運用会社の主要な役職員で構成され、開催頻度は運用会社により

異なるが、投資委員会を機動的に、柔軟に開催できることが一般的に望ましいこととされる。（山崎壯）
▶関連用語→アドバイザリー・コミッティ（諮問委員会）、デューデリジェンス②
▶本編関連ページ→第17章284頁

投資期間〔investment period〕
　➡存続期間（329頁）参照

投資事業有限責任組合〔investment limited partnership〕

　投資事業有限責任組合契約に関する法律（平成10年法律第90号）に基づき組成される、事業者に対する投資事業を行うための組合である。投資事業有限責任組合は、ファンドの運営主体である無限責任組合員（ジェネラル・パートナー）および投資家である有限責任組合員（リミテッド・パートナー）との間で締結される契約に基づき組成される。

　組合員の全員が無限責任を負う民法上の任意組合とは異なり、投資事業有限責任組合では、有限責任組合員の有限責任性が法律上確保されている。また、商法上の匿名組合の場合は、匿名組合員と営業者との一対一の契約であり、匿名組合員の出資は営業者の財産に帰属するが、投資事業有限責任組合では、無限責任組合員と複数の有限責任組合員が一つの契約の当事者となり、組合財産は総組合員の共有となる。

　投資事業有限責任組合は、投資対象に法律上の制限があるものの、有限責任性や、パススルー・エンティティとして二重課税が回避されることなどのメリットから、プライベート・エクイティ・ファンドのビークルとして実務上広く利用されている。

（河俣芳治）
▶関連用語→ジェネラル・パートナー（GP）、リミテッド・パートナー（LP）
▶本編関連ページ→第5章62～69頁・82～83頁、第13章200頁

投資倍率（マルチプル）〔multiple〕

　投資倍率（マルチプル）とは、投資活動の評価尺度の一つであり、投資原価に対してどれだけの投資回収を実現できたかを倍率によって表示する。単位は「倍」となる。個別投資対象企業ごとに算出される投資倍率を「グロス投資倍率」、ファンド全体の投資活動を評価するために算出される投資倍率を「ネット投資倍率」と区別する場合がある。一般的なグロス投資倍率は、「（個別企業の投資回収額＋投資期間中に収受した投資対象企業の株式配当金総額－投資・投資回収に要した費用）（以下、カッコ内

プライベート・エクイティ用語集

の数式で算定された額を「個別投資回収額」という）÷投資原価」で算出され、ネット投資倍率は、「（ファンドポートフォリオの個別投資回収額の総和－ファンドの管理コストの総額）÷ファンドへの払込総額」で算出される。

投資倍率のほか、内部収益率（IRR）、組み入れ比率など、ファンドを評価するパフォーマンス指標のなかでも、投資家に最も重視される指標の一つで、短期売却でIRRが高くても投資倍率が低いと投資家に評価されないこともある。　　　　　（上田研一）

▶関連用語→内部収益率（IRR）
▶本編関連ページ→第5章82頁、　第9章138〜141頁・150頁、第13章203頁

ドキュメンテーション〔documentation〕
（ファンドのドキュメンテーション）

ドキュメンテーションとは、一般的にはさまざまな情報を体系的に書面化することをいうが、投資事業有限責任組合の形態をとるプライベート・エクイティ・ファンドの場合、ローンチからファイナル・クロージングまでの一連の過程において無限責任組合員であるマネジャーと投資家との間で議論され、決定されるファンドのストラクチャー、投資条件、運用方針などに関する事項を目論見書、タームシート、投資事業有限責任組合契約書その他の書類に書面化する行為全般を指す。

ここでタームシート（term sheet）とは、組合契約に規定される諸条件に関する議論を円滑に進めるための作業用の書面であり、ファンドの名称、投資対象、投資方針、投資制限、ファンド規模、投資期間、存続期間、クロージング時期、最低出資金額、無限責任組合員、投資運用者、アドバイザリー・ボード、分配方法、管理報酬などの重要条件が記載され、議論の進展に伴って改訂される。タームシートの内容が最終的に合意できた時点で組合契約作成作業に移行するが、組合契約の骨組みである主要項目は既にタームシートで合意されているので、それを前提に詳細を詰める作業となる。　　　（髙田誠）

▶関連用語→ファンドレイジング（ファンド募集）、目論見書（PPM）

ドライパウダー〔dry powder〕
　➡出資約束金額（327頁）参照

トラック・レコード〔track record〕

プライベート・エクイティ・ファンドの過去の投資実績のこと。投資家にとっては、マネジャー選択のプロセスの際に、過去のトラック・レコードの分析を行うことは必須である。ただし、過去のトラック・レコードは、将来の高リターンを保証するものではないため、再現できる可能性が高いかどうかを見極めることが重要である。例えば、過去の優良案件の供給者と現在も良好な関係を維持しているか、貢献度の高いプロフェッショナルが現在もチームに残っているか、デットの減少やマルチプルの変化のみでなくオペレーションの改善による価値向上を実現できているか、ポートフォリオ全体のバランスはどうか、などの観点が鍵となる。　　　（杉浦慶一）

▶本編関連ページ→第3章36頁、第6章100頁

トレード・セール〔trade sales〕

プライベート・エクイティ・ファンドが、投資先企業の保有株式を第三者の事業会社に譲渡すること。シナジー効果が見込める戦略的バイヤーへの売却となることから、ストラテジック・セール（strategic sales）と呼ばれることもある。この取引を通じて、当該ファンドはエグジット（投資の回収）を達成する。一社の事業会社に経営権を掌握されてM&A（mergers & acquisitions）になるケースが大半であるが、日本では、ごくまれに複数の事業会社に分散して株式が譲渡されるケースもある。

M&Aによるエグジットは、株式上場と比較すると、一度の取引ですべての株式の現金化が可能になるという優位点があり、投資から回収までの期間も短い。なお、株式上場の前の資本政策の段階で、取引先の事業会社に一部株式を譲渡する取引も、トレード・セールの一種である。　　　（杉浦慶一）

▶関連用語→エグジット（投資の回収）、株式上場（IPO）
▶本編関連ページ→第6章90頁

ドローダウン〔capital drawdown〕
　➡出資約束金額（327頁）参照

〔ナ〕

内部収益率（IRR）〔internal rate of return〕

内部収益率（IRR）は、複利計算に基づいた、投資に対する収益率（利回り）を表す。IRRは、投資額とその投資から得られるキャッシュフローの現在価値が等しくなる割引率として求められ、投資額が同じ場合、回収額が多いもしくは回収期間が短いほどIRRは高くなる。

また、IRRは、運用期間中のキャッシュフローの影響を完全に反映させて算出した収益率で金額加重収益率ともいう。一方、運用期間中のキャッシュフローの影響を排除して算出し、運用機関の運用能力や運用実績の評価に適した収益率を時間加重収益率という。

用語集　331

投資ファンドは、投資家からの出資金の受入れや投資家への分配を投資案件ごとに複数回に分けて行うので、利回りの計算にはIRRが利用される。

例）
3年で2倍になる投資のIRRは、26.0%
3年で3倍になる投資のIRRは、44.2%
5年で3倍になる投資のIRRは、24.6%

投資に際しては原則として、IRRが資本コストまたは期待（目標）利回りを上回ることが見込まれることが、投資実行の前提条件となる。また、投資家がファンドに払い込んだ出資金と、ファンドにかかった費用や手数料を控除したうえで投資家に分配されたキャッシュフローから算出したものを「ネットIRR」といい、ファンドが投資案件に払い込んだ投資額と回収したキャッシュフローから、かかった費用や手数料を控除しないで算出したものを「グロスIRR」という。一般的にバイアウト・ファンドが目標としているIRRはグロスで20〜30%である。

(立川勝夫)
▶関連用語→時間加重収益率（TWR）、投資倍率（マルチプル）
▶本編関連ページ→第1章8〜9頁、第2章26頁、第5章67頁・82頁、第7章105頁・110頁、第8章127頁、第9章141〜142頁・150頁、第11章182頁、第13章202頁

日本版スチュワードシップ・コード
〔Japanese Version of the Stewardship Code〕

年金基金および、その資産を受託する機関投資家の投資行動を律するために2014年に定められた七つの原則のことである。英国において英国企業財務報告評議会（FRC：Financial Reporting Council）が2010年に定めたスチュワードシップ・コードを参考にしている。日本おけるコーポレート・ガバナンス強化のために機関投資家に積極的な役割期待を求めるものである。

本コードにおいて機関投資家は、投資先企業を理解しエンゲージメントといわれる"目的を持った対話"を通じて企業価値の向上・持続的成長を促すことで、年金基金などの受益者の利益も確保するという"スチュワードシップ責任"を果たすことが求められる。

2014年6月に127の機関（金融庁公表ベース）が受入れ表明を実施し、年金基金、機関投資家の多くが積極的に活動を始めた。日本のプライベート・エクイティ・ファンドの運用会社でも受入れを表明し

始めている。
(山本御稔)
▶関連用語→ESG（環境・社会・ガバナンス）
▶本編関連ページ→第1章15頁、第17章284頁、第18章295〜296頁・301頁

入札案件〔auction deals〕

入札案件とは、複数の買手候補が売手に対して取引条件を提示し、売手がそのなかから最も有利な内容を提示する買手を選ぶ投資案件をいう。入札案件は「ビッド（bid）案件」、「オークション（auction）案件」とも呼ばれる。

入札案件は、入札手続を通じて買手候補の間で競争が発生するため、売手にとっては、買手との交渉力が高まるだけでなく、売却手続の透明性を高めることができる。また、入札スケジュールに沿った売却手続が行われるため、取引完了時期の見通しが立てやすい。ただし、入札案件は、相対案件に比べて関係者が多くなるため、情報管理がむずかしい。そのため、買手候補を広範に募る入札案件だけでなく、当初より買手候補を絞って実施する入札案件も多く存在する。また、情報管理やデューデリジェンス対応の点から、一次入札を通過した候補者に対して最終入札を行うなど、入札手続を複数回行うことが一般的である。
(栗原一博)
▶関連用語→相対案件
▶本編関連ページ→第6章98頁

ネットIRR〔net IRR〕
➡内部収益率（331頁）参照

年次総会（出資者総会）
〔annual general meeting〕

年次総会とは、ファンド出資者に対して、決算報告書、レポート送付とは別に、ファンドの運営、運用および業績に関して、直接状況の報告、質疑応答の機会を行う場をもつことである。出資者総会（investor conference）とも呼ばれる。経済産業省「投資事業有限責任組合モデル契約」においても明記されている。開催方法および頻度についてはファンド契約書によって異なるが、通常は少なくとも年に一度開催するケースが多く、ファンド出資者からの請求などにより、必要に応じて臨時に開催されることもある。出資者総会において、ファンド出資者はファンドの運用方針・運営に対して意見を述べることができるが、運用会社の裁量を制限、意思決定を拘束されるものではない。
(問山陽子)
▶関連用語→レポーティング
▶本編関連ページ→第2章32頁、第5章67〜68頁・84頁、第10章168頁、第13章208頁

〔ハ〕

バイアウト・ファンド〔buy-out fund〕

　バイアウト・ファンドは、バイアウト案件に対してエクイティを拠出するプライベート・エクイティ・ファンドである。報道などでは、「買収ファンド」と呼ばれることもある。バイアウトとは、経営陣などの個人やバイアウト・ファンドが買収主体となる企業買収取引のことであり、バイアウト・ファンドが過半数の株式を取得するケースが大半である。また、リターンを高めるために、買収資金の一部にデットが活用され、レバレッジ効果が追求される。

　バイアウト・ファンドが株式を保有している期間中には、多様なハンズオン支援が実施される。最終的には、株式上場（IPO）、トレード・セール（M&A）、セカンダリー・バイアウト（第二次バイアウト）、リキャピタリゼーションなどの方法でエグジット（投資の回収）を達成し、リターンが確保される。目標リターンは、メザニン・ファンドが10〜15％程度なのに対し、バイアウト・ファンドは20〜30％を目指す。
(杉浦慶一)

▶関連用語→エグジット（投資の回収）、ハンズオン、レバレッジ

▶本編関連ページ→第5章69頁、　第6章87頁・102頁、第15章249頁、　第16章255頁、第18章288〜289頁

パイプライン〔pipeline〕

　投資候補先として検討を継続している案件と、その検討のステージを示すものを指す。投資実行までのプロセスは、基本的に①守秘義務契約締結、②初期資料分析および関心表明、③中間投資委員会、④デューデリジェンス、⑤最終投資委員会、⑥最終契約書締結の段階に区分され、それぞれの案件がどのステージにいるかを示すことによって、当該案件の成約確度の高まりが予測できる。同時に、パイプライン件数により、ファンドのディール・ソーシング力やリソース配分状況を評価・判断する材料としても活用される。
(袴田隆嗣)

▶関連用語→ソーシング（案件の発掘）

ハードル・レート〔hurdle rate〕
　➡優先リターン（337頁）参照

パラレル・ファンド（並行投資ファンド）〔parallel fund〕

　パラレル・ファンドとは、国内ファンドとの共同投資を目的に、主にtax heaven（ケイマン諸島、英領ヴァージン諸島など、免税措置のある国や地域）に設立される法的器の一つ。投資法人、信託、リミテッド・パートナーシップといった形態を採用する場合が多い。パラレル・ファンドによる共同投資が行われる背景には、海外投資家にとっての法務上・会計上・税務上などの事情がある。また、国内投資家にとっても、海外に設立されたファンドのみへの投資ではなく本邦の投資事業有限責任組合契約に基づく投資事業有限責任組合への共同投資を好むケースがある。

　国内ファンドがパラレル・ファンドとの共同投資ストラクチャーを検討する際の留意点としては、国内の組合契約とパラレル・ファンド契約の内容の整合性、共同投資の機会の提供方法（判断の際の必要資料など）、双方のファンドのジェネラル・パートナー間のコミュニケーションの方法などがあげられる。
(鈴木茂樹)

バリュエーション〔valuation〕

　バリュエーションとは、一義的には株式、事業に関する評価行為または評価結果を指す。実務上はインカム・アプローチとマーケット・アプローチを用いることが多い。前者は、将来のフリーキャッシュフローを予測し、これに資本コストなどを勘案した一定の割引率を使用し現在価値に換算して評価するDCF（ディスカウンテッド・キャッシュフロー）法が主流である。後者では、事業価値（enterprise value）をEBITDA（利払・償却・税引前利益）で除したEBITDA倍率やPER倍率（株価収益率）など株式市場における倍率を参考に評価することが多い。また、過去の類似のM&Aにおける倍率も用いられる。

　なお、これらの倍率自体を「バリュエーション」と称する場合もあり、プライベート・エクイティ・ファンドの投資収益率を左右する重要指標である。この他に貸借対照表における純資産をベースに評価を行うコスト・アプローチが存在するが、継続企業を前提としていない点、またのれんの価値を反映することがむずかしいため特定の場合を除き、実務上はあまり用いられていない。
(西村龍哉)

▶関連用語→EV/EBITDA倍率
▶本編関連ページ→第2章23頁、第3章35頁

ハンズオフ〔hands-off〕
　➡ハンズオン（333頁）参照

ハンズオン〔hands-on〕

　ハンズオンとは、ファンドのメンバーが（単に株主としての域を超えて）直接・間接を問わず投資先

企業の経営に参画し業績および企業価値の向上に貢献するための活動全般のことである。それに対して投資先企業に対して通常の株主としての対応以上の関与はせずに企業価値の向上を待つことをハンズオフ（hands-off）と呼ぶこともある。

関与のスタイルやその度合いはファンドによって異なる。ファンドのメンバーが非常勤役員に就任して取締役会で積極的に助言・提言したり、ファンドのネットワークを駆使して業務提携先や顧客企業を紹介したりすることが一般的であるが、ケースによってはファンドのメンバー自ら常勤取締役や経営トップに就任する。また、エグゼクティブ・サーチ会社などを通じて人材をスカウトして送り込むなど社内オペレーションにより積極的に関与することもある。

関与するメンバーの能力次第では業績向上の可能性を高めることにもなり、投資先企業により深く入り込むことで経営の実態をより正確に掌握することが可能であるが、ファンドにおいては対応できる人材の確保やリソース管理が課題となることもある。

（伊藤尚毅）

▶本編関連ページ→第5章81頁、第13章206頁、第16章256頁

ビッド〔bid〕
➡入札案件（332頁）参照

ビンテージ・イヤー（ファンド組成年）〔vintage year〕

元来はワイン業界の用語でワインがつくられたブドウの収穫年を指すが、プライベート・エクイティ業界においてはファンドの組成年度の意味で用いられる。ファンドのパフォーマンスは、好況時の投資と不況時の投資とで大きく変動するため、組み入れファンドのビンテージ・イヤーを分散させることで、リスクを抑えリターンを安定化させることができる。また、ビンテージ・イヤーごとにファンドを比較することで、マクロの経済環境・ビジネスサイクルの影響を取り除いたパフォーマンスを比較することが可能となる。なお、ビンテージ・イヤーという用語は、ファンド組成年以外に、最初のキャピタル・コール（プライベート・エクイティ・ファンドが最初に投資をした年）という意味でも用いられる。

（小川俊弘）

▶関連用語→ビンテージ分散、分散投資
▶本編関連ページ→第2章31頁、第3章35頁、第7章113頁・116頁、第13章203頁・216～217頁、第14章220頁、第17章284頁

ビンテージ分散〔vintage year diversification〕
➡分散投資（336頁）参照

ファイナル・クロージング〔final closing〕
➡ファンドレイジング（334頁）参照

ファースト・クロージング〔first closing〕
➡ファンドレイジング（334頁）参照

ファンド・オブ・ファンズ〔fund of funds〕

ファンド・オブ・ファンズ（以下「FOF」という）とは、複数のバイアウト・ファンドなどに代表されるプライベート・エクイティ・ファンドを組み入れるファンドを指し、マネジャー、地域、ビンテージなどの分散が図られたポートフォリオへのアクセスを提供する。一方、シングル・ファンド（single fund）は投資家が直接個別のプライベート・エクイティ・ファンドに投資するものを指す。

FOFのメリットは少額の投資でも分散効果のあるポートフォリオの構築ができる点である一方、ファンド期間やJカーブ期間が長期化することや、手数料が二重にかかることはデメリットであり、FOFマネジャーへの手数料に見合うだけの付加価値について検証する必要がある。

新規に募集されるファンドを中心に投資を行うプライマリーFOF（primary funds of funds）に対して、セカンダリー市場からのファンド持分の取得に特化したファンドはセカンダリーFOF（secondary fund of funds）と呼ばれる。手数料流出を抑える意味でもシングル・ファンド投資のみでポートフォリオ構築を図ることは理想的であるが、相応の投資規模やリソースが必要になってくる。一方、投資家の資産規模が小さくとも、FOF投資によりコア・ポートフォリオをつくりつつ、投資環境に合わせて機動的にシングル・ファンド投資を組み入れるなど両者を効果的に使い分けていくことが重要である。

（小平健）

▶関連用語→分散投資、Jカーブ
▶本編関連ページ→第2章32頁、第4章53頁・57頁、第5章62頁・64頁、第7章114頁・117頁、第9章152頁、第10章166～167頁、第11章175～178頁・180～182頁、第13章201頁、第14章222頁、第18章287～290頁・302頁

ファンドレイジング（ファンド募集）〔fund raising〕

日本のプライベート・エクイティ・ファンドの多くは、投資事業有限責任組合として、無限責任組合

員によって設立される。ファンドレイジングとは、同組合に投資する投資家を募集する行為やプロセスを意味する。ファンド募集を行うのは、証券会社などのエージェントの場合もあるが、多くは無限責任組合員であるマネジャーが自ら行う場合が多い。投資信託などとは異なり、投資家は、資金そのものを全額最初に拠出するわけではなく、通常5年間の投資期間中に、投資案件が確定するつど、マネジャーからの請求に応じて資金拠出をすることをあらかじめ約束する。

具体的には、マネジャーによる投資目論見書の作成（ローンチ）、投資家候補への配布と説明、投資家からのマネジャーの精査などを経て、一定の期限や金額に到達した時点で募集は終了する。募集終了により、組合契約が調印されるが、これをクロージング（closing）と呼ぶ。クロージングが数回にわたる場合には、最初のクロージングをファースト・クロージング（first closing）、最後のクロージングをファイナル・クロージング（final closing）という。ローンチ（launch）からクロージングまでの期間は、大よそ半年程度から2年程度と、経済情勢やファンド規模により変化する。なお、ファンド募集上限を上回るような状態になることは、オーバー・サブスクライブ（over subscribe）と呼ばれている。

（猪熊英দ）

▶関連用語→目論見書（PPM）
▶本編関連ページ→第12章184〜187頁

プライベート・エクイティ〔private equity〕
　➡プライベート・エクイティ・ファンド（335頁）参照

プライベート・エクイティ・ファンド〔private equity fund〕
　プライベート・エクイティとは、未公開企業の株式のことである。また、プライベート・エクイティ・ファンド（private equity fund）は、未公開企業の株式へ投資するファンドを指し、投資対象となる企業のステージによりさまざまなタイプがある。主要なものとしては、既に事業基盤が確立された企業へマジョリティ投資（株式の過半数を取得）を行うバイアウト・ファンドや、ベンチャー企業に投資を行うベンチャー・キャピタル・ファンドが存在する。

通常、プライベート・エクイティ・ファンドの存続期間は10年となっており、最初の5年間の投資期間に、複数の企業への投資を行いポートフォリオの構築を行う。そして、対象企業へのハンズオン支援を行うことで企業価値を高めていき、最終的には株式上場（IPO）やトレード・セール（M&A）などの手法により、保有株式を売却してリターンを獲得する。

なお、資産運用の対象としてのプライベート・エクイティ・ファンドには、メザニン・ファンド、セカンダリー・ファンド、ディストレスト・ファンドなどのサブ・アセットクラスも存在する。

（杉浦慶一）

▶関連用語→セカンダリー・ファンド、バイアウト・ファンド、ディストレスト・ファンド、ベンチャー・キャピタル・ファンド、メザニン・ファンド

プライマリーFOF〔secondary fund of funds〕
　➡ファンド・オブ・ファンズ（334頁）参照

ブラインド・プール〔blind pool〕
　ブラインド・プールとは、具体的な投資対象を事前に特定せず、一定の条件内で運用者が投資対象の選定を行うことを前提として資金調達を行う投資用ビークル。投資家は投資対象の選定や個別投資の意思決定には関与できず、運用者の投資対象発掘・選定能力を評価して当該ビークルに投資する。バイアウト・ファンド、ベンチャー・キャピタル・ファンド、メザニン・ファンド、ファンド・オブ・ファンズなどは通常これに該当するほか、不動産ファンドにおいても同様の仕組みを採用するケースがある。

（吉永幹彦）

▶本編関連ページ→第13章199頁

プレースメント・エージェント（媒介）〔placement agent〕
　プレースメント・エージェントとは、運用会社と投資家とを結び付ける媒介業者である。さらに詳しく述べると、運用会社が投資ファンドを募集しようとする際にその行為を委託する先であり、プレースメント・エージェントが常に投資家と接していることにより、通常は投資活動に専心している運用会社より深く投資家ニーズを把握し運用会社側のファンド募集を効率的に行い、また投資ファンドおよび運用会社について熟知していることで投資家側の投資意思決定時および投資後のデューデリジェンスに貢献する。その活動は運用会社との契約に基づき、投資ファンド募集プロジェクトを受託する。つまり法的には運用会社のエージェントとして手数料が支払われ投資家の負担はない。

欧米では、プレースメント・エージェントの介在は一般的ではあるが、日本ではまだその数も少なく歴史も浅いことから投資家のプライベート・エクイ

ティに対する理解を深める役割が今後期待される。

(海野俊一)
▶本編関連ページ→第4章57頁、第12章184頁・197頁

分散投資〔diversified investment〕

資産をいくつかの分野に分けて投資し、リスクを分散することを指す。プライベート・エクイティにおける分散の手法としては、異なるジェネラル・パートナーが運営するファンドに投資する「マネジャー分散」、異なる投資戦略を有するファンドに投資する「戦略分散」、異なる地域を投資対象とするファンドに投資する「地域分散」、異なるビンテージ・イヤーのファンドに投資する「ビンテージ分散」などがあげられる。プライベート・エクイティ・ファンドは、その他の資産に比べて個別性が強いため、分散の重要性がより高くなる。

(谷合昌之)
▶関連用語→ビンテージ・イヤー（ファンド組成年）、ファンド・オブ・ファンズ
▶本編関連ページ→第2章30頁、第10章166頁、第11章181頁、第12章195頁、第13章218頁、第14章219〜221頁

分配〔distribution〕

➡ディストリビューション（329頁）参照

ベンチマーク〔benchmark〕

プライベート・エクイティ・ファンドのベンチマークとしては、純資産（NAV）やキャッシュフローのデータを収集して内部収益率（IRR）を計算し、それらを国内外のさまざまな指数と比較して、運用成果の評価基準としている例が多い。

指数としては、自国のみならず各国の証券市場の指標が用いられている。また、各種ベンダーが、各ファンドからデータを収集してPE指数を発表しており、上場商品を構成銘柄とした上場PE指数も利用可能である。さらに、市場指数に基づき運用した仮想キャッシュフローによる運用成果により投資を判断する、パブリック・マーケット・エクイバレント（PME：public market equivalent）も登場している。いずれにせよ、プライベート・エクイティへの投資は個別性が非常に強いことから、一元的に比較を行うことが困難であるため、絶対リターンを求める戦略をとる例もみられる。

(堀川武晴)
▶関連用語→内部収益率（IRR）
▶本編関連ページ→第9章143〜148頁

ベンチャー・キャピタル・ファンド〔venture capital fund〕

新規市場の創造を指向する急成長企業に対して資金を提供し、持分比率は10〜33％程度のシグニフィカント・マイノリティとなる。投資ステージとして、会社設立段階に近いシード・ステージ、事業モデルの立ち上げ・売上げの獲得が始まるアーリー・ステージ、事業化・損益分岐を迎えるエキスパンション・ステージ、IPOに近いレイト・ステージに分けられる。

設立に近いほど投資額は少額でハイリスク・ハイリターン、レイト・ステージに近いほど、投資金額は大きく、ローリスク・ローリターンとなりやすい。投資領域は成長産業全般であるが、中心となっているのはIT・インターネット、バイオテクノロジーなどの分野である。ベンチャー・キャピタル投資はハイリスク・ハイリターンではあるが、短中期の非流動性、資産価値のJカーブ特性がありつつも、高い収益性とポートフォリオ分散効果を狙える。

(東明宏)
▶関連用語→Jカーブ
▶本編関連ページ→第5章69頁・82頁、第18章300頁

ポートフォリオ企業〔portfolio company〕

ポートフォリオ企業とは、プライベート・エクイティ・ファンドの投資先企業であるが、通常、リスク分散の観点から、投資対象企業は特定の業種、地域、ステージにかたよることがないように組み合わせる。ファンドのポートフォリオ企業が少ない場合、一つのポートフォリオ企業の成功・不成功が、ファンド全体に与える影響が大きくなるため、ファンド全体として安定したパフォーマンスを目指すためには、ポートフォリオの組合せの最適化が必要とされる。

(豊田伸恵)
▶関連用語→分散投資

〔マ〕

マネジメント・フィー〔management fee〕
➡管理報酬（324頁）参照

マネジャー分散〔manager diversification〕
➡分散投資（336頁）参照

無限責任組合員
➡ジェネラル・パートナー（326頁）参照

メザニン・ファンド〔mezzanine〕
メザニン・ファンドとは、劣後ローンや劣後社

プライベート・エクイティ用語集

債、優先株式などメザニン・プロダクツと称される金融商品への投資にフォーカスしたファンド（機関投資家から資金を集めて投資を行うビジネス。一定期間投資をした後に回収し、資金の出し手である投資家に優先リターンを還元した後に余剰があれば自分自身もその余剰利益の一部を収受する）、もしくはそのビジネスを行う事業主体をいう。

　プライベート・エクイティの世界においては、個々の案件ごとに、投資対象となる企業の事業性や将来のキャッシュフロー創出力の評価を通じて投資可否の判断を行うのが一般的である。メザニン・プロダクツは、投資実行から回収までの間にも金利や優先配当などによるインカムゲインを収受するような商品設計がなされることが多い。このため、メザニン・ファンドにはファンドの損益やキャッシュフローを早期にプラスにしやすい（＝Ｊカーブが浅い）という特徴がある。　　　　　（長田貴男）
▶関連用語→インカムゲイン、キャピタルゲイン、Ｊカーブ
▶本編関連ページ→第3章36頁、第7章115頁、第14章222～223頁・230～234頁、第15章250頁、第17章285頁、第18章291頁

目論見書（PPM）
〔private placement memorandum〕

　ファンドの募集時に作成される、ファンド運用に係る詳細の説明書であり、投資家がファンド投資を検討するための基礎情報が網羅されている資料である。一般的には、①無限責任組合員の会社概要、沿革、運用体制、②チームメンバーの略歴と実績、③投資規模、地域、業種などの投資戦略や投資制限、④過去の投資実績、⑤投資案件のケーススタディ、⑥マーケット認識、⑦主要契約項目、⑧リスクなど、で構成される。投資事業有限責任組合の持分の取得勧誘は、一般的に私募形式をとり、原則として目論見書の記載項目内容などに関する規制を受けないことから、正式な規定については組合契約書においてきちんと確認することが望ましい。
　　　　　　　　　　　　　　　（長谷川俊郎）
▶関連用語→ドキュメンテーション、ファンドレイジング（ファンド募集）
▶本編関連ページ→第12章186頁

モニタリング①〔monitoring〕
（投資家によるマネジャーに対するモニタリング）

　ファンドのパフォーマンス推移、投資先企業の業績、運用プロセスおよびマネジャーの人員体制の変化などについて注意深く監視すること。

　具体的には、新規投資案件に関する投資先企業の選定理由や当該企業に関する今後の業績予想、エグジット案件に関し、当該案件がパフォーマンスに与える影響などについて把握する。また、ファンドに対する寄与度が大きい既存の投資案件に関し、当初の業績予想と実績との差異の要因についてマネジャーに見解を求めることも意義深い。さらに、投資戦略の変化、パイプラインの状況、人員体制の変更および外部環境の変化などについても、パフォーマンスや投資進捗率に影響を与えるため、モニタリングすべき重要な項目である。同時に、投資家によるモニタリングでは、投資実行にあたり投資家との契約上の問題が発生していないことを確認することも不可欠である。　　　　　　　　　　　（濱井雅俊）
▶関連用語→パイプライン
▶本編関連ページ→第3章43頁、第10章168頁、第11章176頁、第13章199～201頁・205～209頁、第17章280頁・283～284頁

モニタリング②〔monitoring〕
（マネジャーによる投資先企業に対するモニタリング）

　投資先企業のさまざまな重要課題に対するPDCAサイクル（plan-do-check-action）を回していくために、確認・評価（check）にとどまらず、計画立案（plan）や実行（do）、改善（action）についても、株主の立場から必要に応じてサポートを行っていくこと。

　具体的には、中期経営計画や予算、重要課題に対する対策などについて、投資先企業と協議して設定した指標やアクションプランの進捗状況を確認・評価し、必要に応じて修正を加え、実行をサポートする。実施体制としては、投資先企業ごとにモニタリング・チームを組成し、社外取締役として派遣することに加え、投資先企業に常駐者を置く場合もある。また、計画の遂行確度を高めるために、社長やCFOなどの外部人材を派遣する場合もある。モニタリング・チームが参加する会議体は、月次の取締役会や経営会議など経営陣が参加する会議体に加え、営業系や生産系などの現場レベルの会議体についても、投資先企業の事業環境に鑑みて参加対象とするケースが多い。　　　　　　　　　　（青海孝行）
▶本編関連ページ→第6章103頁、第16章268頁

〔ヤ〕

優先リターン〔preferred return〕

　無限責任組合員への成功報酬に優先して組合員に

用語集　337

分配されるリターンのこと。具体的には、投資コストの返還後、投資コストに対し一定の利率（a％）を乗じた金額に達するまでは、分配可能額の100％が優先リターンとして組合員に対して分配される。aはハードル・レートと呼ばれ、現行の金融環境においてIRR6〜8％が一般的な水準といわれている。

（松本茂）

▶関連用語→ウォーターフォール、ディストリビューション（分配）
▶本編関連ページ→第5章73頁

有限責任組合員

➡リミテッド・パートナー（338頁）参照

〔ラ〕

リアップ（再投資）〔re-up〕

ファンドの投資家が同じマネジャーの次号ファンドに継続して投資を行うこと。投資家がファンドに初めて投資する場合と比較して、デューデリジェンスが短期間ですむなど、双方にとっての負担が軽減されることが多い。マネジャーにとっては、リアップする投資家が多い場合、継続的なサポーターを有するファンドとしてのブランドイメージを築くことにつながるメリットがある。一方、投資家にとっては、ファンドのパフォーマンスが悪化した際でもリアップすることで当該マネジャーと親密な長期的関係を築くことができ、後にパフォーマンスが改善しファンド募集上限を上回るような募集状況においても、参加が優先されるなどの利点がある。

（横沢理穂）

▶関連用語→デューデリジェンス①（投資家によるマネジャーに対するデューデリジェンス）
▶本編関連ページ→第2章32頁、第10章167頁、第11章180頁

リキャップ〔recap〕

➡リキャピタリゼーション（338頁）参照

リキャピタリゼーション〔recapitalization〕

リキャピタリゼーションとは、投資先企業が既存有利子負債を返済し、新たに銀行やメザニン・ファンドなどから調達した資金を原資として、バイアウト・ファンドに配当するか、またはバイアウト・ファンドが保有する株式を自社株取得することにより、バイアウト・ファンドが投資資金の一部または全部を回収することをいう。「リキャップ（recap）」とも呼ばれる。

バイアウト・ファンドにとっては、他社へのエグジットを行う前に、一定のリターンを確保できる有効な手段の一つであり、日本においても導入されている手法である。通常は、投資先企業が新たに資金調達を行い配当可能利益の範囲内で配当もしくは自社株取得を行うが、バイアウト・ファンドが特別目的会社（SPC）を新たに設立し、当該SPCが資金調達を行ったうえで投資先企業と当該SPCが合併を行うことにより、バイアウト・ファンドが投資回収を行うこともあり得る。

（片倉康就）

▶関連用語→エグジット（投資の回収）
▶本編関連ページ→第6章90頁、第13章202頁

リミテッド・パートナー（LP）〔limited partner〕

ファンドに投資家として出資を行い、ファンドに生じた損益の分配を受ける者を意味し、ファンドの形態、準拠法、組合契約の内容によって多少の差異はあるものの、一般にファンドの業務執行権限を有せず、ファンドの負う債務に係る責任も出資約束金額または出資の価額の範囲に限定されることを特徴とする。「LP」と略称され、日本語では「有限責任組合員」と訳される。

これまでの日本のプライベート・エクイティ・ファンドにおけるリミテッド・パートナーとしては、銀行、証券会社、保険会社、商社やノンバンクなどのプレーヤーが中心であったが、近時、年金基金にも注目されつつあり、投資家層の拡大が期待されている。

（坂本龍一）

▶関連用語→ジェネラル・パートナー（GP）、投資事業有限責任組合
▶本編関連ページ→第5章63頁

レバレッジ〔leverage〕

一般的にファンドが企業を買収する際、投資リターンを高めるために、自己資金（エクイティ）に加えて銀行借入れ（シニア・ローン）やメザニン（劣後ローンなど）を利用する。このように相対的に少額の自己資金で買収するために用いられる負債を、てこ（lever）になぞらえてレバレッジと呼ぶ。買収先企業の資産または将来のキャッシュフローを担保に資金調達して（レバレッジをかけて）買収する形態をLBO（leveraged buy-outs）という。適切な水準でのレバレッジは投資効率を高めるとともに経営の規律を生む効果もあるが、過大なレバレッジは買収先企業の業績が悪化した場合に大きな負担となる。

（駒走祐治）

▶関連用語→バイアウト・ファンド
▶本編関連ページ→第2章26〜27頁、第6章92〜93頁

レファレンス・チェック〔reference check〕

レファレンス・チェックとは、調査対象となる人をよく知る立場の人物（通常は前職または現職の上司・同僚・取引先など）から、対象となる人の経歴・能力・人柄などを確認することをいう。プライベート・エクイティ業界の成否は他の業界に比べて人の能力による部分が大きいため、対象者への直接インタビューに加えて、レファレンス・チェックを行い、直接インタビューでの評価を補うことが多い。

方法としては、対象者からレファレンス先を指定してもらい実行する方法と、調査する側が独自にレファレンス先を決めて実行する方法の、二つがある。レファレンス・チェックを実行する場面は、ファンドでの新規人材の採用、投資先の経営陣の採用、投資家がファンドに対する投資を検討する際の各投資プロフェッショナルの評価などさまざまである。　　　　　　　　　　　　　　　　　（皆川亮一郎）

▶関連用語→デューデリジェンス①（投資家によるマネジャーに対するデューデリジェンス）
▶本編関連ページ→第10章167頁

レポーティング（運用報告）〔reporting〕

ジェネラル・パートナーである運用会社からリミテッド・パートナーである投資家へのレポーティングは、その頻度や期日について原則組合契約書において定められる。定期報告書としては、四半期の財務報告書や、投資先企業の状況などを含む四半期ごとの運用報告書がある。財務報告書は、貸借対照表、損益計算書、および業務報告書ならびに付属明細書からなり、通期については監査法人による監査を経たものである。Institutional Limited Partners Association (ILPA) の原則では、通期財務報告書の提出時期は、期末後3カ月以内とされており、運用報告書の提出時期は各期末後45日以内とされている。

また、年次総会の開催も、一般的に組合契約書において定められ、毎年一度期末後に開催され、組合の運営および組合財産の運用状況について、ジェネラル・パートナーから対面で報告がなされる。非定期報告書面としては、投資実行時における投資概要報告書（投資先の概要、投資金額、投資の理由などを記載）、エグジット時のエグジット/分配報告書（回収・分配額の明細、投資先の業況、エグジットの理由などを記載）がある。　（播美幾子）

▶関連用語→年次総会（出資者総会）
▶本編関連ページ→第5章83～84頁、第9章150頁、第10章168頁、第13章200頁

ロールアップ〔roll-up〕

水平的に同業を買収し、事業間のシナジーやスケールメリットを獲得しながら企業価値を高めていく投資戦略をロールアップ戦略（またはビルドアップ戦略）という。

事業規模の拡大により原価削減や販売管理費の効率化が期待できるのみならず、ベストプラクティスの共有やクロスセリング機会の増加などさまざまな収益改善の効果が想定され、さらに業界内での地位の向上によりマルチプル改善の効果も期待される。シェアが分散し多くのプレーヤーが存在する業界に特に有効な手法とされ、まず中核となる企業をバイアウトし、それをプラットホームとして相対的に規模の小さい同業他社を買収していくことが多い。

バイアウト・ファンドには、資金のみならず、M&Aのノウハウやネットワークを提供することで追加投資の実行や投資後の統合プロセスを主導し、投資先のロールアップ戦略を成功に導く役割が期待される。　　　　　　　　　　　　　　　　　（喜多慎一郎）

ローンチ〔launch〕

➡ファンドレイジング（334頁）参照

〔アルファベット〕

EBITDA〔earnings before interest, tax, depreciation and amortization〕

➡EV/EBITDA倍率（340頁）参照

ESG（環境・社会・ガバナンス）〔environmental, social, and governance〕

ESGとは、Eが環境（environment）、Sが社会（society）、Gが企業統治（governance）の意味で、企業が事業活動を展開するうえで配慮すべき重要課題のことをいう。ESGは企業にとってビジネス上のリスク要因であると同時に、長期的な企業価値の向上や持続的成長をもたらすリターン要因にもなりうる。こうした観点から、機関投資家の間で投資に際してESGを重視するESG投資が広がりつつある。

ESG投資が注目を集める契機となったのは、2006年に国際連合が提唱した「責任投資原則（PRI：Principles for Responsible Investment）」である。PRIは、その署名機関である海外のジェネラル・パートナーおよびリミテッド・パートナーと協力し、プライベート・エクイティにおいてESG投資をどのように実践していくかについてのガイドブックを発行し普及に貢献している。日本のプライベート・エクイティ業界においてもPRI署名機関が増えてきており、金融庁から発表された日本版スチュ

ワードシップ・コードの効果により、今後さらにESG投資が重要視される可能性がある。
　　　　　　　　　　　　　　　（デボス麗子）
▶関連用語→日本版スチュワードシップ・コード
▶本編関連ページ→第2章25頁、第12章190頁、第18章293頁・301頁

EV〔enterprise value〕
　➡EV/EBITDA倍率（340頁）参照

EV/EBITDA倍率〔EV/EBITDA multiple〕
　EV（enterprise value：企業価値）をEBITDA（earnings before interest, tax, depreciation and amortization：利払前・税引前・償却前利益）で除した指標。EVをEBITDAによって測るために使用されている。計算式の例は以下のとおり。

EV＝株式時価総額（株価価値）＋純有利子負債
　　（有利子負債－現預金）
EBITDA＝営業利益＋減価償却費＋のれん償却額

　EVは、本来的には将来キャッシュフローの現在価値（DCF法）で求められるべきだが、必要データの関係で困難な場合が多い。そこで、EBITDAを簡易キャッシュフローとみなし、EVがキャッシュフローの何倍になるか意味するEV/EBITDA倍率を乗じることで、EVを算出することが一般的に行われている。
　具体的には、プライベート・エクイティの世界では、対象企業の類似上場企業の倍率を算出し、対象企業のEBITDAに乗じることでEVを算出し、買収価格の見積りや妥当性検証を行う際に使用される。また、エグジット時点の対象企業のEBITDA予測値に類似上場企業の倍率を乗じることでエグジット時の売却価格を推定する際にも使用される。なお、類似上場企業として選定する企業の範囲や、指標計算のためのマーケットデータ・財務データの対象時期によって結果が大きく変動するため、留意が必要である。　　　　　　　　　　（三木聖司）
▶本編関連ページ→第6章91～98頁、第13章204～205頁

GP〔general partner〕
　➡ジェネラル・パートナー（326頁）参照

IPO〔initial public offering〕
　➡株式上場（324頁）参照

IRR〔internal rate of return〕
　➡内部収益率（331頁）参照

Jカーブ〔J-curve〕
　バイアウト・ファンドやベンチャー・キャピタル・ファンドでは、当初、ファンド組成の弁護士費用などが発生するほか、投資先発掘・分析、投資実行の経費、および管理報酬（マネジメント・フィー）が発生する。投資実行後は、価値創造活動や経営改善施策の導入を行い、数年後に企業価値向上を見極めてから、投資資金の回収を行う。Jカーブとは、上記プロセスにおけるファンドのキャッシュフローや損益が、投資直後は先行コストで右肩下がりに推移した後、元本回収後は右肩上がりに転じるため、その形状が、アルファベットの「J」に類似することを比喩した言葉である。
　なお、広義のプライベート・エクイティには、優先株式、転換社債、劣後社債などに投資するメザニン・ファンド、再生案件のローンや債券の買取りなどに投資するディストレスト・ファンドなど、利息収入のため、あるいは資金回収期間が相対的に短いことにより、Jカーブが浅いファンドも存在する。
　　　　　　　　　　　　　　　（桑木翔太）
▶関連用語→管理報酬（マネジメント・フィー）
▶本編関連ページ→第3章40頁、第5章78～79頁・81頁、第7章105～107頁・109～111頁・114頁・115～116頁・118頁、第8章127頁・135頁、第9章143～144頁、第10章166頁、第11章182頁、第13章214頁、第14章225～227頁・230頁

LBO〔leveraged buy-outs〕
　➡レバレッジ（338頁）参照

LP〔limited partner〕
　➡リミテッド・パートナー（338頁）参照

M&A〔mergers & acquisitions〕
　➡トレード・セール（331頁）参照

MBO〔management buy-outs〕
　MBOは、本来的には、対象企業の経営陣が自発的に取引を主導し、外部のスポンサーに頼らず、自己資金を拠出して企業や事業を買収して経営権を掌握する企業買収取引を指す。しかし、買収金額が大きくなると、経営陣個人の自己資金のみでは買収資金が不足するため、銀行融資や外部スポンサーによるエクイティ出資が必要となる。この際にエクイ

ティを拠出するプライベート・エクイティ・ファンドがバイアウト・ファンドである。また、メザニン・ファンドが優先株式や劣後ローンなどのかたちで資金を拠出することもある。

　日本において、経営陣が100％の議決権を掌握するケースは「純粋MBO」と呼ばれることもある。バイアウト・ファンドが関与せず、経営陣が普通株式で100％の議決権を掌握し、残りはメザニン・ファンドや銀行ローンを活用して成立する案件も存在する。このような取引は、日本のメザニン・ファンドの有力な投融資対象となる。

　なお、金融機関グループなどのプライベート・エクイティ関連会社の経営陣が株式を取得して独立する場合にもMBOという用語が使用される場合もある。　　　　　　　　　　　　　　　　　(杉浦慶一)
▶関連用語→バイアウト・ファンド、メザニン・ファンド
▶本編関連ページ→第14章232頁

PIPEs〔private investment in public equities〕
　主にプライベート・エクイティ・ファンドなどの投資家が、上場企業に対し投資契約を締結して私募増資を引き受ける投資を行うこと。private investment in public equitiesの略でPIPEs（「パイプ」もしくは「パイプス」と発音する）ともいう。

　普通株式への投資だけでなく、優先株式や転換社債型新株予約権付社債のかたちでの投資も多く、再生を必要とする、もしくは成長資金を確保したいなどのニーズをもつ上場企業に活用されている。投資を実行する側にとっては、企業に一定の影響力を及ぼし、かつ株式市場の流動性を活用した投資回収が可能であること、企業側からは上場を維持し、経営権を既存経営陣が保持したまま投資会社の支援を受けつつ経営改革が実行できることがメリットとなる。上場維持に大きな価値を見出す日本企業による活用の拡大が見込まれている。　　(岩本朗)

PPM〔private placement memorandum〕
　➡目論見書（337頁）参照

PRI〔Principles for Responsible Investment〕
　➡ESG（339頁）参照

編者紹介

株式会社日本バイアウト研究所（代表者: 代表取締役 杉浦慶一）
日本におけるバイアウトを中心とする投資ファンド専門の研究機関。学術的な視点も兼ね備えた完全独立系のシンクタンクとして、中立的な立場から日本のバイアウト市場の調査・分析を行い、バイアウトに関する出版物の刊行・販売、セミナー・カンファレンスの企画・開催、同分野に関する調査・コンサルティングの受託を行っている。具体的には、日本のバイアウト市場の統計データを定期的に公表し、専門誌『日本バイアウト市場年鑑』の刊行、Japan Buy-out Deal Conferenceなどのカンファレンスの開催、官公庁からの委託調査の受託、各種の講演・セミナーなどを手がけている。

URL: http://www.jbo-research.com/

年金基金のためのプライベート・エクイティ

2014年10月14日　第1刷発行
2017年5月18日　第2刷発行
2021年6月10日　第3刷発行

編　者　日本バイアウト研究所
発行者　加　藤　一　浩
印刷所　図書印刷株式会社

〒160-8520　東京都新宿区南元町19
発行所・販売　株式会社きんざい
　編集部　TEL 03(3355)1770　FAX 03(3357)7416
　販売受付　TEL 03(3358)2891　FAX 03(3358)0037
　URL https://www.kinzai.jp/

・本書の内容の一部あるいは全部を無断で複写・複製・転訳載すること、および磁気または光記録媒体、コンピュータネットワーク上等へ入力することは、法律で認められた場合を除き、著作者および出版社の権利の侵害となります。
・落丁・乱丁本はお取替えいたします。定価はカバーに表示してあります。

ISBN978-4-322-12603-7